Eva

WM. PAUL YOUNG

Eva

DIANA

Título original: *Eve*

Diseño de portada: theBookDesigners
Fotografía de portada y solapas: © Shutterstock
Traducción: Gloria Padilla

© 2015, William Paul Young

Publicado en inglés en Estados Unidos de América por Simon & Schuster, Inc.
1230 Avenue of the Americas, New York, NY 10020, U.S.A.
Publicado en español mediante acuerdo con el editor original, Howard Books,
una división de Simon & Schuster, Inc.

Todos los derechos reservados

Derechos mundiales exclusivos en español, con excepción de Estados Unidos,
sus territorios y posesiones y Canadá

© 2016, Editorial Planeta Mexicana, S.A. de C.V.
Bajo el sello editorial DIANA M.R.
Avenida Presidente Masarik núm. 111, Piso 2
Colonia Polanco V Sección
Deleg. Miguel Hidalgo
C.P. 11560, México, D.F.
www.planetadelibros.com.mx

Primera edición: enero de 2016
ISBN: 978-607-07-3217-1

Impreso en los talleres de Litográfica Ingramex, S.A. de C.V.
Centeno núm. 162-1, colonia Granjas Esmeralda, México, D.F.
Impreso y hecho en México - *Printed and made in Mexico*

1

EL DESCUBRIMIENTO

Atrapado en la marea de las calladas oraciones matutinas y del simple asombro, John el Recolector descansaba contra un árbol, con los dedos de los pies enroscados y hundidos en la frescura de la arena. Ante él, un ondulante mar se extendía hasta desaparecer y fusionarse con un claro y brillante cielo azul.

La fragancia salobre del mar se perdía entre los aromas del eucalipto, la mirra y las flores de hagenia. John sonrió. ¡Éstos eran siempre su primer abrazo! Resistiéndose al impulso de ponerse de pie, se hizo a un lado, inclinó la cabeza y respiró profundamente. Había pasado un buen rato desde la última vez que lo visitó.

La mujer de huesos delgados, alta y con la piel negra como el ébano aceptó su muda invitación y se acomodó a su lado, acariciando los grises cabellos de su nuca con la ternura que muestra una madre hacia su hijo. Este feliz contacto le causó una sensación pacífica de cosquilleo que recorrió sus hombros y su espalda, liberándolos del peso que, sin saberlo, venía cargando.

Pudo haberse quedado así por algún tiempo, pero esas visitas siempre tenían un propósito. Aun así, contuvo su creciente curiosidad, prefiriendo la dulce felicidad de su compañía.

A regañadientes, se obligó a hablar.

—¿Madre Eva?

—¿John?

Sin mirarla, supo que sonreía. Antigua y poderosa, la mujer irradiaba la dicha contagiosa de un niño. Con un brazo lo atrajo hacia ella y le besó la frente.

—Has estado en este sitio… —comenzó ella.

—Hoy hace cien años —terminó la frase por ella—. Si ésa es la razón de tu visita, estoy agradecido.

—Lo es en parte —respondió Eva—. En cualquier sitio, cien años son motivo de celebración.

John se levantó y se sacudió la arena, antes de ayudar a Eva a levantarse. Aceptó su mano con elegancia, aunque no la necesitaba. Su cabello blanco y grueso formaba una corona tejida alrededor de su cara, que incontables años habían cubierto de arrugas y pliegues hasta esculpir en ella una obra maestra de alegrías y penas. Su rostro resplandecía más como el de una niña que como el de una matriarca, y sus ojos cobrizos brillaban con expectación.

Las preguntas de John amenazaban con salir disparadas en todas direcciones, pero ella lo detuvo con una mano levantada.

—John, una buena pregunta vale mil respuestas —dijo en tono de broma—, elígela con cuidado.

Le tomó un momento formularla.

—¿Cuánto tiempo? —preguntó él con tono sombrío—. ¿Cuánto debemos esperar antes del final, cuando haya concluido nuestra sanación? —Tomó una de las manos de Eva y se la llevó al corazón.

—Mucho más pronto que cuando me hiciste la misma pregunta por primera vez.

John suspiró profundamente y asintió, mirando la luz ambarina que salpicaba sus ojos.

—Pero he venido a hablarte de hoy, John. Hoy mi hija nacerá en tu mundo.

El hombre frunció el ceño.

—¿Tu hija? Pero, madre Eva, ¿no es cierto que cada uno de nosotros es tu hija o tu hijo?

—Sí, lo son —declaró—, pero desde hace mucho tiempo hemos sabido que habría tres en particular que podrían presentar resistencia y que nos representarían a todos. Aquella a quien le fue dada la promesa de la semilla; la otra, cuya semilla aplastaría la cabeza de la serpiente; y la última, con quien la semilla se uniría para siempre. La Madre, la Hija y la Esposa. La llegada de esta niña señala el principio del final.

Estaba tan azorado que apenas se dio cuenta del momento en que Eva recogió una piedra y caminó a la orilla del agua. John la siguió, desorientado y abrumado. Eva lanzó la piedra, que se elevó muy alto en el aire, y ambos observaron cómo caía a gran velocidad y cruzaba la lisa y brillante superficie del mar, salpicando apenas unas gotas.

—John —dijo Eva—, en el océano del universo, una sola piedra y una sola ondulación lo cambian todo para siempre.

John dejó que las pequeñas olas tocaran sus pies y remolcaran la arena debajo de ellos. Estar al lado de Eva siempre era un bálsamo, aunque también era desconcertante.

Una voz aguda atravesó los aires.

—John, estás perdiendo el tiempo.

Volteó y una brisa del mar erizó el pelo de la parte posterior de su cabeza, mientras los perfumes de Eva acariciaban su rostro.

Letty había llegado y Eva se había ido. John suspiró.

—Los Hurgadores te han estado llamando desde hace más de una hora, y como tú eres el único Recolector en más de cien kilómetros a la redonda…

John regresó la vista al mar, seleccionó otra piedra lisa y la lanzó por el aire, para que planeara sobre la superficie del agua y entrara haciendo un sonido agradable. Siempre fue un misterio para él por qué un éxito tan pequeño lo complacía tanto.

—¿Qué prisa tienen? —masculló mientras Letty llegaba a su lado. Recogió otra piedra.

Letty era una anciana diminuta de apenas noventa y un centímetros de estatura, con bastón y chal, que vestía calcetas desiguales, dobladas sobre zapatos también disparejos. Tenía el aspecto de una manzana a la que han dejado por largo tiempo bajo el sol, todavía redonda pero marchita, con penetrantes ojos negros, nariz curva y una boca enfurruñada y sin dientes. Su bastón podría haberse confundido fácilmente con una especie de varita mágica y lo apuntaba directo a él.

Cuando se percató de la intensidad en su semblante, dejó caer la piedra sobre la arena.

—¿Letty?

La respuesta de la mujer fue mesurada.

—Esta mañana vieron un enorme *container* de metal flotando, lo jalaron a tierra y lo abrieron. Los Eruditos ya determinaron que viajó a la deriva desde la Tierra en tiempo real.

—Eso ha sucedido antes —sugirió John.

—Lo abrimos y encontramos los restos de doce seres humanos, todos de mujeres jóvenes, excepto uno.

—Jesús —murmuró John como ruego y al mismo tiempo como exclamación de sorpresa.

—Parece ser que utilizaban el *container* para transportar personas a grandes distancias, probablemente en un gran buque o barco. Como no había restos de ningún naufragio, suponemos que lo arrojaron a propósito, pero no antes de haber ejecutado a las chicas que están adentro. Si es posible que eso sea algún tipo de consuelo para una tragedia así... —Su voz vaciló con la emoción.

John le dio la espalda y se derrumbó en la arena, llevándose las rodillas hasta el mentón. El calor del día y la dulce brisa parecían ahora una burla. La alegría de Eva se había ido junto con ella.

Sintió que la pequeña mano de Letty se posaba sobre sus hombros, mientras se esforzaba por combatir la creciente ira y la pena.

—John, no podemos permitir que el mal sombrío encuentre sitio dentro de nuestro corazón. Nos afligimos en este universo fracturado. Es justo que sintamos furia, pero no debemos permitir que eso nos aleje de los brazos de la dicha, que está más allá de nuestra comprensión. Sentir todo esto significa que estamos vivos.

John asintió.

—¿Dices que todos los humanos eran mujeres, excepto uno?

—Sí, también había un hombre de mediana edad. La idea inicial que compartimos es que tal vez haya intentado proteger a las jóvenes. Estoy segura de que hay una historia detrás, pero quizá tengamos que esperar largo tiempo para conocerla.

—No quiero ver...

—No te preocupes. Ya transportaron los cadáveres al Santuario de las Amarguras y los están preparando para la celebración del fuego de mañana. En este momento debes hacer lo que sólo tú puedes hacer... para que los Hurgadores puedan desmontar el *container* y los Artistas puedan encontrar alguna forma de honrar a estas preciosas niñas.

John cerró los ojos y volvió el rostro al cielo, deseando que no se hubiera interrumpido de modo tan insoportable su conversación con Eva.

—Vamos —instó Letty—, los otros esperan.

EL TAMAÑO DEL CONTAINER asombró a John. Con al menos diez metros de longitud, su enorme peso había requerido una docena de las bestias de los Transportadores para sacarlo del agua rodando sobre una plataforma de troncos. En la playa arenosa de la caleta se veían enormes surcos detrás de la caja. En las tiendas había mesas donde se colocó el contenido en altas pilas: ropa, cobijas y unos cuantos animales de peluche. Ahí hacía más frío, como si el mismo sol hubiera alejado su cálido rostro para no ver esa escena.

De uno de sus bolsillos, John sacó un pequeño estuche, lo abrió y se puso un anillo en el dedo. Luego giró el borde para cambiar el sello. Cualquier cosa que tocara con ese anillo quedaría marcada con una fecha y después se la llevaría a su hogar, el Refugio, donde se almacenaría para su análisis y consulta posterior. De su otro bolsillo sacó un par de guantes delgados y se los puso.

El primer artículo que llamó su atención fue un archivero negro con tres cajones, cerrado con llave, y lo marcó. Se sentía helado. Llamó a una de las Artesanas, una mujer que tenía la habilidad para ocuparse de cerraduras y llaves, y a quien le tomó sólo unos segundos abrir el archivero para luego dejar que John revisara el contenido. Había lo que esperaba: archivos de registros e información, partidas de remesas y facturas de embarques, documentos de contabilidad y otros varios informes.

El último cajón contenía unas carpetas que documentaban la escasa información personal de las chicas, incluyendo una fotografía de frente de cada una de ellas. También incluían los datos de estatura, peso, edad y salud. Era obvio que sus nombres eran alias, ya que cada uno era un país terrenal que comenzaba según las letras en orden alfabético: Argelia, Bolivia, Canadá y el último era Líbano. Se detuvo un instante a observar las imágenes. Los rostros y ojos en las fotografías eran ventanas a doce historias que ameritaban el duelo apropiado.

John estaba a punto de cerrar el cajón y continuar con sus tareas, cuando una idea le cruzó la mente. Contó las carpetas. Eran doce, como había dicho Letty, pero algo estaba mal. La cifra de

Letty incluía al hombre. Contó de nuevo. Doce fotos, todas de chicas jóvenes. Eso quería decir que faltaba una de ellas. Tal vez había escapado, o los registros estaban equivocados, pero la discrepancia lo incomodaba y no podía pasarla por alto.

¿Se refería Eva a una de estas mujeres?

Por una corazonada, caminó unos metros hasta el *container*. Junto a la puerta fue alineada una fila de botas para los trabajadores, que eran el calzado de protección que después se limpiaría y desinfectaría con gran cuidado. Eligió un par de su medida.

Un Ingeniero lo saludó:

—Hola, John. Todo esto es una horrible tragedia.

Asintió mientras se ataba las botas.

—Quiero entrar un momento para revisar una cosa y compararla con estos registros. ¿Hay algo que deba saber?

—No, todavía hay algunos detalles por revisar, pero ya retiramos lo más importante.

John asintió con tristeza, reconociendo la gentileza del Ingeniero.

—También ya apagamos la unidad de refrigeración, pero sigue congelado ahí adentro. Probablemente se dañó y se quedó atascada en el ciclo de enfriamiento, que supongo es una bendición en estas circunstancias. Los cadáveres estaban casi congelados. Ten cuidado, porque está bastante resbaloso.

Las puertas se abrieron con facilidad, rechinando sobre sus goznes y permitiendo el paso de la luz. La iluminación interna parpadeó, indicando algún tipo de sistema cerrado de baterías independiente de la refrigeración. Al entrar, se dio cuenta de que había estado conteniendo la respiración, y cuando la dejó salir entre sus dientes apretados, lo envolvió el vapor que salía de su boca.

La bodega estaba aproximadamente a un tercio de su capacidad con artículos grandes —cajas, colchonetas, recipientes de plástico— junto con desechos y trozos de basura, una mezcolanza que tendría que revisar en algún momento. Manchas de sangre congelada regadas por la tumba metálica cubrían las paredes y el piso; saltó cuidadosamente por encima de éstas, produciendo a cada paso un sonido que reverberaba en la quietud.

Al extremo pudo ver que el ventilador del refrigerador estaba detenido y en silencio, con una delgada capa de hielo que ya se había formado sobre las aspas. Una revisión rápida casi lo convenció de que no quedaba sitio donde pudiera estar oculta la chica faltante.

Pero una anomalía atrajo su vista. Al final, junto a la unidad de enfriamiento, había una estructura metálica soldada que sobresalía unos cincuenta centímetros de la pared. Con cuidado, caminó al fondo y la examinó de cerca. En la parte inferior había unas bisagras, y cuando recorrió con los dedos la parte superior, descubrió dos abrazaderas grandes. John supo que si las desprendía, se abriría por completo. ¿Era un área para dormir, como una litera, o quizás una mesa? ¿Sería para un guardia?

Dudó y luego se calentó las manos con su aliento y abrió las abrazaderas, que al soltarse emitieron un sonido hueco. Al bajar la plancha metálica, el helado acero le quemó las palmas y los dedos a través de los delgados guantes. Era pesada y tuvo que usar uno de sus hombros para bajarla hasta que las cadenas en cada extremo se extendieron en toda su longitud. Se detuvo, nivelada y firme, a unos sesenta centímetros del suelo. Ahí fue donde la encontró.

La adolescente estaba destrozada dentro de ese espacio. Alguien había forzado la lámina de metal para cerrarla, pero la niña no cabía dentro. Podría haberse pensado que dormía, con los brazos y las piernas en ángulos extraños y la cabeza doblada sobre su pecho, si no hubiera sido por las heridas y cortes de donde empezó a manar sangre cuando se soltó la presión. Uno de sus pies estaba casi cercenado. Mientras la chica yacía ahí congelada, él se quedó viéndola, detenido en el tiempo.

John giró y caminó para salir, esta vez demasiado asqueado como para ocuparse de esquivar la sangre. Necesitaba traer a las personas capacitadas para lidiar con ese tipo de cosas.

—¡Encontré a otra chica! —gritó, desencadenando un frenesí de actividad que se extendió más allá del *container*. Ya afuera, se desató las botas y se las quitó, regresó a la tienda donde había marcado el archivero, se sentó y se reclinó sobre éste.

—Dios, ¿cómo es posible que nos sigas amando? —susurró. Se detuvo un momento y miró en dirección al *container*—. Por favor, concédele Tu paz.

Otra explosión de actividad y gritos le hicieron levantarse. Un compañero Transportador irrumpió en la tienda y lo abrazó.

—¡John! ¡La chica que encontraste está viva! ¡Apenas, pero está viva! —El hombre sonrió de oreja a oreja y lo abrazó de nuevo—. ¡Ahora eres un Descubridor, John! —gritó el Transportador al salir—. ¿Quién lo hubiera imaginado?

John dejó caer la cabeza entre sus manos, con una sensación de entumecimiento. Si ésta era la hija de Eva, qué nacimiento tan desdichado y doloroso, entre sangre y agua. ¿Qué de bueno podría venir de tanta maldad?

2

AL PRINCIPIO

Todo explotó dentro de ella. ¡Todo le dolía! ¿Por qué? Le fallaba la memoria.

Las imágenes se agolpaban unas con otras dentro de su cabeza. El resplandor de luces penetrantes le taladraba los ojos. Los sonidos estridentes —¡discordantes, ensordecedores, horripilantes!— despertaron su pánico. Su respiración era agitada y sonora, y rugía en sus oídos.

Otra descarga de insoportable luz, movimientos confusos, música… ¿de cuerdas? La mujer negra se transformó en un hombre moreno con corbata roja de moño. Tonterías inconexas. Tenía que despertar. Lo intentó, pero no pudo.

La cabeza le estallaba y parecía que dentro tuviera un huracán… olas monumentales la hundían y mantenían atrapada. Un jadeo… el golpe del agua… no podía respirar...

Cuando la oscuridad la envolvió, le dio la bienvenida como a una amiga.

La despertó otro rostro que se inclinaba sobre ella. Era una imagen borrosa. ¿Una voz? ¿Dónde estaba? *¿Quién* era? No podía abrir los ojos, pero tampoco podía bloquear las imágenes. Le dolían los pulmones y el aire se sentía pesado, líquido. Esta vez la sombra tenía un borde. Se desplazó hacia dentro, devorándola como una negra capa. Un destello de luz blanca se fue desvaneciendo hasta formar un punto y luego desapareció.

Intentó gritar: «¿Qué me está pasando?», pero no emitió sonido alguno.

Dentro de su cabeza, los recuerdos o sueños o alucinaciones, difusos e incomprensibles, se mezclaban en imágenes espantosas dignas de una casa del terror. Se encogió y trató de esconderse, de desaparecer. ¿Pero a dónde podría ir? Sus gritos se transformaron en sollozos.

Sintió que le ponían algo sobre la frente, un paño tibio. Un consuelo. Percibió un olor acre que no logró identificar; penetró dentro de ella, extendiéndose por su garganta hasta su estómago, y cubrió todo su cuerpo. El alivio la dominaba por completo. Sonidos ahogados y finalmente el silencio.

Se quedó dormida de nuevo.

CUANDO VOLVIÓ A DESPERTAR, escuchó una conversación en la difusa quietud de la noche.

—John —dijo una voz femenina, aguda y chillante—, esta joven es una anomalía. Los Sanadores están tratando de deducir sus orígenes, pero su código genético los tiene como locos. ¡Ninguno de nosotros ha visto nada parecido! ¡Es absurdo!

Un hombre respondió con voz tranquila y amable.

—Parece que Dios se divierte con lo imposible y absurdo.

La chica ordenó a sus párpados que se abrieran, pero se negaron a obedecerla. Un peso los obligaba a mantenerse cerrados y le agotaba el esfuerzo. «¿Por qué no me puedo mover?».

—Necesitarán tiempo adicional para desvelar este misterio —afirmó la mujer.

—Parece que tendremos mucho tiempo. Su recuperación no será rápida —suspiró John—. No sé mucho, Letty, pero de una cosa estoy seguro: esta niña se ha convertido en *mi* anomalía.

Letty rio.

—Escúchate hablar, tan protector y tierno.

La chica hizo otro esfuerzo. «¡Despierta! ¡Despierta!». El dolor se instaló alrededor de ella. Sintió que su cuerpo se inclinaba y se tensó ante la sensación de caída.

—A veces me sorprendes —rio John entre dientes—. ¿Por qué crees que me eligió a mí? ¿Por qué Eva me invitó a participar?

—¿Quizá porque fuiste un Testigo?

—¿Y eso qué tiene que ver con esta niña?

La mujer, llamada Letty, respondió tarareando una alegre tonada. La sensación de desequilibrio cesó abruptamente y su cuerpo pareció corregir su posición. Las voces se desvanecieron y ella flotó en una sensación pacífica.

«Hija», escuchó una voz que venía de la distancia. «Hija».

El aroma de especias y flores llenó el aire. Un toque ligero como el de una pluma le acarició el dorso de la mano. Era cálido, suave, tranquilizador.

«Hija mía».

«¿Qué hija?». Esta vez, cuando la chica quiso abrir sus ojos, se abrieron.

Había una mujer negra sentada junto a su cama. Era joven y vieja, majestuosa y común, tierna y fuerte. La mujer se inclinó, besó con dulzura la frente de la joven y sonrió.

La chica pudo reunir las fuerzas para emitir un susurro: «¿Quién eres?». Parecía que sólo fueran apropiados los murmullos, pero luego se preguntó si sólo había pensado en esa pregunta.

«Soy tu madre. Tú eres la Testigo. ¡Ven a ver!», susurró la mujer sin mover los labios. Los largos dedos de la visitante envolvieron sus muñecas y la levantaron como si no pesara nada ni nada la retuviera.

«¿Mi madre?». La palabra *madre* provocaba emociones amargas. Se sintió confundida. No quería ir a ninguna parte.

«Ven, hija mía. ¡Ven a ser Testigo de la Creación, de la perfección que sanará tu cuerpo maltrecho y tu alma destrozada!».

La niña luchó contra las amorosas manos que la sujetaban e intentó forzar aquellos dedos para zafarse, pero no cedían. El beso del aire contra sus mejillas le dio la sensación de estar elevándose, y ahora estaba colgando de esa mano. La visión de lo que yacía abajo le robó la respiración: era el cuerpo que acababa de abandonar; su cuerpo maltrecho, destrozado y cubierto de vendas. Estaba atrapado bajo una serie de correas, tubos y una red de alambres. Se escuchaba el ronroneo de una máquina entre las sombras.

Se quedó pasmada y por un instante todo se mantuvo en calma. Sostuvo la respiración y sintió náuseas.

Pensó: «¿Cuántas veces puedo morir?».

«No, no es la muerte», dijo la madre. «Es vida. Ven a ver. Te prometo que no te decepcionará».

Y luego la mano la soltó, abandonándola.

Cerró firmemente los ojos para evadir el creciente pánico. Empezó a flotar en estado de ingravidez. Un calor externo la cubrió por completo y sintió que un líquido viscoso la envolvía y le provocaba agobio al mismo tiempo. Pero luego, esa sustancia entró por su boca y, al darse cuenta de que ese fango espeso penetraba en su cuerpo, la dominó el terror. Sus pulmones se llenaron de líquido y ella empezó a jadear.

Pero cuando sintió que no se estaba ahogando, poco a poco se relajó.

«¿Líquido respirable? ¡Eso es imposible! ¡Es una locura!».

Con los ojos bien abiertos pero sin ver nada, se dejó ir. Resistió el impulso de encontrar un punto fijo, un ancla de tiempo y lugar, un sitio donde aferrarse a algún recuerdo. Se sintió casi libre.

Surgió en ella una paz profunda, una sensación de que no iba a quedarse sola. Alguien sabía que estaba ahí, aunque fuera la mujer de piel del color del ébano que dijo ser su madre. «Ven», le había dicho. «Observa». Pero este universo estaba vacío, hueco y sin forma.

Ahora resintió la invitación. El engaño y el abandono le eran desagradablemente conocidos.

Flotó durante quizás un nanosegundo o tal vez un millón de años. No había forma de percibir la diferencia, como tampoco había nada que observar, nada que ver.

Luego escuchó una detonación y todo su cuerpo se encogió. Giró el cuello hacia el resplandor luminoso. Era una energía y una información instantáneas y continuas, que venían a gran velocidad hacia ella, dominándola. Era color. Era canto. Era alegría y fuego, sangre y agua. Era voz, una y muchas, que crecían y se catapultaban, uniéndose con el vacío.

El caos y la materia chocaron, lanzando chispas gozosas y potentes que crearon energía, espacio y tiempo; en la periferia, seres espirituales llenos de gracia aplaudían la exhibición y su júbilo brotaba de las palmas de sus manos como resplandecientes gotas de agua, relucientes cuentas de sudor, gemas iridiscentes. El efecto fue una cacofonía abrumadora de armonía que rodeaba una melodía central.

Se sintió mayor que una galaxia y menor que una partícula. Todo lo que la rodeaba, ese éxtasis de gozo, desgarró la sustancia de las cosas y luego la estructuró de nuevo. Se elevó una oleada de voces que la envolvieron en una fusión de aromas. El dulce incienso se convirtió en un canto de anhelos, en una danza coreografiada del ser y pertenecer. Alrededor y dentro de todo ello se propagó no Una, ni Dos, sino Tres Voces, que sin embargo eran Una sola. Una magnífica carcajada de estrepitoso afecto.

«La Gran Danza», declaró una voz.

«¿De la madre?», se preguntó.

«Éste es el grandioso Principio».

La joven giró en el líquido, buscando el origen de la voz. Se estiró para encontrar a la mujer y dudosa llamó:

—¿Madre?

—AH, AL FIN DESPERTASTE. Ya veo, cuando menos durante más de unos pocos segundos. Bienvenida a la tierra de los vivos y al Refugio.

La voz le resultaba familiar y supuso que era John. Era firme y completamente común, pero en comparación con lo que acababa de presenciar, esta «normalidad» era un poco decepcionante.

«¡Fabuloso!», pensó. «Morí una vez más y esto es el infierno, y hay un hombre aquí».

Intentó mover la cabeza hacia la voz y le escuchó gritar:

—¡No!

Demasiado tarde, el intenso dolor atenazó su cuello como si fuera un tornillo de banco. Una niebla empezó a oscurecer su visión desde los bordes y se conjuntó en el centro, hasta que se desmayó. Lo último que escuchó mientras el oscuro gris se cernía sobre ella fue esa voz común, que ahora le decía con exasperación:

—Y allá vas de nuevo…

EL ROCE DE ALGO suave se deslizó sobre su cara. Era un susurro.

«Lo que viste fue la confección de la matriz de la Creación. Lo que escuchaste fue la primera concepción. Ahora esperamos la llegada de un niño».

En un instante se reabrieron sus ojos y vio que el cosmos seguía desplegándose, vivo en su gozoso abandono y conmoción incesante.

«¿Quieres decir que éste es el principio del mundo?».

«La primera historia». Era una voz incorpórea que la rodeaba y estaba dentro de ella, que venía de todas partes y de ningún sitio en particular.

La chica observó con sentimientos encontrados. «¿Es el Big Bang?».

La única respuesta fue una carcajada. El sonido se transformó en una cuerda dorada que unía armonías y melodías visibles, que a su vez formaban los hilos de un tapiz entretejido con piedras preciosas y fuego, entrelazados con fe, esperanza y amor.

La matriz de la Creación fue creciendo y expandiéndose, se arqueaba; era potente y salvaje, sin trabas, al tiempo que era ordenada y precisa.

La joven se sentía embelesada e incómoda a la vez. Esperanzada y cínica. Atraída y repelida. Conocía esa historia, pero al mismo tiempo la desconocía.

¿O no?

Era hermosa y terrible. En esa magnífica exhibición apareció una diminuta esfera azul que giraba, frágil y desprotegida.

«¡Éste es el sitio donde el embarazo se consumará en agua, sangre y polvo! Ahí pronto nacerá el niño. Y tú serás Testigo, hija mía. Eres la Testigo de las Eras de los Principios».

Las palabras eran pesadas para sus oídos. Palabras ásperas, religiosas, que abrieron una herida en ella.

«No».

«Es para ti, hija mía. Un regalo para ti y para todos los hombres y mujeres nacidos bajo esta nueva luz».

—No —dijo en voz alta. La palabra salió disparada como un dardo envenenado hacia toda esa belleza—. No soy Testigo. Y no quiero serlo.

El universo lanzó un destello.

UNA MELODÍA DIFERENTE, UN zumbido y un chasquido de fondo la hicieron despertar en su cama. El contraste entre esos ruidos insignificantes y las asombrosas armonías de la música de la Creación era más que decepcionante. Era como si una cascada extraordinaria y rugiente se interrumpiera en un momento, convirtiéndose en un molesto goteo sobre una poza estancada.

También se sintió aliviada.

Alguien canturreaba una canción que no reconocía, un cántico alegre sin palabras. La chica emitió una tos débil y la música se detuvo de pronto. Escuchó el sonido de pasos que se acercaban.

—Vamos a tratar de nuevo, ¿no es cierto? —Era la misma voz masculina de antes: John. En esta ocasión pudo verle el rostro a pesar de sus rasgos borrosos, como si estuviera viéndolo a través del agua desde una gran profundidad. Era un hombre de piel cobriza, con una barba corta y cejas pobladas, y con grises canas que le salpicaban la rala cabellera. Al moverse sintió náuseas, así que cerró los ojos.

En otro sitio de la habitación se reanudó el canturreo.

El hombre le secó amorosamente las lágrimas que escurrían por debajo de un vendaje que le cubría gran parte de la cara. Se retrajo ante el contacto e intentó oponerse. No podía mover las mandíbulas porque estaban retenidas dentro de una especie de jaula que le dejaba un marcado sabor metálico en la boca. Se esforzó por tragar y de nuevo casi la envolvió un pánico claustrofóbico.

—Muy bien, vamos a hacerlo poco a poco. —El tono de voz del hombre, que pretendía ser tranquilizador y reconfortante, sólo le produjo náuseas—. Supongo que estás muy confundida en este momento. Debes de tener un millón de preguntas. Si tú no las tienes, yo sí. Y no intentes hablar —añadió rápidamente—.

No serás capaz de hacerlo por el momento, pero me informan que podrás en poco tiempo.

»Si puedes entender lo que te estoy diciendo —continuó John—, por favor, abre los ojos y parpadea una vez para indicar *sí* y dos veces para *no*.

La chica parpadeó una vez.

—Ah, sólo para asegurarme, ése fue un parpadeo para *sí*, ¿correcto? ¿No fue alguna respuesta al azar ni es que yo haya elegido el momento equivocado? De nuevo, un parpadeo para *sí* y dos para *no*.

Un dejo de rabia la tentó a fingir que estaba inconsciente. Le irritaban el cautiverio y los comentarios del hombre. Aun así, obedeció.

Un parpadeo.

—Excelente —sonaba genuinamente complacido—. Muy bien. No debería seguir diciendo tonterías sólo para oír el sonido de mi propia voz. ¿Mmm?

Perpleja por un momento, decidió parpadear dos veces. ¿Le estaba preguntando algo?

—Lo siento —se disculpó—, es nuestro primer intento de conversación y debo esforzarme más. ¿Qué tal si te pregunto *sí* o *no* al final de cualquier pregunta real? ¿Eso te serviría? ¿Sí o no?

Un parpadeo.

—¡Bien! Entonces déjame comenzar con algunas presentaciones básicas. Me llamo John y estás recibiendo atención en mi casa, a la que casi todos conocen como el Refugio. Y también en este momento está con nosotros Letty, que es menudita y muy animada.

—Quiere decir que soy pequeña, mi vida —se escuchó una voz femenina estridente que venía de algún lugar a los pies de la cama. Se sintió reconfortada por la inesperada presencia de una mujer en la habitación.

—Soy más bajita y mayor que él, y eso le provoca envidia —rio satisfecha—. Además, querida, en caso de que eso te preocupe, estás completamente vestida y cubierta, y somos varias las mujeres que hemos estado cuidándote. Aunque no hay nada que temer con John.

A través de su visión distorsionada, vio que el hombre sonreía hacia la fuente de la voz.

—Letty, si quieres puedo traer un banco para que te pares en él y ella pueda verte.

—Todavía no es necesario, John. Pasé por aquí para ver cómo estaba la niña que estás cuidando y hacerte saber que han llegado tres desconocidos a nuestra comunidad. Por su apariencia parecen ser Eruditos, aunque los vi desde lejos. Quieren hablar contigo y con ella, eso es todo. —Se reanudó el canturreo, lo cual confirmó que provenía de Letty.

El hombre volvió su atención hacia la chica.

—¿Sabes cómo te llamas, sí o no?

La joven parpadeó dos veces.

—¿No? Vaya, entonces debo suponer que tampoco sabes de dónde vienes o siquiera *cuándo* partiste de ahí. No es una pregunta, es una simple observación.

La chica cerró los ojos mostrando desinterés. Quería que John se fuera. Deseaba dormir.

—¿Tienes algún recuerdo de cómo llegaste aquí, sí o no?

Dos parpadeos.

Durante los siguientes quince minutos más o menos, le siguió haciendo preguntas. Pero la comunicación era totalmente unilateral y las incesantes demandas de respuesta se volvieron frustrantes y agotadoras.

No recordaba de dónde venía ni cuál era su familia. Sabía que era humana y mujer, preguntas que le parecieron extrañas.

Sí, tenía mucho dolor.

Eso era cierto —su cabeza retumbaba al ritmo de su pulso—, pero no, no podía mover los dedos de los pies ni los pies, tampoco podía sentir cuando él los tocaba. Podía levantar las cejas, fruncir el ceño y parpadear, pero le parecía que ningún otro movimiento era posible.

Una vez más empezó a sentir que el pánico crecía y el ritmo de las punzadas en su cabeza aumentaba, pero de inmediato él le explicó la razón de su parálisis. Se le habían administrado hierbas y medicamentos especiales, porque su recuperación inicial requería inmovilizarla por completo. Esto alivió sus temores, aunque hizo surgir preguntas adicionales que no podía realizar.

Mientras el hombre seguía hablando, jugueteaba y golpeteaba aquí y allá, ocupándose de cosas que ella sólo podía oír e imaginar. Finalmente, dejó de hacerle preguntas y empezó a darle información.

John explicó que era un Recolector y, como tal, reunía objetos que las corrientes costeras llevaban a las playas cubiertas de piedras cercanas a su casa. Ella había estado desde hacía meses en recuperación dentro del Refugio.

«Arrastrada por la corriente»: así es como la había descrito John. El agua la había llevado hasta las playas de una «isla» entre dos mundos, y era la víctima de lo que él catalogó como una tragedia, un suceso terrible y destructivo. Junto con ella habían llegado los restos de un naufragio: un revoltijo de metal, papel, juguetes y madera, utensilios y otros residuos de su civilización y tiempo. Todo se había guardado en cajas y se había colocado en un espacio de almacenamiento cercano. Cuando recuperara las fuerzas, podría revisar esas cosas.

—No tenía la intención de descubrirte —dijo John—. Después de todo, soy un simple Recolector, no un Descubridor.

Al parecer, los Descubridores siempre debían formar un lazo místico con aquello que encontraran. Por la forma en que se expresaba John acerca de ello, esa ley gobernaba en todo el universo.

A la joven no le agradó ese concepto. ¿Tener un lazo con un hombre? La ansiedad comenzó a despertarse dentro de su cuerpo como si fuera un lobo enfurecido.

Siguió con su explicación durante cerca de una hora y luego se deshizo en disculpas durante otro cuarto de hora porque su despotrique hacía parecer como si la situación de la joven y la de él mismo fueran totalmente culpa de ella.

La chica pensó que era una infamia que le causaba un dolor tan cruel como sus heridas físicas.

Pero no pasó mucho tiempo antes de que el sonsonete de sus palabras junto con el tranquilo zumbido de fondo la hicieran quedarse dormida. No podía captar lo que él decía, ni quería hacerlo. Se dejó llevar por la corriente con la esperanza de entrar en un oscuro estado de inconsciencia y de ausencia absoluta de expectativas.

Pero sus esperanzas fueron vanas.

3

LILLY Y LA SERPIENTE

Al acercarse a la superficie de la tierra, la joven flotó hasta una colina pequeña y desierta. Estaba ante una ondulante planicie salpicada de arboledas que iban conjuntándose hasta formar bosques; más allá de éstos, en la distancia purpúrea del horizonte, se veía una fila tras otra de colinas más grandes y después el escarpado perfil de una cadena montañosa.

Apenas se percató de esa grandeza, pues lo que estaba detrás de ella atrajo su atención y luego la cautivó. Al girar, soltó un suspiro de asombro y, por instinto, dio un paso hacia atrás. Sobre la meseta se desataba una colosal tormenta de ondulante energía y agua. La barrera abarcaba de lado a lado y desde la tierra hasta el cielo, cubriéndolo todo hasta donde la vista alcanzaba. Palpitaba como un ser vivo y su luz y calor se propagaban por cada célula de su cuerpo.

—Nunca deja de confundirme y fascinarme —dijo una voz junto a ella. Sin poder apartar del todo la vista de ese muro, la chica miró a la alta y esbelta mujer que estaba a su lado.

—Eres la que se hace llamar *Madre* —afirmó—. No eres mi madre.

La presencia de esa mujer era más trascendental y cautivadora que la tormenta. Con un porte de nobleza, era más atractiva y hermosa de lo que la joven había notado inicialmente, con altos pómulos que enmarcaban unos penetrantes ojos de color marrón oscuro, salpicados de brillos dorados; tenía el cabello blanco atado en una trenza, cuyos extremos caían por sus hombros como pequeños riachuelos. Sus resplandecientes ropajes, majestuosos y coloridos, flotaban alrededor de su cuerpo como si los moviera cada pensamiento o ademán.

La mujer sonrió y se inclinó hasta tocar su frente con la de la chica.

—Sí, soy tu madre, Lilly —susurró.

—¿Lilly? —El nombre la dejó anonadada, pero al instante supo que así se llamaba—. ¿Mi nombre es Lilly? Dios mío, lo recuerdo. ¡Mi nombre es Lilly Fields!

Con la misma rapidez se percató de lo que antes había dicho la mujer.

—¿Y tú eres mi madre? ¿Cómo podrías ser mi madre si eres…?

—¿Negra? —Soltó una risa sana y gozosa que también hizo reír a Lilly, aunque seguía completamente perpleja—. Querida mía, ¿cuán hermoso es el negro que incluye y atrapa todos los colores?

—Todavía no sé tu nombre. ¿Cómo te llamas?

—¡Eva!

—¿Eres Eva? ¿La misma de Adán y Eva?

—Sí, hija mía. ¡La Madre de los Vivos! Lilly, ¿dónde crees que estás?

—No lo sé —balbuceó Lilly—. ¿Perdida en algún sueño o en una alucinación de drogas o de algún tipo de enfermedad mental catastrófica? —Dudó un momento y luego soltó—: ¿Me estoy volviendo loca?

Lilly agachó la cabeza y miró hacia el suelo, como si eso pudiera ayudarla a serenarse y agrupar sus pensamientos dispersos. Sorprendida, se dio cuenta de que también vestía una prenda vaporosa e iridiscente, que era magnífica, pura y protectora. Aunque Lilly sintió la conocida amenaza de exhibir su desnudez, también la sorprendió una olvidada sensación de seguridad. Esta contradicción no podía ser cierta.

—Bueno, si realmente me conocieras —musitó con la mirada baja—, sabrías que no pertenezco a este sitio.

—Querida mía —respondió Eva—, ¿alguna vez puedes decir que te conoces realmente a ti misma? —De pronto, el tono de la mujer cambió y sus palabras se transformaron en una declaración y una orden—: Siento una presencia acusatoria. ¡Muéstrate ante mí!

Mientras Eva hablaba, Lilly escuchó que se agitaba la maleza, de donde surgió la sinuosa cabeza de una musculosa serpiente. Si acaso tenía conciencia de la presencia de Eva, no le prestó atención, en vez de ello se irguió frente a la chica. Lilly retrocedió. El animal la miró a los ojos y desplegó su capuchón que parecía como alas en miniatura. La lengua bífida entraba y salía de su boca, saboreando el aire. Eva la observó, con el rostro neutro y los brazos entrelazados.

—¿Qué eres? —siseó—. Nunca he visto nada de tu tipo.

Lilly contuvo la respiración y evitó su mirada.

—No soy nada —susurró—, nada.

—Entonces, según tú misma dispones, no eres nada. Pero esa nada tiene una voz, así que ¿quién eres?

—Nadie —respondió Lilly—, no pertenezco a este lugar.

—Extrañamente, parecía como si la serpiente estuviera creciendo con cada una de sus palabras.

—¡Qué curioso! —La serpiente se echó para atrás como para verla mejor—. Entonces dime: ¿cómo es que nada ni nadie está aquí?

Lilly no tenía respuesta.

El animal ladeó la cabeza y volvió a saborear el aire.

—Eres una especie extraña que desconozco. Cuando mucho eres una perturbación. —Luego de decir eso, volvió a descender al suelo y se alejó. Lilly se sintió incómoda y un poco humillada, pero se quedó quieta. Se escuchó el crujido de las hojas cercanas y luego el sonido fue desapareciendo en la distancia.

—¿Qué fue eso? —preguntó.

—A veces —respondió Eva— una serpiente es sólo una serpiente.

—¡Pero me habló!

—A veces una serpiente es algo más. Si una mentira atrae demasiada atención, puede crecer. Pero eso no me interesa en este momento. Lo que sí me interesa es que hay otros que saben de tu presencia y, algunos de ellos, quizá no siempre quieran lo mejor para ti.

Lilly apretó los brazos contra su pecho.

—Me estás asustando un poco.

—No tengas miedo —respondió Eva—. Ya vi cómo se desarrolla esto.

—¿Esto ha pasado más de una vez? —Lilly extendió los brazos como para abarcar todo lo que estaba viendo.

—No, sólo una, y es ésta —dijo Eva, como si fuera perfectamente lógico—. Y estás aquí para ser Testigo.

—¿Eva? —Por instinto, Lilly tomó la mano de la mujer. Entrelazaron sus dedos y la chica se sorprendió de tener la sensación desconocida de poder expresarse sin temor a las críticas o los castigos.

—Sí, hija mía. —Eva sonrió con ternura y apretó la mano de Lilly.

—No quiero ser una Testigo, sin importar de qué se trate.

—Es un privilegio y un honor.

En la garganta de Lilly se formó un nudo de vergüenza, aunque desconocía la razón.

—Suena como una manera más de fracasar. Debes saber que no me interesan los asuntos religiosos.

Eva frunció el ceño en señal de duda.

—No entiendo a qué te refieres con *religioso*.

—Quiero decir que he escuchado esa historia. No recuerdo cuándo la aprendí, supongo que cuando era niña. Dios hizo el mundo perfecto, Dios hizo al hombre, Dios hizo a la mujer, la mujer lo echó todo a perder… —Lilly dudó un momento—. Bueno, supongo que *tú* sabrás.

En los ojos de Eva bailaron los brillos dorados.

—¿Sabré qué?

—Pues que desde entonces todo el mundo está enojado con las mujeres. Según mi experiencia, Dios también parece muy enojado.

—¿Y cuál es esa experiencia?

De nuevo le fallaba la memoria. Vio sus dedos entrelazados todavía con los de Eva y de pronto sintió muchas ganas de llorar sin razón aparente.

—No me dejes —le pidió con una voz apenas audible.

—Nunca estoy demasiado lejos. —El travieso resplandor en los ojos de Eva se cubrió con el brillo de las lágrimas—. Después de todo eres mi hija, así que ya estoy en ti y tú en mí.

Ese juramento despertó en ella una sensación de paz. Eva elevó la vista y Lilly siguió su mirada.

—¡Mira! Llegó el momento señalado. Te haré esta promesa: no te arrepentirás de ser Testigo.

—Regresaste, ¿cierto? —No podía ver nada, pero Lilly supo que era John quien hablaba y sintió una punzada de enojo de que la sacaran de su sueño.

—Te estaba mirando mientras soñabas.

«Qué bien. Resultó un tipo raro».

Él rio para sí, como si le hubiera leído la mente, pero sin sentirse ofendido en absoluto. Lilly se sonrojó, apenada.

—Cuando sueñas, los ojos se mueven de un lado al otro bajo los párpados, como si lo que ves en tus sueños realmente existiera. —Después de una breve pausa, John añadió—: Podría ser que sí existan las cosas que estás viendo. No soy muy conocedor de los sueños, no es mi especialidad. Debería preguntarle a uno de los Eruditos. En cualquier caso, estabas profundamente perdida en lo que estabas soñando.

Así era como se sentía, pensó Lilly, perdida, atrapada entre el dolor y la monótona cotidianidad de ese lugar, y la abrumadora trascendencia de sus visiones lúcidas. No quería ser una Testigo, pero tampoco quería estar lejos de Eva. Algo cambió dentro de ella y su luminoso sueño fue desvaneciéndose como un atardecer que se va apagando poco a poco.

Elevó las cejas en señal de duda y él trató de adivinar.

—¿Los sueños o los Eruditos? ¿Quieres que te cuente de los Eruditos, sí o no?

Parpadear era doloroso, así que la chica se enfocó en su boca, que ahora ya no estaba confinada dentro de la jaula que tenía antes. El sonido que surgió se asemejaba apenas a un gruñido, pero John lo interpretó como un sí, aunque no era lo que ella pretendió comunicar.

—¡Te oí! ¡Eso es! ¡Felicidades! ¡Muy bien! —John acercó la silla un poco más al lado de la cama.

—Los Eruditos son un grupo de sabios que estudian esto y aquello, y pueden hablar de eso con gran detalle. ¡Esos Eruditos son muy listos e instruidos! Pueden explicar casi cualquier cosa, aunque no sea cierta.

La observó para ver si había logrado hacerla sonreír. Al no detectar ninguna reacción, continuó:

—Por desgracia, pasan la mayor parte del tiempo hablando entre sí en un lenguaje que nadie más que ellos puede entender. En general tengo que localizar a un Traductor o a un Intérprete si quiero participar en las profundidades de su erudición. Es bastante tedioso, pero para ser franco debo decir que no son personas difíciles y debo aclarar que muchos de mis mejores amigos son Eruditos.

Recuperando el aliento un instante, se inclinó para que ella pudiera verle el rostro, y esta vez Lilly intentó darle lo que supuso que él deseaba. Era el asomo de una sonrisa, la primera que había logrado a propósito.

Para su sorpresa, la radiante respuesta que recibió de él borró casi la mayor parte de su molestia.

—De nuevo, muy bien —dijo de manera alentadora—. ¡Te vi! La primera sonrisa fugaz es esperanzadora de que otras vendrán después. Bueno, deja que te siga contando algo más de los Eruditos. —Paseó la vista alrededor como para detectar si alguien en las cercanías podría estar escuchándolo, y luego bajó la voz hasta convertirla en un susurro—. Es frecuente que visiten el Refugio; de hecho, los tres extranjeros que vinieron a verte sin duda querrán ponerte bajo el microscopio. En algún momento tendremos que permitírselo. El truco que he descubierto con los Eruditos es darles vino, o algo más fuerte si tenemos. Cuanto más beben, más fácil es entenderlos.

John soltó una risita y Lilly tuvo que admitir que *era* un poco gracioso.

—En general son un grupo encantador y he aprendido mucho, pero mucho, de ellos, aunque nunca admitiría eso en su presencia. —Miró a la distancia, pensativo—. Debe de ser un trabajo agotador mantenerse así de cerrado.

Entonces John se levantó y se carcajeó de buena gana. Como las opciones de Lilly eran limitadas, logró emitir un gruñido y de nuevo consiguió hacer un gesto parecido a una sonrisa.

—¡Vi eso! —animó el hombre—. ¡Y podría hasta decir

que incluso el eco de una sonrisa te hace ver radiante como una princesa!

Aunque lo más probable era que intentaba darle aliento, la afirmación produjo en ella una reacción que amenazó con abrumarla. Lo que dijo, o la forma en que lo dijo, la arrojaron de lleno a un estado de pavor.

Empezó con un pánico que fue creciendo lentamente, como una ola, y se agudizó por su incapacidad para moverse. Se concentró en respirar de manera profunda y pausada. Poco a poco fue disminuyendo la descarga de adrenalina y, con cuidado, se dejó ir e inhaló y exhaló, manteniendo apretados los dientes.

Mientras estaba ahí acostada y mirando al techo, las lágrimas le empañaron la vista.

De nuevo, el hombre le limpió los ojos y las mejillas con gran cuidado y ternura. Aunque quería ser amable, ella no podía tolerar que la tocara, pero tampoco podía alejarse. Empezó a temblar.

—Mi pequeña —suspiró John—, cómo quisiera que pudieras recordar tu nombre.

Parecía como si esas lágrimas fueran ahora su único lenguaje de palabras incoherentes y líquidas.

—Regreso en un momento. —Le dio unas suaves palmaditas en el brazo y salió de la habitación.

Lilly descartó el destello de esperanza de que él pudiera entenderla y empezó a luchar contra una creciente ira que iba apretándole lentamente el pecho. Agradecida de que se hubiera ido, cerró los ojos.

Sintió una mano que tomaba la suya. Eran los dedos de una madre, cálidos y suaves. Esa sensación recorrió sus brazos y despejó la furia.

—Lilly —la voz de Eva era como una brisa que susurraba en sus oídos—. Regresa. ¡Ven a ver!

La alegría en el tono de su voz y la seguridad que le brindaba su mano vencieron la resistencia de Lilly. Levantó la vista, esperando ver el rostro de Eva, y soltó un grito ahogado. Apenas a la distancia de su brazo estaba la imponente barrera llena de resplandecientes centellas y estruendosas cascadas. Pero al dar un paso al frente y levantar la mano para tocarla, un murmullo dentro de su corazón le dijo: «¡Eres indigna!».

Dio un paso atrás y se dio la vuelta para mirar al horizonte, donde un ardiente sol se hundía con lentitud. Como la niña que va tirando flores por el pasillo de la iglesia en una boda, la noche fue lanzando sombras que anunciaban la llegada de un amado.

En voz baja preguntó:

—Madre Eva, ¿qué es esa pared detrás de mí?

—Estamos afuera de los límites del Edén.

—¿El Edén? ¿Te refieres al Jardín del Edén? —El nombre sacó a relucir un recuerdo largamente dormido en su memoria—. Cuando era niña, mi mamá acostumbraba llevarme a una iglesia que estaba en la esquina de la casa y me dejaba ahí para que aprendiera cuentos. Pensé que el Edén había quedado sumergido en una inundación.

Eva se echó a reír limpia y claramente como un manantial, y entonces Lilly se sintió avergonzada. La mujer atrajo a la niña hacia sí y la abrazó.

—Lilly, no tienes que preocuparte por lo que digas cuando estás conmigo. Me causó gracia porque dijiste algo chistoso, nunca me reiría para avergonzarte.

No supo cómo responder y finalmente, cuando lo hizo, fue con una confesión.

—Me siento estúpida cuando no sé algo que debería saber.

De nuevo Eva rio, pero esta vez Lilly no se sonrojó.

—Mi amor, ¿cómo podrías aprender algo a menos que primero no lo sepas?

—No sé —después fue Lilly la que rio—. Ah, ya entendí.

Eva señaló al frente, arriba y abajo, de lado a lado, y por todas partes.

—El Edén tiene seis límites, si incluyes el suelo. El Edén es un cubo. ¿Sabes qué es un cubo?

—Sí —musitó—. Sí fui a la escuela. Oye, no quiero ser grosera, pero eso es sólo un cuento de hadas. Todo esto. Incluso tú. ¿No recuerdas que me estoy volviendo loca?

—Lilly, ¿sabes que Dios creó todo lo que existe?

—Sólo en estos sueños —comenzó—, en mi vida real, cuando no estoy alucinando, no creo en nada de esto. Lo que creo es que todo vino de la nada.

—No te pregunté qué crees. Te pregunté qué sabes.

—¿Cuál es la diferencia?

—¡Qué interesante! Pareciera que estas alucinaciones podrían convencerte de ciertas cosas en las que ya no crees. La experiencia es una fuerza que no se puede descartar con facilidad. —A Lilly no se le escapó la ironía del reto que le lanzó Eva.

—Es más seguro descartarlo todo —dijo—, en especial cuando parece innegablemente real.

Eva se quedó callada por un momento y luego volvió a centrar su atención en el jardín.

—El Edén es el gran deleite, el más profundo y verdadero. Llegará un tiempo en que este jardín incluirá a toda la creación y a todas las dimensiones. —La declaración provocó que algo se encendiera en el interior de Lilly, como una chispa que prende al pasar una corriente de aire.

Nuevos movimientos atrajeron su mirada. Vio gigantescos centinelas de fuego que, como hogueras intensas y multicolores, se habían colocado por sí solos justo alrededor del perímetro de la meseta. Una multitud de seres espirituales empezó a formar una serie de filas que se iban colocando con precisión coreográfica. De la tierra, del cielo y de los árboles emergía todo tipo de bestias vivientes, homínidos y aves. Tuvo la sensación de que más allá de ellos se reunían multitudes de seres reptantes: anfibios e insectos, reptiles y toda clase de animales visibles e invisibles. Y en el océano, a leguas de distancia, todos los seres prestaban atención. El universo había interrumpido todos sus esfuerzos, desde las simples labores del movimiento hasta los rigores diarios de la supervivencia, con una adoración llena de veneración y éxtasis.

A medida que caía la noche, un sinfín de luces hermosas y resplandecientes de extraños colores indefinidos fueron separándose unas de otras hasta distinguirse con toda claridad. En el cielo se reunieron oleadas de incontables y ligeros seres, ataviados con los brillantes matices del espectro; la asamblea fue creciendo, tal y como se esperaba. El cosmos entero se unió ahí, en ese lugar, en el momento designado. Era una inspiración resuelta pero sin prisas, que daba inicio al parto.

De pronto, Lilly se encontró en el centro de la reunión, rodeada de seres luminosos y de un verdadero asalto para los sentidos. La música se entrelazaba como los hilos de un tapiz viviente y aromático. Los violines de la mirra y el sándalo, los cornos del incienso y las frutas; clarinetes de los que brotaban jacintos, pino, lilas, lavanda y madreselva; las cadencias rítmicas de la canela y el clavo, la cúrcuma y el jengibre. Incluso las distantes estrellas se congregaron con sus cantos, mientras toda la creación se detenía un instante.

Una vez reunidos, no esperaron por largo tiempo, porque en la pared del Edén se abrió majestuosamente un portal. Un resplandor intenso surgió de ahí. En un instante, Lilly y Eva fueron las únicas que se mantuvieron de pie. Todos los demás seres se inclinaron, con el rostro pegado al suelo, en adoración llena de reverencia y dicha.

—Ahí vienen. —Eva le dio un codazo, pero Lilly no podía desviar la vista del resplandor que se aproximaba. Era un torbellino de deslumbrante rojo del color del sardio, con verdes esmeralda vivos e inmerso en una brillante espiral de jaspe, que se fusionaron hasta que de su centro emergió una sola figura... un ser humano.

—¿Quién es ese hombre? —susurró Lilly.

—No es sólo un hombre. ¡Es el Hombre Eterno! ¡El que es Dios Eterno! ¡Adonai!

—¿Dios es un hombre?

Pero Eva no explicó más.

El Hombre Eterno parecía danzar, ataviado con ropajes blancos de luz. Una humilde corona de hojas de parra rodeaba Su frente. Lilly quedó embelesada y cada átomo de su cuerpo la impulsaba a correr hacia Él y contarle todos sus secretos, volver a nacer y fusionarse con Su magnificencia, para encontrar reposo de su vergüenza. Era la viva imagen de la fidelidad. Con una sonrisa que invitaba a acercarse, el Hombre Eterno elevó las manos y aquellos que estaban postrados levantaron la cabeza y permanecieron hincados.

Lo que pasó a continuación la dejó sorprendida. El Hombre Eterno también se hincó y con Sus manos, como un niño que juega en un arenero, empezó a acumular en un solo lugar una pila de tierra rojiza. Estaba jugando, pero Su actitud era de intensa atención, rebosante de incontenible alegría. Luego se sentó y juntó la tierra entre Sus piernas. Se levantó una tranquila brisa que jugueteó con Sus cabellos y luego le ayudó a juntar Su tesoro. Lilly estiró el cuello para ver. El Hombre y el viento eran cuidadosos y parecían tratar de asegurarse de que ni una sola mota de polvo quedara fuera, sino que todas estuvieran incluidas y fueran esenciales.

Lilly escuchó dos voces que reían. Una venía del Hombre Eterno y la otra del Viento. Era una risa sana, como la de los niños. El Hombre Eterno lloraba libremente, con lágrimas de felicidad, las cuales cayeron de Sus ojos sobre la tierra que había apilado entre Sus muslos con Sus fuertes manos.

Empezó a cantar. Era un nuevo canto, diferente de las melodías que había escuchado Lilly hasta entonces. El canto la cubrió y la obligó a caer de rodillas, llenándola de algo que era más que emoción. Por primera vez en todos los recuerdos que guardaba en su limitada memoria, sintió esperanza.

No sabía de qué estaba esperanzada, pero sintió que aumentaba el ritmo de los latidos de su corazón.

Del interior del montículo de tierra empezó a burbujear un agua color de sangre, que brotaba de un acuífero invisible. Adonai cantó hacia él y después, entre lágrimas y risas, hundió Sus manos en toda esa mezcolanza, lanzando un grito que hizo que Lilly se incorporara de inmediato. El parto casi había concluido. Luego, con un alarido penetrante y desgarrador, Adonai levantó sobre Su cabeza a un bebé recién nacido.

«¡Un hijo ha nacido, un hijo ha nacido!». Toda la creación estalló en un grito de júbilo y Lilly quedó atrapada en la celebración por el nacimiento. Gritó para que la escuchara sobre el sonido de la multitud.

—¡Madre Eva! ¿Viste? —Era imposible encontrarla, pero cuando Lilly volvió la cabeza, percibió un susurro a sus espaldas que le anunciaba una verdad: *Ella* había visto. Si bien esto había despertado en Lilly una abrumadora variedad de anhelos y emociones, Eva había cumplido con su promesa. La joven no lamentaba en absoluto haber sido Testigo de ese nacimiento.

El canto suave y cristalino del Hombre Eterno se escuchó por encima de la cacofonía: «Éste es quien complace Mi corazón, la cúspide de la Creación. Éste es Mi hijo amado, en quien Mi alma se complace. ¡Sus nombres serán Adán!».

¿Sus? El bebé no se movía.

La esperanza de Lilly se desmoronó. Azorada y después alarmada, Lilly gritó con desesperación:

—¡El bebé! ¡El bebé no está respirando!

—¡TIENE CONVULSIONES! —LA VOZ de John gritaba como si viniera de muy lejos—. ¡Hagan algo!

Lilly sintió que su cuerpo se sacudía y que sus músculos se agitaban, contrayéndose y expandiéndose. La inundó una sensación de calor y la luz atravesó por sus párpados cerrados. Se sentía flotar, y lo que la mantenía flotando amortiguaba sus convulsiones.

—¡Apágalo! —ordenó una mujer.

«¡Pero el bebé no está respirando!», gritó Lilly al momento de sentirse cegada por el resplandor luminoso. Luego abrió los ojos a un espacio inmóvil y a un cielo que no era un cielo. Azul, simple y sin gracia. Estaba de nuevo en su habitación, acostada y tan inmóvil como ese niño inerte.

4

SECRETOS

La preocupación por el bebé la atosigaba. Como una lengua que insiste en volver al espacio vacío que dejó un diente que se acaba de perder, así su mente regresaba a lo que había atestiguado. Pero después de dos noches sin soñar ni recibir esas visitas, Lilly empezó a dudar de sí misma otra vez. Lo que vio mientras flotaba en esa oscuridad espesa y respirable debía de haber sido alguna reacción a los medicamentos que le administraron. En su cerebro vagaban imágenes aleatorias: un revoltijo de viejas historias del catecismo y programas televisivos de su pasado nebuloso. Ésa era la única teoría plausible que podía improvisar y las alternativas eran demasiado extrañas como para considerarlas seriamente. Pero estaba el asunto del bebé.

Aunque podía sentir que regresaban sus fuerzas, la mirada de Lilly permanecía fija en el techo. Su habitación era casi como una cueva y los matices color marfil del techo curvo eran iridiscentes y con pequeñas ondas en tonos hueso y nácar. En los márgenes de su visión percibía un asomo de violeta y azul perlado. Era casi como un cielo, pero que se negaba a desplazarse o cambiar. Quizás era de mármol, con patrones extrañamente tranquilizantes que acentuaban incluso los minúsculos cambios de luz.

Trató de encontrar cualquier movimiento, como el de algún insecto o criatura que se paseara por el techo, pero el cuarto era estéril y su única compañía eran John y Letty. No tenía razones para temerle a ese hombre, pero seguía sintiéndose más segura estando en guardia.

Durante su forzosa espera, escuchaba la amistosa conversación de John y absorbía la información. No era guapo ni feo, con un rostro agradable que se iluminaba y se volvía casi bello al sonreír o reír. Lo estudiaba cada vez que se inclinaba sobre ella, buscando en él algo oculto, sospechoso, y decidió que no era totalmente confiable. Su piel era de un profundo marrón tostado por el sol, la barba corta y bien arreglada, con pelo negro salpicado de canas. Sus rasgos le hicieron pensar que provenía del Medio Oriente. Era viejo, no demasiado... pero mayor. Aunque se resistía a pensarlo, había algo en él que le agradaba.

Su propia identidad e historia siguieron siendo un misterio para ambos, al estar envueltas en sombras demasiado espesas y oscuras como para explorarlas. Sin importar cuáles fueran los detalles, Lilly estaba convencida de una cosa: los hombres eran impredecibles y peligrosos.

Aunque John hablaba mucho, parecía dudoso de transmitir demasiada información. Quizá le preocupaba abrumarla o iniciar otra convulsión. Era como un delicado baile, un vals de dos vidas que se habían conectado de manera indisoluble, pero que seguían manteniendo una distancia cautelosa.

Al igual que sus gruñidos rasposos y sus quejidos incoherentes habían reemplazado los parpadeos que indicaban *sí* o *no*, éstos cedieron el paso a pequeños susurros que salían de su boca como fuertes exhalaciones.

—Me llamo Lilly —dijo con voz rasposa un día que escuchó que John entraba a la habitación—. Lilly Fields. Lo recuerdo.

—Hola, Lilly Fields —exclamó John—. Es un nombre maravillosamente pintoresco. Mucho más adecuado para ti que Egipto. No es que tenga nada en contra de Egipto.

—¿Egipto?

—En el *container* donde te encontramos, donde te encontré, había un archivo con fotografías. Lo que más nos acercó a determinar tu identidad fueron los documentos con una fotografía que señalaba que tu nombre era Egipto. Es obvio que es un alias; pareces más una chica isleña que alguien del desierto, aunque según los Sanadores tienes marcadores genéticos de la gente de ambas regiones.

—Gracias, supongo.

—Pero tengo curiosidad —el rostro de John entró en su campo de visión—, ¿qué provocó que recordaras tu nombre?

—Un sueño —respondió— o alucinación. No estoy segura.

—Ah, más sueños. Eso está bien. ¿Hay algo que quieras contarme de ellos? Parece que sueñas mucho.

Lilly pensó por un momento antes de contestar.

—No, son confusos.

¿Cómo podría hablarle de algo que no entendía? Sintió que se iba retrayendo, además de que no tenía ninguna explicación acerca de bebés y del gran Principio, o de una asombrosa pero desconocida negra llamada Eva, que afirmaba ser su madre, o de la certeza de estar al borde de la locura.

Esa noche, al disminuir los sonidos y la iluminación, Lilly tuvo la sensación de estar afuera, mirando el transitar de las estrellas. Las luces distantes titilaban en la oscuridad de su prisión y ocasionalmente vagaban por los cielos, explayándose en una gran danza. Como una aurora, el despliegue variaba de intensidad siguiendo un patrón desconocido. Esos movimientos despertaban e incitaban diversas emociones relacionadas con lo que había visto con Eva, la profunda y espesa oscuridad que después se había convertido en una hermosísima exhibición.

Navegó sobre las olas entre el sueño y la vigilia, pero cada vez que empezaba a alcanzar el descanso, el pequeño llanto del bebé le provocaba ansiedad.

Imaginó escuchar las voces de una conversación a altas horas de la noche. Como en un péndulo, osciló entre el día y la noche, y comenzaron a visitarla pequeños fragmentos de recuerdos, pero nunca se quedaban con ella.

—Ahora ven a ver —dijo una mujer, tomando de nuevo ambas manos de Lilly entre las suyas.

—¿Eva? —Lilly despertó de improviso.

La mujer rio y envolvió a Lilly en un abrazo.

—Querida mía —susurró—, estás viva y yo soy la Madre de los Vivos. Debes ser Testigo conmigo del niño que ocupa todos tus pensamientos.

Lilly sintió que de nuevo pasaba a través de una cortina negra que la devoraba y que dividía las épocas y los mundos, esa oscura barrera entre el Refugio y el Principio; y al momento de cruzar esa frontera, Eva le soltó la mano y quedaron una al lado de la otra, con la cortina de luz y agua detrás de ellas.

—¿El bebé? —preguntó Lilly, dando un paso hacia el lugar donde había visto que lo extraían de la tierra.

Una mano sobre su hombro la detuvo cariñosamente. En el mismo instante, el Hombre Eterno, que estaba sentado más allá del límite del Edén, elevó Su sonriente rostro. Sostenía contra Su pecho al recién nacido que estaba inmóvil y cubierto de gloriosa luz. El Hombre miró directamente a Lilly y ella sintió que Su paz la bañaba por completo. Por un instante, esa sola mirada alivió toda su pena y se convirtió en el anuncio de mil posibilidades. Ella miró hacia lo lejos con desdén.

El Viento y la Energía acompañantes, que giraban y atravesaban el muro, envolvieron al Hombre. Los tres formaron un solo rostro que se inclinó para besar al niño, pero era más que el contacto de unos labios con otros; era el soplo de vida, y con ese aliento, el frágil niño se volvió un alma viviente.

Un pequeño llanto quebró el silencio de la noche y Lilly suspiró aliviada.

—Nació mi pequeño Adán —susurró Eva a Lilly, su mano aún descansaba en el hombro de la joven.

Junto con el llanto de vida del bebé se escuchó una estruendosa aclamación e innumerables mensajeros espirituales llevaron esas ondas de sonido hasta los confines del cosmos.

—Ellos conocen los portales y las ventanas en la tela que divide los mundos —dijo Eva—. Y ahora viajan para llevar la noticia, la buena nueva del Padre.

Tres personajes enormes se acercaron a la reunión, dos de ellos desde los extremos opuestos de la pared, y uno desde la oscuridad más allá de ésta.

—¿Quiénes son?

—¡Querubines! —declaró Eva con respeto. Su estatura superaba con mucho el colosal muro del Edén pero, al irse acercando, su tamaño fue disminuyendo hasta no ser mucho mayor que el del resto de la concurrencia. Aun así, con su llegada, Lilly sintió que se hacía más pequeña. Los pies de los Querubines no parecían tocar el suelo y ella percibió el tenue movimiento de unas alas enormes e invisibles.

Los dos que venían de los extremos de la pared inclinaron las cabezas, pero el tercero esperó un momento antes de hacer también una reverencia. Su asombrosa corona tenía doce piedras preciosas que irradiaban un arcoíris luminoso, como si un dosel cubriera la reunión. Al ocurrir esto, el Hombre Eterno habló.

—Observa atento, Querubín Ungido. En mis brazos y amamantándose de mi pecho está la suprema expresión de mi creación. Éstos tendrán dominio sobre toda cosa creada, visible e invisible.

Las preguntas se agolpaban en su mente, pero Lilly se quedó atónita, indefensa bajo el embate del júbilo y atraída hacia el recién nacido por razones que no era capaz de explicar.

La voz del Ángel era cariñosa y su tono controlado.

—Adonai, ¿este cúmulo de polvo de la tierra? ¿Tu soplo en este barro le da nuevo significado? Quizá sean a Tu imagen y semejanza, pero son frágiles y débiles y, por ende…, intrascendentes. Tú que eres Quien establece los términos, que tienes una naturaleza inviolable, ¿por qué ahora Te has revelado en este ser eternamente débil? ¿Colocarías nuestra esperanza y vida en este… este indefenso trozo de materia viviente?

Lilly se sintió ofendida y dijo entre dientes:

—Todos los bebés son débiles.

—Y seguimos siéndolo —añadió Eva. Lilly la miró, pero Eva no ofreció mayor explicación.

—¿Estás sorprendido? —dijo el Hombre Eterno al Querubín. Su mirada de afecto materno y de cariño paterno era pura y correcta y llena de amor—. Sorprender está en Mi naturaleza. Entonces, amado Querubín Ungido, ¿harías los honores? —Elevó a Su recién nacido para ponerlo frente al Arcángel. Lilly observó que el cordón umbilical del bebé seguía unido a la tierra.

Por un momento, el poderoso ser pareció confundido.

—¿*Machiara*?

El Hombre Eterno asintió.

Lilly sintió que la mano de Eva apretaba un poco más su hombro. En lugar de tomar al niño, el Querubín Ungido sacó de entre sus ondulantes ropas una daga pequeña y afilada y la sostuvo en alto. Lilly soltó un grito ahogado. No le costaría gran trabajo cortarle el cuello al niño y probar la fragilidad de este ser.

Pero en vez de ello, el Arcángel cortó el cordón umbilical y Adonai puso al bebé contra Su pecho. El niño dormía plácidamente en los brazos cuidadosos de Dios.

—¡Gracias!

—Me sentiré honrado por siempre —fue la respuesta del asombrado Ángel mientras examinaba la daga; pequeños hilos de carne sanguinolenta colgaban del filo—. ¿Ésta es la mejor y más alta de Tus creaciones? —La pregunta, hecha con cautela, se escuchó con claridad cuando limpiaba la hoja de la daga contra sus radiantes vestimentas y la regresaba a su vaina oculta.

—Querubín Resplandeciente, existen misterios que incluso tú desconoces. —Adonai se puso de pie y meció al niño en Sus brazos. Su vestimenta, antes blanca, tenía manchas de tierra, sangre y agua—. Este ser no debe probar nada para ser amado. Son hueso de mi hueso y carne de mi carne, y nunca disminuirá ni se ocultará mi imperecedero Amor y Afecto para Ellos. Nunca dejarán de merecerlos.

Los ojos y la garganta de Lilly estaban colmados por las lágrimas. No sabía cuál era el motivo, pero se sintió avergonzada.

—¿Por qué usa el plural para referirse al niño? —preguntó, secándose las mejillas.

—Observa —respondió Eva—. Con el tiempo lo sabrás.

Adonai habló:

—Ésta es Mi invitación para ti: mantente en tu legítimo lugar, inclina la cabeza y el corazón, y permite que tu camino se purifique con el fuego del amor, la hermandad y el servicio.

—Por supuesto que me inclino —dijo el Querubín aún inseguro—. ¿Ante Ti?

—No, no sólo ante Mí —dijo el Dios-Hombre—, sino ante este pequeño. Son tus reyes, tienen dominio y a ellos toca convocar tu servicio y mantenerte en el sitio que te corresponde. La invitación que te hago es a servirlos de manera plena y total.

—¡Me someto con gozo y juro servir al Hombre como te sirvo a Ti! —declaró el ser celestial. En un remolino de luz, el

Querubín Ungido se inclinó, abrazó al niño y besó al Hombre Eterno en la mejilla.

Entonces Dios declaró:

—¡Esto es muy bueno! ¡Contemplen al niño! Bendita es la matriz de la Creación. Que todos, cada uno a su modo, con voz o aliento, celebren ahora esta llegada. ¡La totalidad de la Creación es el gran Bien! Con este nacimiento, el Sexto Día se corona y termina, y nosotros descansamos de Nuestra Labor.

LILLY DESPERTÓ CON LÁGRIMAS que rodaban por sus mejillas y cubrían por completo su cara. En el Refugio no podía secarlas.

¿Acababa de ser Testigo del nacimiento de Adán? ¿Cómo era posible? El recién nacido había despertado profundos anhelos: de pertenencia, de recibir el abrazo de alguien que te ame sin razón alguna. Era mejor desprenderse de esos sentimientos que le provocaban confusión. ¿Y Adonai? ¿Por qué su primer impulso había sido correr hacia Él? Era más que eso: quería correr *dentro* de Él y que Él la conociera. ¿Era Dios? ¿Era Hombre?

El torbellino de sus pensamientos la arrastraba hacia la oscuridad. Se concentró en modular su respiración.

John se le acercó con un paño tan suave como la piel de un gatito y le secó las lágrimas.

—Cuando estés más fuerte y puedas moverte, te llevaré al sitio donde almacenamos las cosas que llegaron a tierra contigo. Tal vez te ayuden.

—¿Qué cosas? —dijo con voz cascada.

—Cachivaches, cosas de tu tiempo, espacio y lugar. Pero no encontré ni un solo libro bueno. ¿Ya nadie lee en tu mundo?

—No recuerdo haber sido gran lectora —carraspeó, y John le dio a beber algo caliente para aliviar el ardor de su garganta.

—Qué triste —comentó—. El libro correcto, como la canción o el amor adecuados, puede cambiar a todo el universo, siempre y cuando se trate de la persona apropiada, claro. Y de ahí el efecto se propaga.

—¿Por qué no puedo recordar?

La cara de John apareció entre ella y el techo de mármol.

—Los traumas y las tragedias pueden causar una forma de amnesia, pero en general esos recuerdos regresan con el paso del tiempo. Cuando inicialmente el consejo decidió que debías recibir tratamiento aquí en el Refugio, enfrentamos algunos desafíos aterradores. Presentaste convulsiones que parecían echar por tierra todo lo que intentábamos lograr, así que utilizamos una serie de inhibidores de la memoria.

—¿Qué?

—Nada permanente. Poco a poco los hemos ido retirando en los últimos días. Es posible que experimentes recuerdos vívidos. Eso significa que estás recobrando la memoria que has bloqueado, pero no significa que estés enloqueciendo.

—¡Estupendo! —musitó.

Eso hizo reír a John, quien volvió a divagar sobre los libros infantiles y su importancia como piedras angulares para construir la civilización. Algo que dijo —un comentario sobre un libro— provocó que los recuerdos empezaran a agolparse en la mente de Lilly sin ninguna advertencia.

La sorprendió una serie de imágenes de su infancia que ahogaban sus pensamientos como lo hace el agua con el fuego.

Era una niña pequeña y una mujer le estaba leyendo un cuento sobre un príncipe, una serpiente, una zorra y una rosa, mientras Lilly, que llevaba un vestido raído, daba vueltas siguiendo una tonada dentro de su cabeza. Giró hasta que las sombras la rodearon y luego, en estado de pánico, salió corriendo.

El ataque de las imágenes fue rápido y brutal: aterrorizada, encontró refugio bajo la ropa mohosa en un oscuro armario.

A través de las rendijas pudo ver que una mujer yacía inmóvil en el piso y la forma de un hombre se erguía sobre ella. Escuchó pasos que se detenían afuera de su escondite y, cerrando los ojos, se arrastró hasta el único punto donde se sintió segura, muy dentro de sí misma, mientras la manija giraba lentamente.

De nuevo, las lágrimas brotaron sin que ella pudiera hacer nada para impedirlo.

—A veces hablo demasiado —musitó John como disculpa, secándole de nuevo la cara.

—Está bien —dijo con voz rasposa, queriendo ocultarle lo vulnerable e indefensa que se sentía.

—Aparte de eso, Lilly —continuó John—, tengo buenas noticias. Has respondido tan bien que estamos haciendo cambios para devolverte a tu propio cuerpo.

—¿Qué? —respondió Lilly—. ¿Qué significa eso?

—Eso significa que te vamos a retirar los medicamentos e iniciaremos un protocolo de terapia física. Empezaremos con sentarte. Con el tiempo volverás a caminar, bailar y cantar y todas esas cosas para las que nacieron todos los niños.

Lilly hizo una mueca ante la mención del baile, pero ¿cómo podría estar enterado de lo que significaba para ella?

—Eso quiere decir que será un trabajo arduo para ti —continuó—, pero en lo personal considero que no es nada que no puedas lograr. ¿Qué me dices?

—Estoy más que lista. —Soltó un largo suspiro que parecía haber estado retenido durante meses.

—¡Muy bien! Y también, para celebrar, te traje un pequeño regalo.

—¿Un regalo? —Un ataque de náuseas la sorprendió de manera inesperada y perturbadora. ¿Por qué la mención de un regalo le afectaba de ese modo?

—Dijiste que no recuerdas haber sido gran lectora, pero mi opinión es que en cada persona existe una historia y, por ende, un narrador. El problema es que muchos temen al fracaso y nunca comienzan a escribir. Pero tú, mi querida Lilly, eres una chica valiente. —John calló por un momento y luego levantó un pequeño regalo envuelto en papel con flores y un moño verde esmeralda.

—John, te das cuenta de que no me puedo mover, ¿verdad?

—¡Claro! Pero yo lo envolví, y eso prueba que tengo los genes que se requieren para quitarle la envoltura.

—¿Entonces?

Le quitó el papel, deteniéndose en cada doblez, hasta que pudo ver un elegante diario encuadernado en piel. Estaba labrado a mano con una serie de círculos y tenía un elaborado broche. En el diario podría escribir sus pensamientos del día, poesías o sus reflexiones casuales. Según le explicó John, en caso de que quisiera mantener en privado tales cosas, podía proteger el contenido imprimiendo la palma de su mano sobre la cubierta. También abrió la contratapa, que en el interior parecía más una pizarra que cuero, como la superficie de una *tablet*.

—Esto es una especie de grabadora integrada que puede registrar tus experiencias y emociones. No tienes que hacer nada para activarla; funciona en segundo plano.

Lilly sintió que su gratitud se mezclaba con su desconfianza. Era un regalo maravilloso, quizás el más bonito que había recibido.

—Gracias, John.

—De nada. Espero que se convierta en un objeto que te permita sentirte segura. Yo también escribo a veces. La escritura es, en sí misma, un refugio. Espero que también lo sea para ti.

—Tal vez —respondió ella—. John, ¿en algún lugar de tu gran biblioteca tienes una historia acerca de un príncipe, una serpiente, una zorra y una rosa?

Pensó por un momento y luego exclamó:

—¡Sí, la tengo! Sé de cuál estás hablando. No he pensado en ese cuento desde hace años. Te lo buscaré —sonrió—. ¿Quieres que te lo lea?

—Sí. Nunca eres demasiado viejo, chiflado o salvaje como para no tomar un libro y leerle a un niño. Eso dice el Dr. Seuss.

El Recolector rio:

—¡Ja! ¿El Dr. Seuss? ¿Cuántos años dices tener?

Lilly sintió que le ardía la cara de vergüenza. La resistencia en su interior estalló al instante y con sarcasmo espetó:

—¡Cinco!

Todo se quedó en silencio y luego John asomó la cara.

—No quise avergonzarte ni herirte —dijo con ternura—. No tengo idea de por qué o cómo te causaría dolor lo que te pregunté. Pero te lo causó y me disculpo por ello.

—No te preocupes —contestó ella, respirando agitadamente mientras se esforzaba por controlar las emociones—. Yo también siento… haberte gruñido así.

—¿Entonces, me perdonas?

Ese pequeño acto de bondad la dejó desarmada. La cascada de sentimientos que ella había estado manteniendo a raya estalló como un torrente. No sólo lloró, gimió y sollozó por las pérdidas que no lograba recordar, por los recuerdos y rostros almacenados a los que no podía tener acceso, por el dolor que sólo la gentileza y la gracia pueden abordar, por su creciente temor y porque era sólo una niña que no sabía dónde estaba su casa y se sentía perdida; todo le dolía otra vez y no podía controlarlo.

Además, este hombre, este gentil hombre, lloraba con ella. John inclinó la cabeza hasta tocar con su frente la suya y colocó las manos a ambos lados de su rostro mientras las lágrimas de ambos se mezclaban. Lilly pensó que era una especie de bautismo. Lo que se perdió y se halló de nuevo, irremediablemente y para siempre entrelazados.

5

EL JARDÍN DE DIOS

—Ven, Lilly —susurró la mujer, y por un instante, al levantarse la chica, la luz que la rodeaba implosionó y pensó que estaba perdiendo otra vez el sentido.

Lilly jadeó al regresarle la mirada.

—Madre Eva, ¿dónde estamos ahora? —Los colores, sonidos y aromas de un gran bosque dominaron sus sentidos.

—Dentro de las puertas del Edén. —La fuerza de su presencia fluyó a través de Lilly—. Afuera de los límites del Edén fue donde atestiguaste el nacimiento de Adán.

El sitio era asombroso y, sin embargo, de algún modo era perfectamente adecuado para ella. El calor, la humedad, todo ahí brindaba comodidad, alivio y placer. «Así es como siempre debió ser la normalidad». Pero otro pensamiento vino justo detrás de ése: «Pero tú no tienes nada normal. No deberías estar aquí».

—Lilly, ¿quieres ver más?

Cuando Lilly asintió, Eva le tomó la mano. Se elevaron y flotaron sobre el mismo aire. Sus pies se posaron como si estuvieran en suelo sólido, mientras veía cómo se iba alejando la tierra. La vista alteró su sentido del equilibrio, pero recuperarse era simple; lo único que tenía que hacer era mirar hacia arriba y al frente, confiando en la invisible solidez bajo sus pies. No pudo resistirse y golpeteó con un pie. Sí, se sentía como si hubiera algo ahí. Eva la vio y sonrió.

Al llegar arriba de los árboles, disminuyeron poco a poco la velocidad con la que ascendían hasta que quedaron suspendidas.

—Éste es el Jardín de Dios —señaló Eva— y se creó para todos los que lo habitamos.

—¡Es enorme! —exclamó Lilly.

El jardín se extendía en todas direcciones a lo largo de cientos de kilómetros, hasta el horizonte distante donde los muros limítrofes se elevaban y desaparecían en el cielo, como un géiser de agua con los tonos del arcoíris. El límite más cercano era poderosamente impresionante. El aire era limpio, vigorizante y cálido, en perfecta sintonía con ella.

—Dijiste que el Edén es un cubo, ¿no es cierto? Pero sin importar lo grande que sea, no creo que todos quepamos aquí.

—El Edén se expande y contrae según se necesite. No es un *lugar* como tú lo concibes. En el porvenir, después de que todo haya concluido y se haya reconocido, crecerá para incluir a toda la creación.

—Pareces triste —señaló Lilly.

Eva le sonrió.

—No estoy triste, hija mía. Tan sólo recuerdo. Es *aquí* donde mora la rectitud.

—¿La rectitud?

—Sí, las relaciones correctas, cara a cara y de confianza.

—¿Acaso es posible? —Lilly se sintió apenada por su impulsividad—. Me refiero a que si existe tal cosa.

Eva le apretó la mano y respondió:

—Sí. Y no sientas vergüenza, Lilly. Nuestros deseos profundos nos recuerdan que hemos perdido algo vital y precioso. Esos anhelos agitan la esperanza de regresar.

—¿De regresar a dónde?

—A este jardín.

—Pero ¿no es cierto que Dios te obligó a salir de aquí? —preguntó Lilly. Eva suspiró y parecía a punto de responder cuando algo distrajo su atención y le provocó una sonrisa.

—Escucha —le indicó.

Lilly también podía oírlo. Desde la distancia se oía acercarse un canto que era bello y a la vez ligeramente desentonado. Era la voz transparente y gozosa de un niño que caminaba por el bosque.

—¿Ése es...?

—¿Adán? ¡Sí! ¡Mira!

Pero en lugar de ello, Lilly observó a Eva y reconoció el rostro de una mujer joven y enamorada.

JOHN ESTABA INCLINADO SOBRE ella cuando abrió los ojos.

—¿Por qué me despiertas? —protestó, entre adormilada y enojada, pues había interrumpido su sueño.

—No lo hice. —Su expresión dejaba ver su desconcierto.

—Ah —murmuró Lilly—, buenos días.

Bajo el techo de mármol azulado, John miró a su alrededor y luego se volvió hacia ella.

—De hecho, no es la mañana, podría decirse que ya es el final de la tarde.

—¿Ya? —Lilly giró el cuello como si buscara evidencias.

—¡Pero mírate! —exclamó John—. Qué increíble progreso. Toda esa actividad emocional de esta mañana parece haber establecido un contacto entre tu columna vertebral y tu cabeza. ¡Es la señal de la que me dijeron que debía estar pendiente!

Lilly trató de nuevo de hacer ese movimiento y el cambio en sus músculos apenas era perceptible.

—¡Ten cuidado! —dijo él—. Quizá resulte tentador, pero no es momento de exagerar. Ahora comenzaremos a trabajar para retirar el aparato que te tiene inmovilizada.

—¿Qué tipo de aparato?

—Bueno, te dije que cuando te encontré estabas bastante lastimada. Para que los Curadores y Sanadores lograran sus beneficios, les pedimos a los Artesanos y Constructores que crearan un *aparato* que te mantuviera completamente inmóvil para permitirles el acceso y el tiempo para recuperarte.

—¿Qué me pasó? ¿Qué tengo mal?

—Tu cuello y espalda estaban fracturados en varios sitios, entre otras muchas cosas. Te encontramos en una parálisis por congelamiento; probablemente eso te mantuvo viva.

Era obvio para ella que John estaba tratando de moderar sus palabras, quizá por no querer revelar demasiado, en especial después del torrente de emociones que había experimentado sólo unas horas antes.

—Espera. —Una serie de preguntas empezaron a venir a su mente—. ¿Cuánto tiempo he estado aquí? ¿Aquí, en este cuarto?

John levantó la vista al techo, haciendo el cálculo.

—Cerca de un año.

—¿Un año? ¿He estado aquí casi un año?

—Sí, casi.

—¿De dónde vine?

—No hemos podido determinarlo con exactitud, pero con toda seguridad de algún lugar de la Tierra.

—¿De la Tierra? ¿Quieres decir que esto no es la Tierra?

Él negó francamente con la cabeza.

—Entonces, ¿dónde está esto… esta isla donde estoy?

—Está en un océano del que posiblemente nunca has oído hablar. Se encuentra en un pliegue entre mundos, entre dimensiones. Existen muchos sitios así.

—John, eso es una locura.

—Estoy seguro de que así parece.

—¿Alguien ha estado buscándome? ¿A alguien… le importa que esté perdida?

—No que yo sepa. —John evadió su mirada.

Un nuevo tipo de miedo atenazó sus pensamientos.

—¿Un año? ¿En serio? ¿Hay alguna manera de que regrese… a casa?

John carraspeó y se movió en su asiento.

—Lilly, todo esto debe de ser muy confuso y aterrador —señaló—. No puedo ni empezar a entender la intensidad de los sentimientos que debes de estar teniendo, y me entristece profundamente.

—¿Por qué estoy aquí? No soy nadie. —La garganta le dolía, tenía los ojos cerrados y su mente era un caos. Sin ningún recuerdo sólido, no podía asociar nada de su situación con algo consistente o real. Lo único que tenía eran los restos dispersos de recuerdos que llegaban a ella de manera súbita e inconexa. Tenía los sueños, pero si le contaba a John acerca de ellos, también pensaría que estaba loca. Se preguntó por qué le importaba lo que él pudiera pensar, pero así era.

—Lilly, no es cierto que no seas nada —dijo con firmeza—. La razón por la que has venido aquí se revelará cuando Dios lo disponga. Pareces cansada. ¿Tal vez podríamos seguir con esto un poco más tarde?

—¡No, no hemos terminado! ¡No te atrevas a irte! —exigió, con los ojos aún cerrados.

John aguardó.

—¿Qué es exactamente lo que me han estado haciendo tus Sanadores y Curadores? —Lilly estaba al borde de la ira.

—Estuvieron reconectando tu médula espinal con tu cerebro y reimplantando, bueno, lo que tenía que reimplantarse. Cosas así.

—¿Qué se tenía que reimplantar?

Con un suspiro, John le dijo a Lilly que sólo uno de sus pies era suyo de origen. La buena noticia, según John, era que su nuevo pie izquierdo era de mujer, un detalle que no hizo menos grotesca la información.

Explicó que cuando la encontraron a punto de morir, entre las muchas partes de su cuerpo que tenían heridas, se encontraba su pie izquierdo, que estaba totalmente aplastado.

Lilly le preguntó de dónde habían obtenido su nuevo pie. La respuesta fue tan espantosa como se temía. La caja metálica donde la hallaron contenía otros cuerpos casi congelados.

—¿Qué? —Lilly sintió náuseas. John hablaba cada vez más rápido, como si la velocidad aplacara el impacto.

—Los Sanadores y Curadores dedujeron de inmediato que la única opción, aparte de pedir a los Constructores que crearan una especie de prótesis, era tratar de conseguir un pie equivalente de una de las chicas que hubiera muerto más recientemente. ¿Quizá te serviría imaginarlo como una especie de trasplante de órgano? —sugirió, pero Lilly prefirió no pensar en ello en absoluto.

—John, ¿qué crees que nos sucedió? Me refiero a mí y a las otras muchachas.

—Apenas puedo imaginarlo —comenzó, y luego hizo una pausa—. Lilly, cualquier teoría me enfurece y me hace sentir profundamente desolado. Lo que les hayan hecho es inmoral en todos sentidos.

Como la última hoja que cae de un árbol en otoño, Lilly sintió que la arrastraba el viento. Para no desmayarse, intentó cambiar de tema.

—¿Y cuándo fue que hicieron todo eso del… reimplante? No recuerdo a ningún Sanador ni Curador. Aparte de Letty, tú eres la única persona que he visto aquí.

—Lo hicieron mientras dormías —dijo John con un suspiro—. ¡Durante meses han trabajado meticulosamente todos los días para recomponerte!

Al ver que no respondía, John continuó:

—Diseñaron y construyeron para ti esta habitación especial. Todas las noches se sella al vacío, luego la llenan casi por completo con un líquido respirable. Gran parte del trabajo requiere que estés volteada hacia abajo, pero no pueden hacerlo a menos que estés en estado de ingravidez. En las mañanas te voltean y drenan la cámara. No puedes verlo desde donde estás, pero hay todo tipo de dispositivos mecánicos, como escaleras y cosas que permiten el acceso.

Lilly estaba callada. Al menos durante un minuto permaneció quieta y de nuevo se resistió a dejarse ir a ese abismo mental que le ofrecía seguridad y alivio. John asomó la cara, con una mirada de preocupación que era obvia en sus amables rasgos.

—¿Hay alguna otra cosa que quieras preguntarme?

—No, ¡terminé! No más preguntas. —Luego dudó un momento—. Espera, una más por ahora. ¿Por qué yo?

Eso provocó una sonrisa en John.

—Ay, Lilly, ¿por qué no?

Aunque esa respuesta le daba otra perspectiva de su situación, no era lo que había preguntado.

—No me refiero al porqué en un sentido cósmico. Hablo de algo más personal. ¿Por qué *te tomarías* tantas molestias por *mí*? Ni siquiera me conoces. ¿Por qué yo?

Él pensó un poco antes de volver a hablar.

—Creo que llegaste a mi vida porque Dios me ama.

—¿Por qué Dios *te* ama?

Sonrió de nuevo.

—Sí, porque Dios me ama a mí, Lilly. El cómo y el porqué de nuestra conexión es un misterio, ¡pero no es una cosa pequeña! ¡Tú eres importante! Eres la hija de Eva.

—¿La hija de Eva? —¿De algún modo él estaba enterado de sus visiones?—. ¿Eva, como la de Adán, esa Eva? Eso es sólo una historia, un cuento de hadas.

—Ah, como dice el dicho, la trama se complica. —Sacudió la cabeza de un lado al otro—. Lilly, los cuentos de hadas y los mitos provienen del almacén de la imaginación, pero no porque algo se considere como «un cuento» quiere decir que no sea cierto.

De nuevo, Lilly se resistió a la oportunidad de abrirse; sin embargo, las palabras de John la hicieron dudar.

—Entonces, ¿crees que la historia del Edén es cierta? Siempre me ha parecido irreal, como Santa Claus y el ratón de los dientes.

—Sí lo creo. —La expresión de John era de desconcierto—. Lilly, ¿quieres que te lea la historia directamente de la Biblia, donde inicialmente se registró por escrito? La tengo cerca. Me tomaría apenas un minuto ir por ella.

—Si no te molesta —respondió Lilly, intentando ocultar su curiosidad.

John se escabulló y pronto regresó con un ejemplar empastado en cuero.

—Perdona que no sea un manuscrito original, pero por lo menos está en el idioma original, que puedo leer y traducirte lo mejor que pueda. Sería mejor si fuera un Erudito. ¿Prefieres esperar a que venga uno?

—Prefiero que tú lo hagas —lo alentó. John jaló un banco cercano para sentarse y abrió el libro desde la pasta de atrás y empezó a leer al revés.

—En el principio —comenzó— Elohim creó... —John alzó la vista—. Lilly, ¿sabías que en el lenguaje antiguo y original Elohim, Dios, es plural, y que Ruach, el Espíritu de Dios, o el aliento o viento, es femenina?

La respuesta muda de Lilly fue levantar la ceja y encogerse de hombros.

—Quizá sería mejor que simplemente me ponga a leer. En el principio —inició de nuevo— Elohim creó los cielos y la tierra... —Y así siguió hasta acabar con el primer relato de la Creación.

—¿Entonces todo era bueno y Dios descansó? —preguntó Lilly, perdida en sus propios pensamientos y en las imágenes evocadas por las palabras.

—Sí —respondió John—, todo era bueno, muy bueno. —Dudó como si estuviera a punto de agregar algo, y luego decidió no hacerlo.

Se puso de pie y luego de carraspear, dijo:

—Bueno, has tenido emociones suficientes para un día. Si quieres, en otra ocasión te leeré más, pero por ahora ya nos pasamos de tu horario de descanso. Considerando todo lo ocurrido, hoy fue un buen día. Que tus sueños estén llenos de bendiciones. —Pulsó los botones necesarios para reducir la iluminación en el cuarto y, como si hubiera corrido una cortina o apagado un interruptor, los ojos de Lilly se cerraron.

A pesar de su tristeza, Lilly reconoció el contacto cada vez más familiar y agradable que la levantaba y la llevaba a otro sitio.

—ADÁN HA CRECIDO MUCHO desde que lo viste nacer —señaló Eva. Era como si no hubiera habido ninguna interrupción. Lilly estaba con Eva escuchando el canto que se sentía cada vez más cerca.

Observó que del bosque salía un joven delgado y alto, negro como el ébano, pero con un tono cobrizo oscuro; su abundante pelo ensortijado estaba cubierto de arcilla. Era impresionante, sobre todo al bailar y saltar entre los árboles, cantando a voz en cuello. Estaba vestido de luz.

Su desnudez hizo que Lilly se sintiera incómoda y desvió la vista, indecisa de si debía mirarlo.

—Veo por qué te gusta, pero no entiendo la razón por la que está desnudo.

—¿Desnudo? —respondió Eva con una sonrisa—. Nació desnudo. Adán no necesita otra cosa que lo cubra más que el amor de Dios. Estar totalmente débil y vulnerable no es ninguna vergüenza.

—No *parece* débil.

—No me refiero a debilidad física, sino a su completa dependencia de Elohim.

—Bueno, eso no tiene ninguna lógica —comentó Lilly—, y no entiendo ni una palabra de lo que dice.

—Ya oirás y verás lo que hayas venido a atestiguar.

—¿Puede vernos?

—No. Tu presencia no le ha sido revelada, y realmente tú ni siquiera has nacido, así que ¿cómo podría verte?

—¿Y a ti?

Su madre no respondió.

Flotaron sobre Adán mientras él seguía cantando y bailando por una pradera con altos pastos, deteniéndose ocasionalmente a hablar con alguien que Lilly no podía ver. Delante de él, un pequeño arroyo seguía su curso hasta el río; Adán saltó sobre éste con el regocijo de un niño, pero súbitamente paró en seco cuando algo cautivó su atención.

Lilly volteó hacia el sonido de voces que se acercaban y cantaban la misma canción ligeramente desentonada de Adán, acompañadas de una creciente brisa cálida y acogedora. Evidentemente eran voces que él reconocía, porque corrió en dirección a ellas, saltando y girando con su ritmo.

—Es su tiempo de caminar y hablar —explicó Eva en anticipación a la pregunta de Lilly—. Dios y Adán. Al inicio de cada nuevo día celebran y ríen y disfrutan de su mutua compañía.

Eva se detuvo; al parecer, escuchaba una conversación que Lilly no podía oír. La mujer sonrió.

—Lilly, ¿por qué no te unes a ellos? Adonai te está invitando.

—¿A mí? ¿Me está invitando? —Sintió gran emoción, pero también mucha timidez. Le llegaron a la mente un millón de excusas, que susurraban y evidenciaban que no era digna—. ¿Tengo que ir? —preguntó.

—Claro que no, querida mía, es una invitación, no una orden. —La expresión de Eva era compasiva y abierta, y demostraba que aceptaría cualquier cosa que Lilly decidiera.

—No puedo —musitó Lilly—. No pertenezco a este sitio. No sabría qué decir. No puedo.

Eva la abrazó.

—La invitación siempre estará abierta para ti, cuando tú estés lista. —No había indicio de desaprobación en la voz de la mujer y Lilly se sintió triste, aunque también aliviada.

Ráfagas de viento soplaron una bocanada de fuego y agua que envolvió a Adán en un abrazo. Aparte de Adán, la única figura que Lilly podía ver con claridad era la del Hombre Eterno. La sangre y suciedad del nacimiento de Adán se habían convertido en parte de la blanca luz que rodeaba a Adonai, como un bordado ornamental.

Lilly anhelaba experimentar también el abrazo. Eva la tomó del hombro para afianzarla.

Adán y Dios se sentaron de espaldas contra un árbol cerca de la orilla del bosque. La presencia sustancial del Fuego y el Viento danzaba alrededor. Cuando Lilly y Eva también se sentaron sobre el césped a unos seis metros de distancia, Adonai las miró directamente, sonrió e inclinó la cabeza a manera de saludo. Una oleada de aceptación atravesó a Lilly como un torrente. No se resistió, pero tampoco quería.

—Me ve —susurró, moviendo apenas los labios—. Eva, Él me ve.

—Siempre lo hace —señaló Eva en voz baja—. No sólo te ve, Él te conoce.

—Hijo —el Hombre Eterno dijo a Adán—, eres el centro de Nuestros afectos y el resplandor de Nuestra gloria.

—¡Y Tú eres mi alegría! También Te amo —expresó Adán

con todo el entusiasmo de un niño—. He estado explorando. —Luego describió a los seres que había encontrado en sus aventuras. Demostró (con gruñidos, rugidos y gritos) cómo incluso se había comunicado con ellos. A pesar de su juventud, Adán era listo y entendía las ideas con una desenvoltura y profundidad que dejaron asombrada a Lilly. Su risa fácil y la fluidez de la conversación cubrieron a Lilly como olas tranquilas y cálidas.

Cuando Lilly miró a Eva, se sorprendió de las lágrimas que rodaban por el rostro de la mujer. Eva la atrajo hacia ella y, sin quitar la vista de la comunidad ahí reunida, se inclinó y le susurró:

—Gracias, Lilly.

—¿De qué?

—Ésta es la primera vez que lo he visto así, como un niño que ama a su Creador. Me has dado un regalo que no tiene precio. Tú lo has hecho, Lilly.

—Yo no… —comenzó Lilly.

—Calla. Ahora escucha, porque es importante.

Adán estaba diciendo:

—El Edén es fecundo por sí mismo; entonces, ¿es importante que lo cultive y atienda?

—Sí, es importante, aunque no necesario —declaró Dios, y Sus ojos brillaron.

—Entonces, ¿qué hay con que lo guarde y proteja? ¿Es…? —Adán se detuvo un momento buscando las palabras para expresar su pregunta—. ¿Existe algo más allá de estos límites de lo que deba protegerlo?

—Tus preguntas demuestran reflexión, hijo mío. Aparte de crecer en estatura, también lo haces en Sabiduría, lo cual te ayudará a atender la creación y conducirla a su madurez. Recibe cada momento como llegue a ti. La Sabiduría te guiará y te instruirá. Como con tus cuidados, conservarla es importante, pero no necesario. Al guardarla y atenderla en paz, Nos veneras y adoras.

—¡Te adoro! —gritó Adán y saltó a una de las ramas bajas de un árbol.

—¡Como Nosotros a ti! —Adonai también saltó al árbol hasta que los dos quedaron sentados sobre las ramas que miraban hacia el jardín. Adán levantó las manos y se balanceó, emitiendo una risa tan pura como un manantial.

Después de recuperar el aliento, hizo otra pregunta.

—¿Por qué no puedo volar? He estado viendo seres que remontan los aires y lo intenté, pero me parezco más a una piedra que a esas criaturas. —Con el movimiento de sus manos demostró cómo había caído a plomo.

—Hay fuerzas y poderes buenos que te sostienen en la tierra. Un día los explorarás y dominarás, al tiempo que seguirás sometiéndote a ellos —respondió Dios con una sonrisa—. Tengo una pregunta para ti. ¿Eres libre para traspasar éstos? —Dios tocó el árbol contra el que estaban reclinados.

—Soy libre para intentarlo, ¿ves? —rio Adán, señalando un pequeño moretón en su frente—. No soy tan hábil como los Mensajeros.

—Adán, la vida y la libertad que es tuya, y de todos los que están dentro de ti, están ligadas a tu relación con Nosotros. En la medida en que estemos frente a frente, tendrás vida y libertad, siempre y fácilmente.

Por la mirada perpleja en el rostro de Adán, Lilly se dio cuenta de que estaba debatiéndose con un nuevo pensamiento. Mientras lo hacía, se aferró a la rama debajo de él y se dejó caer hacia delante, permaneciendo colgado por un segundo antes de bajar suavemente al piso. Adonai lo siguió de inmediato y Adán se volvió hacia Él.

—¿Cómo podría ser que alguna vez mi rostro deje de mirar directamente al Tuyo? Mi alma, corazón y espíritu sólo pueden vivir si moran dentro de Ti. ¿Cómo podría ser…?

Con suavidad, Dios rodeó a Su hijo con Sus brazos.

—Querido mío, el amor conlleva riesgos. Tienes la libertad de decirnos que no, decir que no al Amor, de darnos la espalda.

Adán frunció el ceño.

—Y si lo hiciera, ¿qué pasaría?

—Al volvernos la espalda descubrirías dentro de ti una sombra. Estas tinieblas se volverían más reales de lo que soy Yo. A partir de ahí, hasta que devolvieras tu rostro hacia el Mío, la vaciedad de esa nada te engañaría acerca de todo, incluyendo quiénes Somos para ti y quién eres tú para toda la creación.

—¿Esa sombra tiene un nombre, cómo se llama? —preguntó Adán, apenas a unos cuantos centímetros de Aquel al que amaba.

—No merece un nombre —susurró el Hombre Eterno—, pero se llamaría *muerte*.

Lilly sintió como si una mano helada y poderosa le oprimiera el pecho y lentamente se lo aplastara. Se forzó a hablar:

—Conozco la muerte. Eva, debemos advertirle a Adán.

Eva tomó su mano y la apretó, Lilly sintió el calor que irradiaba y luego cómo dominaba una sensación de frío. La expresión hosca en el rostro de Eva denotaba su furia.

Luego Lilly escuchó la Voz, tan cerca de ella como si viniera de su interior:

—Lilly, confía en Mí. —Tan rápido como había llegado, así disminuyó la gélida presión sobre sus pulmones y pudo respirar profundamente.

—No quiero la muerte —susurró Adán—. ¿La muerte es lo contrario de la vida?

—La vida no tiene contrarios, Adán. No tiene igual. La vida es Buena. La vida es Nuestra naturaleza.

Adán pensó un momento antes de preguntar:

—¿Dentro de mí hay algo de esa muerte?

El Hombre Eterno sonrió y acarició con cariño la mejilla del joven.

—No, Adán, la muerte no está en ti, ni tampoco en todos los que están dentro de ti. Sólo la vida. Hoy y siempre puedes comer del Árbol de la Vida, respirar Mi Espíritu, estar frente a frente.

Adán tocó la mano que acariciaba su mejilla y soltó una risita.

—Sabes cuánto amo los árboles y la fruta que Has creado —y luego añadió con seriedad fingida—, que cuido y guardo pero sin ningún propósito necesario.

La risa llenó el aire con la alegría que muestran los padres al observar los primeros pasos y descubrimientos tentativos de un hijo. Al caer la tarde, la luz de la presencia de Dios lo iluminaba todo. El Creador y su Creación permanecieron ahí en su mutua comunión centrada en el amor.

Ambas mujeres lloraron en silencio al admirar este intercambio de afecto puro. Lilly no sabía por qué lloraba Eva, pero cada fibra de su cuerpo la incitaba a correr al centro de este amor; sin embargo, el susurro de su falta de dignidad la anclaba al suelo y no le permitía moverse, robándole de nuevo la voz y dejándola insensible. Tal dicha era algo que nunca podría tener.

Finalmente el joven dijo:

—Sólo quiero conocer la vida. ¡Estar frente a frente!

—Adán, reposas en Aquéllos que te conocen por completo y te aman plenamente. Tu participación es la simple confianza. Escucha Mi palabra todos los días y Yo te hablaré del Bien. No es una orden ni un esfuerzo. Es fácil y ligero.

—¿Qué me dirá hoy Tu palabra? —preguntó.

—Mi palabra es necesidad y, en este día de descanso, es la siguiente: puedes comer cuanto quieras de cualquier árbol en el Jardín del Edén, especialmente del Árbol de la Vida que está en su centro. Pero por ahora hay un solo árbol, que te he mostrado, cuyo fruto no puedes comer y al mismo tiempo conservar tu libertad. El día que comas de ese árbol, que distingue el Bien del Mal, ya habrás muerto.

—Conozco el Bien, porque tú lo declaras siempre, ¿pero qué es el mal?

—El mal es a la muerte lo que el Bien es a la vida. Alejarte de la vida, de la luz y del Bien, del amor y la confianza, es abrazar la sombra de la muerte, porque la vida es estar frente a frente y la muerte es dar la espalda.

—¡No quiero la muerte o el mal! —afirmó Adán.

—Entonces, goza de todas las libertades que celebras en nosotros —declaró Dios.

Adán subió a los brazos de Dios como si fuera un niño, se acurrucó en su hombro y cerró los ojos. El Hombre Eterno abrazó a la humanidad y empezó a entonar una canción de cuna.

Lilly también empezó a quedarse dormida, arrullada por el canto de Adonai. En el tranquilo espacio entre el sueño y la vigilia, sintió que Eva la recogía. La chica reposó en los brazos de su madre, mientras el cálido aliento de Eva caía sobre sus hombros como un beso.

6

INVISIBLES

Lilly despertó en medio de la noche, sintiendo aún el aroma floral de Eva sobre su piel. En el sitio donde había sentido su calidez, ahora le recorría una sensación de frío, pero se sentía tranquila y en paz. Aunque no era un momento cercano a la mañana, estaba totalmente despierta. La sutil iridiscencia azul iluminaba la habitación, apenas lo suficiente para arrojar sombras sobre el techo de piedra. Observó alrededor, como esperando ver a Eva, y se decepcionó al no encontrarla.

Una especie de conversación a media voz se filtró hacia su habitación. John estaba cerca, hablando con alguien, y Lilly estuvo a punto de llamarlo, pero decidió que sería mejor escuchar. La otra voz no hablaba, más bien parecía cantar. El lenguaje, el tono y el ritmo le producían alivio.

—Todavía no lo he decidido —dijo John—. Estoy de acuerdo en que pronto deberemos decirle. Los Curadores y Sanadores se han esforzado hasta el cansancio para restaurarle la salud, pero hay un límite en lo que pueden lograr. Cuando se trata de la mente, el corazón y el alma, el bisturí del mejor cirujano tiene sus limitaciones.

La persona que cantaba habló durante un rato y el timbre de su voz penetró en el cuerpo de Lilly, aliviando los profundos nudos en sus músculos. Esa voz era irresistible y Lilly la respiró como si fuera aire, intentando captar la melodía, y casi se quedó dormida.

—Gracias por decir eso —comentó John—, pero ¿podría tomarme el atrevimiento de preguntarte por qué Dios no la ha sanado directamente con su palabra?

La respuesta se produjo otra vez como un canto y, de nuevo, Lilly se quedó recostada con los ojos cerrados, permitiendo que la música de esas palabras tonales cayera sobre ella. No podía explicarlo, pero en ese momento no tenía miedo. En su interior creció la seguridad de que, sin importar lo que sucediera, todo estaría bien. Le recordó cómo se sentía al estar cerca de Adonai.

—Sí confío —dijo John—. Confío tanto en el amor como en el propósito de Dios. Pero lo que dices es... bueno, ¡tan extraordinario! ¿Estás seguro de que es una Testigo?

En el momento en que John se refirió a ella como Testigo, regresó el recuerdo vívido de sus alucinaciones y se quedó sin aliento; no sintió temor sino más bien el calor inesperado y el abrazo de la esperanza.

Tres mundos habían colisionado dentro de ella: el primero era desconocido, excepto por recuerdos fragmentados. El segundo estaba lleno de alucinaciones en las que era Testigo del Principio. Y el último, y en cierto modo el más extraño, era este mundo donde estaba despierta y embelesada con el canto sobrenatural de alguien.

No había forma de saber si acaso alguno de esos mundos era real.

—Lilly es tan joven —señalaba John con innegable pena en la voz—. Y está tan... frágil.

La respuesta fue como un torrente de risa, con notas graciosas que se derramaban unas sobre otras. Lilly casi soltó una carcajada.

—Tienes razón —comentó John con una risita—, estoy viejo y cansado, pero no soy el único. ¡Como bien sabes, tengo un aspecto muy diferente al hombre lleno de energía que fui en mi juventud!

La idea de John como un exuberante joven hizo sonreír a Lilly; le hizo pensar en Adán, tan convencido del amor y afecto de Dios. Pero, un momento, ¿qué eso no había ocurrido en el mundo de los sueños y éste era el verdadero? ¿O era al revés? O la Tierra, su misterioso lugar de origen —el sitio que no podía traer por completo a su memoria—, ¿ésa era la realidad?

John habló de nuevo.

—¿Por favor, le cantarías? Como lo hiciste conmigo cuando yo fui Testigo. Siento que este día necesitará de la fuerza de tu canto.

Y la Voz hizo justo eso. Aunque hubiera querido abrir los ojos, Lilly no habría sido capaz. Por primera vez en cualquier sueño o fragmento de su memoria, consiguió un verdadero descanso. La paz la cubrió como una ola de armonías que se mezclaban unas con otras, hasta que el canto la envolvió por completo. En ese solitario momento, nada le causaba dolor.

UNA GRAN CONMOCIÓN DE movimientos de pies y voces la despertó. Escuchaba el revoloteo de actividad por toda la habitación iluminada, pero sin ver nada. Detrás del alboroto se oían ruidos mecánicos y algo que sonaba como cuerdas que se estiran o tuercen. En ocasiones detectaba el sonido metálico de un alambre y un grito de satisfacción o frustración.

La cara de John apareció arriba de ella y sonrió.

—Hoy es un día de gran importancia. Hemos logrado mucho desde el día en que moviste la cabeza por ti misma.

—Eso fue ayer, ¿no es cierto? —su voz sonaba extraña para sus propios oídos.

—¡Nada más escúchate! —John parecía muy complacido—. Ya no tienes la voz ronca. Para responder tu pregunta, en realidad eso fue hace tres días.

—¿Dormí por tanto tiempo?

—Más bien flotaste. Definitivamente estabas flotando.

—Bueno, ¿me puedes explicar a qué te refieres?

John miró al techo y pensó un momento antes de volver la vista hacia ella.

—Es como si te hubiéramos llevado a conocer a la muerte, pero no te hubiéramos dejado saludarla de mano.

—¿Estaba en coma?

—¡*Coma*! —exclamó—. No sé el significado de esa palabra, pero si explica un procedimiento en el que te mantuvimos inconsciente de manera intencional para acelerar cierta curación específica, sí, entonces estabas en coma. ¿Te sirve como explicación?

Lilly asintió.

Los ojos de John brillaron de emoción.

—Vuelve a hacer eso.

—¿Eso qué? —preguntó Lilly.

—Moviste la cabeza.

Al darse cuenta de lo que había hecho, Lilly sonrió y repitió el movimiento. Ese simple acto despertó un estallido de vítores por toda la habitación.

—Aflojamos la cubierta de tu cabeza y estimulamos tus músculos —explicó—. Ya deberías de tener un mayor rango de movimiento, al igual que más control de tus extremidades.

—John —lo interrumpió—, lo haces parecer como si yo fuera un experimento. Por cierto, ¿de *quiénes* hablas? Los escucho, pero no puedo verlos.

John levantó las cejas.

—¿Puedes oírlos? ¡Eso es muy poco común! Normalmente, sus voces son imperceptibles para los humanos. Eso sí que es muy raro —murmuró, frotándose la corta barba con la mano izquierda—. Es algo que no habíamos previsto para nada. Bueno —levantó ambas manos y giró hacia atrás—, Lilly quiere saber quién está aquí. ¿Le decimos?

Después de un silencio momentáneo, se oyó un agudo repique que le recordó el timbre de una puerta.

—Muy bien. —Y se giró de nuevo hacia ella.

—Veamos. Hoy nos acompaña un tumulto de Sanadores y Curadores, así como varios Mecánicos, Constructores, Diseñadores y Reparadores —mientras nombraba a cada grupo iba señalando a las diversas áreas de la habitación—. Varios Mensajeros, que se mueven demasiado rápido como para que incluso yo los vea, un Pensador, un Vidente, un Cocinero y un Tejedor. No hay Eruditos. Tampoco tenemos hoy ni Inventores ni Cantantes y, por fortuna, tampoco vinieron los Administradores. Hay un Cronometrador y una Cascarrabias. —Volvió la vista hacia ella y la miró directamente a los ojos—. Además, siempre hay algunos Invisibles, pero nunca sabes ni quiénes ni cuántos son, a menos que ellos quieran.

Lilly carraspeó para aclararse la garganta.

—Quiero verlos.

—Bueno, pero no puedes —se inclinó y le susurró con una sonrisa— porque son invisibles.

—No estaba hablando de los Invisibles, quiero ver a los demás, a los Curadores y Sanadores que me han estado atendiendo, y ¿por qué hay Mecánicos y Constructores aquí?

John paseó la vista por el lugar, aparentemente sopesando sus opciones.

—No creo que sea una buena idea. Lilly, cuando piensas en alguien que cura o sana, a tu mente vienen médicos o enfermeras, pero aquí no es así. —Se detuvo un momento e hizo indicaciones con la cabeza hacia alguien que ella no podía ver—. El Pensador está de acuerdo. Ver a nuestros Curadores y Sanadores podría impactarte y causarte una recaída.

—Me estás asustando un poco. Lo que imagine probablemente sea peor que la realidad.

—Bueno…, en este caso, no lo creo. Tendrás que confiar en lo que te digo, por favor. —Calló un instante y miró alrededor del cuarto, para finalmente volverse hacia ella—. La opinión es unánime. Quizá cambiemos de idea en algún momento, después de que hayas recuperado por completo tus fuerzas.

Esto no le hizo gracia a Lilly, pero John añadió con rapidez:

—Sin embargo, puedo hacer algo más por ti que te ayudará a ganar perspectiva. Estamos listos para pasarte a una habitación más grande e inclinarte para que puedas ver más de este lugar. Ahora, cuando te lo indique, quiero que intentes mover los dedos de las manos y de los pies.

Lo intentó y no sucedió nada.

—Espera, no trates antes de que te lo indique. No comenzará a funcionar hasta que nosotros estemos listos. Necesitamos conectar un par de cosas y te diré cuándo hacerlo, ¿sí?

Lilly asintió, en parte porque temía que si empezaba a hablar, iba a romper a llorar. Se sentía como un preso que recibe la noticia de que va a quedar en libertad, pero teme que tan sólo sea un rumor o se trate de alguien más.

Unos minutos después, John dijo:

—¡Muy bien! Intenta ahora.

Pudo mover los dedos de las manos, al igual que los de los pies. Una sorda aclamación pareció elevarse en la estancia. Imaginó que unas pequeñas manos chocaban unas con otras entre susurros de felicidad y celebración. Lilly incluso escuchó que se descorchaba una botella y le llegó un olor a fresas. Eso le causó risa.

Movieron su cama de la habitación sin hacer ruido, se deslizaba como si fuera sobre el agua. Conforme cambiaba el escenario, vio que lo que había pensado que era un techo, en realidad era un enorme toldo. Detrás había un complejo conjunto de escaleras y puentes en miniatura, como el entramado de pasarelas altas dentro de un estadio. Pasaron bajo una arcada gigantesca de piedra y entraron a un gran espacio abierto y amplio.

Una brisa, la primera que podía recordar en este mundo, recorrió su cuerpo cubierto y jugueteó con su cara. Los perfumes del viento marino y el salitre estimularon su olfato. Los oídos se le llenaron del fuerte sonido de las olas que rompían en la distancia y de los gritos evocadores de las gaviotas y golondrinas de mar. Ese efecto relajante le recordó al visitante de John.

—¿John?

—Sí, dime. —Su voz venía del lado izquierdo.

—¿Con quién estabas hablando la otra noche?

—Hablé con muchas personas mientras estabas dormida.

—Ése que cantaba.

Con la cama colocada en un sitio elegido precisamente, de nuevo apareció ante ella el rostro de John.

—Sospecho que me escuchaste hablar con Han-el —dijo. A la sola mención del nombre, Lilly sintió que la atravesaba una sensación de calor y energía que movilizó sus cansados músculos y huesos.

—¿Han-el?

John la ignoró.

—Ahora vamos a inclinarte lentamente hacia arriba. Al pulsar unos cuantos botones, tu cama puede convertirse en una silla de ruedas. Eso no lo haremos hoy, sino hasta que estés más fuerte.

John desapareció de su vista.

—¿Por qué canta en vez de hablar?

—El lenguaje de Han-el es más antiguo y avanzado que el nuestro. —John reapareció del lado opuesto de la cama—.

Esperamos que cuando te elevemos, tu cabeza no salga rodando sobre tus hombros.

Lilly frunció las cejas, preocupada.

—Era una broma, Lilly —dijo John entre risitas—. No pude resistirme, es que te ves tan seria. No existe absolutamente ninguna posibilidad de que se te caiga la cabeza.

—No es gracioso. —Intentó fingir enojo, pero no pudo más que sonreír—. ¿Por qué no pude entender lo que cantaba Han-el?

John desapareció de nuevo.

—Muy bien, allá vamos. Como te dije, esto será muy tedioso, más o menos alcanzaremos un grado de inclinación cada quince minutos. Nuestra meta de hoy es alcanzar los treinta grados. Así que eso serán como siete horas. ¿Lista?

—¡Adelante! —afirmó Lilly, pero no ocurrió nada, o por lo menos así pareció—. ¿John?

—Aquí estoy, sólo estoy monitoreando tu progreso, todo va bien.

—¿En qué idioma estaba hablando Han-el?

—El mismo que el tuyo y mío.

—No, no es cierto, lo habría entendido.

—¿No entendiste?

Lilly casi lo rebatió, pero luego consideró el asunto. Aunque no podía repetir las palabras del canto de Han-el, cierta parte de ella, en un aspecto muy profundo, *había* entendido el significado. Sus palabras la habían cubierto de paz, de descanso. Para John, habían sido las respuestas a sus preguntas.

O tal vez John estaba tratando de averiguar cuánto había oído de la conversación.

—Ya subiste un grado —anunció John—. Bien hecho.

—¿Qué es un Testigo? —preguntó.

—¡Mira nada más cuántas preguntas tienes hoy! —rio.

—Me enteré de que eres el hombre que tiene las respuestas.

Lilly escuchó pasos y pronto vio a John al lado de su cama.

—No tengo todas las respuestas, pero quizá sí unas cuantas. Un Testigo es alguien nombrado para un propósito divino, para que observe el trabajo de Dios y luego informe lo que ha visto. —Tosió y evadió su mirada—. Bueno, puede ser un hombre o una mujer.

Aunque Lilly deseaba con todas sus fuerzas entender a qué se referían John y Eva cuando decían que ella era una Testigo, su evidente malestar la detuvo. «Pronto deberemos decirle, pero está tan frágil...». La conversación había girado de manera inquietante a sus propios sueños, a la posibilidad de que su mente fuera tan frágil como su cuerpo. Y también en ese momento se dio cuenta de que la opinión que John tuviera de ella era importante, lo cual la hacía sentir incómodamente vulnerable.

—¿Han-el es un Testigo?

John abrió ligeramente la boca en actitud de sorpresa.

—¿Han-el? Oh, no. No, Han-el es un querido amigo que me ha acompañado en muchas ocasiones maravillosas. Y también en las dolorosas. —Dejó descansar su mano en la base de su cuello y luego calló por un momento—. Ah, me dicen que ya subiste otro grado.

Continuó alentándola e informándola cada quince minutos de la llegada de otro grado de inclinación, y poco a poco ella pudo sentir las variaciones. El mundo de Lilly iba inclinándose cada vez más hacia arriba. En algún punto entre los seis y siete grados, su cuerpo se opuso. La habitación se tambaleó y luego empezó a girar, produciéndole náuseas que la dominaron como una ola.

—¡Alto! —gritó John—, permitan que se adapte.

Lilly enfocó su mente en Han-el y su canto. Como un imán, el recuerdo perdurable de su arrullo le trajo a la memoria las vívidas escenas que había atestiguado.

Pasó casi una hora antes de sentir que su estómago se había calmado lo suficiente para la siguiente elevación. A medida que progresaban las inclinaciones y transcurría el tiempo, Lilly se percató de que estaba frente a una gigantesca ventana que daba hacia un cielo azul cobalto. En su mayor parte estaba claro, pero a veces pasaba alguna nube alta; eso le recordó de inmediato los lugares que había visitado en sueños.

—John, ¿crees en Dios? —preguntó.

Hubo una pausa de meditación antes de que John hablara:

—No —respondió.

—Yo tampoco.

Él le tocó el hombro. No se había dado cuenta de que estaba justo a su lado.

—Lilly, es frecuente que palabras como *Dios* y *creer* no tengan ningún sentido. No *creo* en Dios. ¡*Conozco* a Dios! Una vez que conoces a alguien, creer en esa persona ya no es importante.

Lilly no entendía.

—¿Han-el es Dios?

La carcajada de John acalló todos los demás sonidos en la habitación.

—No, mi pequeña. Pareces muy impresionada con mi amigo, como debería ser. Han-el es un siervo representante de Dios. —Se inclinó hacia ella y susurró en su oído—: Han-el es un Ángel.

Al fondo de su visión periférica apareció el horizonte. De nuevo experimentó desequilibrio y vértigo, y otra vez detuvieron el proceso para esperar a que se adaptara.

—Si tienes que vomitar, hazlo —señaló John—. Quizá te haga sentir mejor.

—Mejor muerta.

—No es que no hubieras vomitado antes —dijo mientras se alejaba de su vista.

—¡Odio guacarear!

—¿*Guacarear*? ¡Ja! —anunció a todos—. *Guacarear*. Ésa es nueva. —La palabra salió de su boca como si fuera un lingüista que intenta captar un nuevo sonido—. *Wakarear*, qué fabulosa palabra. Muy bien, entonces nada de *wakarear* mientras yo esté aquí, ¿entendido? —Se inclinó hacia atrás—. ¿Usé bien la palabra?

—Sí —Lilly rio a pesar de su persistente náusea.

Ahora podía ver claramente el sitio donde el mar besaba al cielo y, en ese momento, John anunció que el día había sido un éxito rotundo y había llegado el momento de descansar. Después de unos minutos se disipó todo el ruido de la actividad y lo reemplazó un agradable silencio.

John la dejó por un momento y regresó con un tazón de caldo que olía delicioso. El estómago de Lilly empezó a rugir.

—Pronto recibiremos a unos visitantes —indicó John y se sentó a su lado—. Lo he aplazado lo más posible, pero están cada vez más insistentes.

—¿Por qué vienen a verte? —preguntó ella.

—No vienen a verme, es a ti a quien quieren conocer. Cuando ya puedas sentarte derecha, se lo permitiré. Letty dice que tiene algo que ver con una antigua profecía. Ya sabremos más cuando llegue el momento adecuado, pero por ahora —John tomó un poco de caldo con la cuchara para dárselo— y como recompensa, te voy a dar de comer. Los Cocineros y Sanadores prepararon esto especialmente para ti. Aparte de los líquidos medicinales y herbolarios, es lo primero que comes. Comer y beber es esencial para que sanes.

Levantó la cuchara a la altura de su boca.

—Vamos. Trata de probarlo. Ya comprobé que está muy sabroso —indicó guiñándole un ojo.

Estaba caliente y tenía un sabor salado y delicioso. Lilly pudo sentir que la recorría por dentro como una caricia que se propagaba por todo su cuerpo, despertando capacidades naturales que habían estado dormidas. Al empezar se atragantó y escupió, pero sonrió mientras él le limpiaba gotas de caldo de la cara y otra vez le llevaba la cuchara hasta los labios.

Hicieron esto con cuidado y de manera lenta y metódica durante unos cuantos minutos, hasta que finalmente él se recargó hacia atrás.

—Sé que quieres más, pero eso es suficiente por ahora. No queremos guacarear por todas partes, ¿verdad?

—No si puedo evitarlo. —Lilly respiró profundamente, sintiendo cómo se distendían y contraían sus pulmones, y disfrutando de los aromas del mar y de las flores, mientras el día poco a poco se fundía en el horizonte. Aparte del hecho de estar casi inmóvil, se sentía mejor de lo que podía recordar. Por lo menos durante sus horas de vigilia.

—Si conociera a Dios, esperaría que fuera como tú —dijo. John puso el tazón a un lado y la miró con los ojos llenos de lágrimas—. John, ¿Dios tiene un nombre?

Lilly se preguntaba si un nombre abriría una puerta entre sus sueños y esta realidad: ¿Adonai? ¿Elohim? ¿El Hombre Eterno?

John parpadeó varias veces.

—Dios tiene muchos nombres y cada uno es una ventana a las facetas de su carácter y naturaleza; ninguno es suficiente, pero cada uno es útil. Algunos son demasiado profundos para expresarlos con palabras, y con eso me refiero a que no pueden decirse con sonidos. Otros se identifican con facilidad y también se dicen fácilmente.

—¿Dijiste que piensas que Dios te permitió encontrarme porque te ama?

—Lo creo. Cualquier día una persona puede convertirse en Descubridor; ése es uno de los riesgos verdaderamente maravillosos en la vida. Cuando has vivido tanto tiempo como yo, te das cuenta de que nunca puedes alejarte de la posibilidad de descubrir. Puedes intentarlo, pero lo que debes descubrir te perseguirá hasta que te ocupes de ello, o de él o ella. Lo único que te cambia más que convertirte en Descubridor es cuando eres tú mismo a quien descubren.

—¿Alguien te descubrió a ti? —preguntó Lilly, sumida en la introspección.

—Ésa es una historia totalmente diferente —suspiró y se dispuso a levantarse—. Mi primo. Mi primo fue quien me descubrió. —Colocó su mano firme sobre la frente de la chica—. Y ahora necesitas dormir, pero estaré aquí cuando despiertes. Que tu descanso esté lleno de dulces sueños y sólo el bien ocupe tu mente y tu corazón.

Cuando Lilly abrió los ojos, vio que Adán metía uno de sus dedos en la frontera líquida del Edén. Al instante lo cubrió una oleada de energía y agua, iluminando todo su cuerpo como si fueran partículas vivas. Cada vez que tocaba el muro, reía. Eva también estaba absorta observando el deleite de Adán. «Eso es alegría», pensó Lilly.

Adán atravesó los límites y salió del jardín. Se acuclilló en el pasto como un niño que juega a las escondidas. Las dos lo siguieron, contagiadas de su emoción. Eva explicó a Lilly que, desde hacía semanas, Adán había estado siguiendo a una criatura específica cerca de una de las paredes del Edén, pero cada vez que se le acercaba, ese ser desaparecía entre las plantas o por un agujero, y sólo podía ver el resplandor o destello de sus colores en movimiento. Se desplazaba a ras del suelo y rara vez dejaba rastro antes de escabullirse.

Largas horas de paciencia no habían conseguido acercarlo a su presa, pero durante la cacería descubrió un número incontable de otras criaturas que vivían entre las copas de los árboles o se arrastraban y ocultaban bajo el fango.

Cubierto con el disfraz de tonos marrones y rojos de la arcilla del río, Adán se escurría entre los altos tallos de la maleza, avanzando con la velocidad del viento, cuando algo le saltó enfrente. A un par de centímetros de su cara estaba la criatura a la que había estado acechando. Lo sorprendió tanto que cayó hacia atrás y empezó a reírse.

Pero Lilly estaba horrorizada. Era la serpiente que había conocido en su primera visita a ese lugar, y de inmediato empezaron a sonar sus alarmas internas. Vio a Eva, quien también parecía agitada.

—¿Qué hacemos? —le susurró.

—No estamos en posición de interferir —respondió Eva con tono de enojo en la voz.

«¿Por qué no?», pensó Lilly, pero se había dado cuenta de la advertencia implícita en las palabras de su madre.

La serpiente era como una enredadera viviente y gruesa como el tronco de un árbol. Sus penetrantes ojos negros como el ónix, rodeados de amarillo dorado, se hundían dentro de su ondulante cabeza.

—¿Por qué me persigues? —dijo la serpiente, degustando el aire con su lengua bífida.

—¿Hablas? —exclamó Adán—, y no te comunicas de manera rudimentaria como las otras bestias. ¡Tus palabras son claras! Son como las melodías de los Querubines.

La serpiente levantó la cabeza del suelo encontrándose con los ojos de Adán y extendió su capuchón. Lilly pudo sentir cómo se aceleraba su pulso al crecer dentro de ella una combinación de temor y rabia. Había algo muy malo en toda la situación y no podía encontrar las palabras para expresarlo. Sintió que Eva la tomaba del codo, como para detenerla.

—Eres algo maravilloso de contemplar —se admiró Adán—. En todas mis exploraciones, nunca me había topado con otro animal como tú, por lo menos con ninguno que esté en el Jardín del Edén. Dime qué eres.

No le respondió de inmediato y sólo permaneció moviéndose de manera ondulante y agitando la lengua.

—¡Soy una bestia salvaje y sabia del campo! —reveló—. Soy una bestia reluciente y mi dominio está afuera de los límites del Edén. ¿Quién eres tú, que con tal atrevimiento me hablas y eres tan frágil, pero no tienes miedo?

—Soy Adán, el hijo de Dios —declaró.

—¡Adán! ¡No hables con esa cosa! —gritó Lilly, pero Adán no la escuchó. Sin embargo, la serpiente volteó hacia ella.

7

LOS VISITANTES

Lilly siguió temblando durante largo tiempo, mientras se desvanecía poco a poco su sensación de terror. ¿La serpiente sería capaz de perseguirla hasta el Refugio? Este miedo era irracional, pero también lo era todo lo demás que había atestiguado.

Con las primeras luces de la mañana, Lilly se llevó la mano a la nariz para rascarse. Este primer movimiento sirvió para bloquear su ansiedad y llevarle una sonrisa a la boca; mejor aún, no le dolía. Algo había cambiado en su cuerpo. Levantó las manos y las examinó bajo las primeras luces del alba, moviendo los dedos frente a sus ojos.

La sobresaltó un ronquido que provenía de un sofá cercano. John había pasado la noche junto a ella, probablemente por si lo necesitaba. A Lilly le resultaba difícil evitar el creciente aprecio y afecto que sentía por él.

Escuchó voces que venían de una habitación cercana.

—Creo que tenemos visitas —indicó ella.

John despertó lentamente, le tomó varios minutos cobrar conciencia.

—¿Visitas? ¿En serio? ¿Ya llegaron? —murmuró, mientras caminaba de un lado a otro; finalmente se detuvo cuando Lilly señaló hacia la sala de recepción. Él se percató de que la chica había usado las manos y le brindó una enorme sonrisa.

John respiró profundamente y preguntó:

—¿Prefieres conocerlos aquí o allá afuera?

—Afuera —respondió ella.

Al presionar unos botones, la cama se inclinó de nuevo y, cuando Lilly le indicó que estaba lista, él la llevó hacia la sala donde estaban instalados los huéspedes. Era un gran espacio sobre la saliente de un acantilado, con ventanales en tres de sus lados, lo cual ofrecía una magnífica vista de la costa, las colinas que estaban un poco más adelante e, incluso, el púrpura difuso de las montañas distantes.

Esa hermosa mañana los esperaban tres Eruditos, cada uno con una taza de té en la mano, que miraban al océano más abajo. Vestían un atuendo similar, con togas desaliñadas cubiertas de una fina capa de lo que parecía como gis y polvo del camino. Al escuchar su llegada voltearon hacia ellos. Dos eran viejos, quizá mayores que John y, aunque las líneas de sus rostros demostraban fatiga, sus ojos eran brillantes y claros, al igual que sus sonrisas.

La mujer era alta, de más de 1.80 metros, pero su estatura parecía aún mayor por el sombrero que llevaba. Era delgada y angulosa, su nariz era parecida al pico de un ave; en términos generales se asemejaba a una cigüeña, excepto por los colores de su ropa, ya que en su mayoría eran pardos y negros. El otro anciano contrastaba completamente con ella, con una cintura casi de las mismas dimensiones que su estatura, que apenas pasaría de los 1.22 metros. Parecía a punto de explotar y respiraba con dificultad, como si hubiera tenido que correr por los numerosos escalones desde el fondo del risco donde se unía la arena con el agua.

El tercer Erudito parecía significativamente más joven, aunque tenía arrugas que señalaban las huellas del pasado por su semblante. Era alto, aún más que la mujer, y llevaba el pelo alisado y suelto alrededor de su rostro de rasgos oscuros y llamativos. Lilly detectó cierta familiaridad extraña en su aspecto, que era tan atractivo como inquietante.

—Saludos —dijo John, levantando ambas manos. Cada visitante le estrechó la mano y después juntaron sus frentes. Lilly supuso que era el saludo ceremonial acostumbrado.

»Soy John, un Recolector. Y también tengo el gusto de añadir que soy un Descubridor, como ya sabrán. —Inclinó la cabeza en dirección a Lilly—. Ella es Lilly Fields. El Refugio es nuestro hogar y son bienvenidos a permanecer durante el tiempo que deseen. Me disculpo por no haberlos visto antes, pero no era el momento adecuado. —Señaló con su mano hacia las tazas que llevaban los Eruditos—. Veo que un Asistente les trajo té. ¿Les gustaría un panecillo también?

—Todavía no es necesario que te molestemos con panecillos —dijo la mujer, mientras tomaba asiento en un sofá—. Estamos inmensamente complacidos de conocerte al fin, John. Tu historia es muy famosa.

El Erudito regordete, que había sonreído y abierto la boca ante la mención del bizcocho, la cerró de nuevo, pero mantuvo la sonrisa.

—¿De dónde vienen? —preguntó John.

—De más allá de Thrain —respondió ella.

John abrió los ojos demostrando sorpresa.

—No sabía que hubiera nada ahí. Bueno, eso explica por qué no los reconocí. ¿Más allá de Thrain, en serio?

Después de asentir, el resto de los Eruditos se acomodó en los asientos. John se sentó al lado de Lilly, y el repentino escrutinio del grupo la hizo sentir incómoda. Volteó la mirada hacia sus pies e intentó ocultar el que no coincidía con el resto de su cuerpo.

—Debe de haberles tomado mucho tiempo llegar hasta aquí —señaló John.

—Baste decir que provenimos de un lugar que está a meses de viaje… más allá de Thrain. —La mujer enunció las últimas palabras con lentitud, mirando fijamente a John.

—En cuanto al panecillo… —interrumpió el Erudito rechoncho.

La mujer levantó una mano.

—Eso puede esperar.

—¿Cómo viajaron desde tan lejos? —intervino John—. Estoy tratando de imaginar un viaje tan largo.

—Jinetes. No tenemos muchos Voladores en nuestra área, además de que personalmente tengo un poco de acrofobia, por lo menos en cuanto a viajar por aire sin llevar protección. Los Jinetes están recibiendo buenos cuidados aquí, ¡gracias! Pero a nosotros nos ha tomado semanas recuperarnos.

Lilly miró de soslayo su vestimenta descuidada y se preguntó si no tenían otra.

—¿Y por qué razón han venido desde tan lejos?

La Erudita dudó un momento, inclinando la cabeza en dirección a Lilly, pero sin quitarle la vista a John.

—Ésta es la niña que encontraron, supongo.

—Así es.

—Entonces es por ella que hemos venido.

Lilly enfureció.

—Estoy sentada aquí mismo, no hablen de mí como que no estuviera.

—Como si no —interrumpió la mujer.

—¿Qué? ¿Como si no? ¿Como si no qué? —No sólo se sentía confundida, ahora también estaba molesta.

—Se refiere a que —intercedió su fornido acompañante— la mejor manera de decirlo es *como si no* en lugar de *como que no* estuvieras aquí.

—Bueno, pues ¡disculpen! —espetó Lilly en son de burla—. ¡Como que no me importa! ¡Como si no! Y ya que estamos en ésas, como que entrando en materia, como si dijéramos, ¿alguno de ustedes tiene nombre? —Ahora gesticulaba con manos y brazos, en parte porque podía—. Esto es tan ofensivo —siguió despotricando—. ¿Soy la única en esta isla a quien esto le parece como que totalmente molesto?

La conversación terminó en un incómodo silencio, enfatizado por el sonido de las olas que rompían contra la costa.

La mujer levantó una ceja y el hombre regordete se encogió hacia el respaldo de la silla como si quisiera desaparecer. El tercer Erudito ni se inmutó, de hecho, por la comisura de sus labios apareció el asomo de una sonrisa.

—¡Válgame! —dijo finalmente la mujer con un suspiro y con el rostro sonrojado—. ¡Todo esto fue bastante emocionante y debo decir que casi por sí solo hizo que el viaje valiera la pena!

John sonrió con gran orgullo y con un notable brillo en los ojos.

—¿Olvidé mencionarles que Lilly es… introvertida?

En ese momento en que las miradas de asombro cedieron el paso a un creciente bochorno, Lilly no podía oír más que los latidos de su corazón y el zumbar de sus oídos.

La Erudita carraspeó de un modo un tanto discreto y dijo suavemente:

—Lilly, soy Anita. Es un honor conocerte.

Y luego, como si la reunión no tuviera ninguna oportunidad de salir bien, una voz minúscula y aguda llamó desde más allá de la sala.

—¿Dónde están todos? ¿Me perdí la fiesta? Les juro que esas escaleras me van a matar.

Lilly reconoció la voz de Letty. Lo siguiente fue el tamborileo de sus pequeñas pisadas, hasta que por la puerta apareció la minúscula mujer. Era la primera vez que Lilly veía a la pequeña mujer que canturreaba. Letty era un pequeño bulto de apenas noventa y un centímetros de estatura, con bastón y un chal. Para Lilly, era como una casita montada sobre columnas delgadas y desiguales. Su aspecto era imposible desde la perspectiva de la física y la chica intentó evitar mirarla fijamente. Con ayuda de su bastón, fue directamente hasta los Eruditos.

—Buenos días tengan ustedes, amigos míos, y tú también, querida. —Inclinó la cabeza hacia Lilly, que se quedó sin habla.

—¿Qué piensas de todo esto? —preguntó la viejecita miniatura a John, señalando con su bastón a los Eruditos—. Han pasado siglos desde que recibimos una visita de la zona más allá de Thrain.

John levantó las manos en ademán de desconcierto.

—¿Sabías de las tierras más allá de Thrain y no me dijiste?

La viejecita sólo sonrió. Todos la saludaron uno a uno, pero los Eruditos tuvieron que arrodillarse para poder tocar su frente, y luego se sentaron de nuevo. Letty se montó en un taburete y quedó colocada precariamente en la orilla. Una vez sentada, empezó a canturrear por lo bajo. Nadie más que Lilly pareció notarlo.

Lilly le dio un codazo a John y él se inclinó para que le hablara.

—¿Por qué tararea? —le susurró.

—Por Cascarrabias —respondió también en voz baja y volteó de inmediato hacia los demás—. Letty, apenas íbamos en las presentaciones —e hizo una inclinación de cabeza hacia el hombre más bajo.

—Me llamo Gerald —dijo a Lilly—. Soy Erudito de Vanguardia en Antigüedades.

—Y yo me llamo Simón —dijo el más joven, apoyándose en su asiento y cruzando una pierna sobre la otra—. Erudito de Vanguardia en Filosofía y Sistemas.

El sonido de la voz de Simón provocaba en Lilly una extraña atracción y repulsión. Le recordaba al chocolate suave.

—¿Puedo preguntarte cuál es tu área de estudios, Anita? —inquirió John.

—Anita —intervino Gerald— es Erudita de Vanguardia, Consejera de Primer Orden y Terapeuta.

—¡De Primer Orden! —exclamó John—. ¡Entonces me siento doblemente honrado! ¿Y cuál es tu especialidad?

—Psicología del alma con enfoque en INE —respondió ella, y John miró por reflejo hacia Lilly.

Aunque desvió la mirada con rapidez, ella se dio cuenta.

—¿Qué es INE? —preguntó Lilly. Su garganta, que por tanto tiempo había estado silenciosa, estaba tensa e inflamada.

—Integración Neural Epigenética —intervino Letty—. Considéralo como unir un espejo roto, reconectar los espacios relacionales dentro del contexto de las redes neurales en la mente y el corazón relacional.

—Ah, teníamos de esos en la granja —añadió Lilly, pero nadie se rio—. Estoy bromeando —les explicó—, es mi forma de decir que no entiendo nada de lo que acaban de decir.

Todos asintieron y rieron cortésmente, pero otra vez Lilly se sintió incómoda.

—Querida —Anita se inclinó hacia ella—, la profecía nos dice que tu llegada ocurriría a través de una gran tragedia. Incluso una crisis menor puede destrozar el alma humana. Estoy capacitada para remediar esas fracturas. Ésas son sólo palabras elegantes para decir que soy una Sanadora que se dedica a restaurar las almas destrozadas.

—¿Usted piensa que tengo el alma destrozada? —Esta vez Lilly mantuvo bajo control su sensación de humillación.

—¡Claro que sí! —Anita se mostró firme pero amable—. Como todos los demás que estamos en esta sala.

—¿Incluso Letty? —preguntó Lilly, con lo cual se rompió la tensión.

—Letty en especial —dijo John y rio junto con los demás—. Según sé, medía más de dos metros antes de llegar aquí. Lo que ves es lo mejor que pudimos lograr.

Anita cruzó con su mano el espacio entre ambas y le dio unas palmaditas a Lilly en la suya.

La diminuta mujer sonrió, después señaló con su dedo largo y huesudo directamente a Lilly.

—¿No entiendes, niña, que tú eres la razón por la que estamos reunidos?

—¿Yo? —exclamó—. ¿Por qué?

—¡Ésa es la pregunta! —enfatizó Letty. La mujer cruzó sus pequeños pies que colgaban del taburete—. ¡No puedo ni empezar a entender la sabiduría de Dios, pero parece ser que el destino de este lugar y tiempo, y quizá del cosmos, está relacionado contigo y con las decisiones que tomes!

—Creo que están cometiendo un grave error —exclamó Lilly y se percató del temblor de sus dedos—. Ni siquiera sé exactamente *quién* soy o dónde estoy.

—¿Eres la hija de Eva y eso no basta? —preguntó Letty.

Ahora todos miraban a Lilly, aparentemente en ansiosa espera de su respuesta.

—Creo que sí, si con Eva se refieren a la Madre de los Vivos.

Los Eruditos ancianos suspiraron al unísono y volvieron a sus asientos. Gerald sacudió la cabeza y Lilly se preguntó si había dicho algo malo.

—Por supuesto —dijo Anita y puso una mano en la rodilla de Lilly—, pero también nos estábamos refiriendo a tu perfil genético distintivo.

Lilly no tenía idea de a qué se refería. Fue Gerald quien dirigió una pregunta a John.

—¿No le dijiste?

John respiró profundamente y exhaló con lentitud.

—No se ha dado el momento adecuado.

Anita y Gerald lo miraron con sorpresa. Simón, que no había dicho nada más después de presentarse, parecía extrañamente distraído, mirando por la ventana más cercana como si estuviera perdido en otro lugar.

—¿El momento adecuado para qué? —preguntó la joven.

Letty dejó de canturrear para decir:

—John, amigo mío, dile lo que sabes.

—Lilly, los Sanadores descubrieron que tu ADN contiene marcadores de todas las razas conocidas en la tierra.

Anita aplaudió y casi pareció saltar en su asiento.

—¿Y eso qué quiere decir? —preguntó Lilly.

John abrió la boca para hablar, pero Anita se le adelantó.

—Significa, pequeña, que cada célula de tu cuerpo contiene a la humanidad entera.

—De ahí que seas *la* hija de Eva —afirmó Gerald.

John se secó la boca con la mano y entrevió a Lilly.

—¿Recuerdas que me preguntaste sobre mi amigo? —Ella asintió lentamente y él se dirigió a los Eruditos—. Desde que llegó Lilly, un Mensajero me ha visitado tres veces.

Eso pareció atraer la atención de Simón, quien entonces se volvió hacia John.

—Los Mensajeros siempre están por todas partes —declaró Anita.

—¡Pero este Mensajero es un Cantor! —dijo John.

—¡Ah! —exclamó ella. Los ojos de Gerald se abrieron como platos y Letty sólo siguió canturreando y asintiendo lentamente.

—¿Y este… —Gerald carraspeó—, este Cantor tiene nombre?

John hizo una pausa y Lilly adivinó el nombre:

—Es Han-el.

Los demás Eruditos se quedaron estupefactos y en silencio, suspendidos en el tiempo, sus movimientos parecieron volverse más lentos hasta casi cesar por completo.

—¡Válgame, válgame, válgame! —musitó Anita.

Gerald giró el rostro y las manos hacia arriba, en actitud de alabanza. Por su parte, Simón pareció incómodo, pero se recuperó al instante.

—¡No sólo es un Cantor, sino un Guardián! —murmuró John.

— ¿Un Guardián? —preguntó Lilly.

—Un Ángel, un Mensajero que también es Guardián —respondió Gerald.

—¿Ángel? ¿Se refieren a esos querubines con cara de bebé gordito que tienen pequeñas alas y arcos con flechas? Nosotros decimos que son primos de Cupido.

—¡No! —declaró con gran énfasis Letty. Sus pequeñas piernas dejaron de mecerse—. ¡No! ¡Absolutamente no! Los Querubines son seres terribles, y utilizo esa palabra en su sentido maravilloso. No los rebajes con imágenes ridículas.

—Los Querubines son seres de luz concentrada —explicó Simón—, son los protectores de los portentos y la veneración. Junto con los Serafines, son a quienes se ha colocado de manera más cuidadosa. Mientras que los Serafines miran al interior, los Querubines están posicionados hacia el exterior. Por lo que sé, y en este punto discrepo de los otros Eruditos, en toda la creación sólo se ha mencionado a dos o quizá tres Querubines. Ciertamente, ése es el caso de Miguel y tal vez también de Gabriel —se detuvo un momento y por su rostro cruzó una sombra que oscureció sus rasgos—, y es posible que el mayor de ellos sea Lucifer, el Querubín Ungido.

Lilly apenas escuchaba; ahora podía entender a qué se refería John al decir que los Eruditos eran molestos, pero sus pensamientos se tropezaban unos con otros. De nuevo, sus alucinaciones sobre el Edén se mezclaban con este lugar y tiempo. Mantuvo la expresión de su rostro lo más impasible que pudo.

—John, cuéntales qué te dijo Han-el —le instó Letty.

—Me anunció que Lilly es una Testigo.

Gerald miró a Anita y le dio unas palmaditas en la mano.

—Eso lo confirma. No somos unos tontos.

—En toda mi larga vida, nunca creí que llegaría este día —dijo Anita en voz baja. Vio a Lilly con tanta adoración que ésta tuvo que voltear hacia otro lado.

—Hace más de un año, nuestros Eruditos, Pensadores, Buscadores y Astrónomos nos dijeron que los cielos nocturnos habían anunciado la llegada de un Testigo —dijo Gerald—. Por supuesto que eso causó gran consternación y un feroz debate entre nosotros, pero al final se permitió que algunos nos embarcáramos en esta búsqueda. Salimos nueve y ahora sólo quedamos tres.

—¿Sólo tres? —preguntó John.

—Dos regresaron al inicio del viaje —señaló Anita—, tenían nostalgia y estaban angustiados. Tres sintieron la necesidad de dejarnos en la Encrucijada Gregoriana para buscar una estrella, y una —aquí se detuvo antes de decir con tristeza—, una de nuestras acompañantes, también una Erudita, enfermó.

—¿De qué? —inquirió John.

—Del mal sombrío. —El término le produjo a Lilly un pinchazo de incertidumbre.

—¿Qué es el mal sombrío? —preguntó.

—Podrías llamarle *mal del corazón* o *mal del alma* —respondió Anita—. Sucede cuando los seres humanos dan la espalda a la confianza y permiten que entre en ellos la oscuridad de la muerte. Gracias a Adán, todos hemos heredado el mal sombrío en nuestra mortalidad. Resistirse a ello es la guerra en que todos estamos involucrados.

—¿Entonces su colega está bajo protección? —preguntó John.

Simón se puso a juguetear con un anillo que llevaba en la mano izquierda.

—No, está siendo asistida en una comunidad que está al norte —señaló Anita—. Es una especie de protección *para* ella, pero nada *en contra* de algo o alguien. El propósito es ayudarla a que su atención vuelva de nuevo hacia la vida. —Entonces Anita se dirigió a Lilly—. Hace largo tiempo aprendimos que el mal sombrío se alimenta del aislamiento, así que nuestra actitud para enfrentarlo es proteger las relaciones intencionales de amor y cariño.

—Lamento todas sus pérdidas —indicó John—. Lo siento mucho y me entristece.

—Igual nosotros —declaró calladamente Simón—. Gracias.

Después de un momento de silencio, Lilly habló.

—Entonces... ¿todas estas dificultades fueron para conocerme a mí? ¿Realmente creen que soy la Testigo que vinieron a encontrar? —Miró hacia John—. Todavía no entiendo qué significa esto.

Anita se levantó y se hincó junto a ella.

—Esto debe de ser muy confuso y desconcertante. Por favor, perdóname. Perdónanos a todos. —Abrió los brazos y, de manera un poco torpe, hizo que Lilly se recostara sobre su hombro.

»Sí —prosiguió Anita—, creemos que eres la que buscamos, pero tengo unas cuantas preguntas antes de atreverme a explicarte. —Anita soltó a Lilly y regresó al sofá—. John, ¿le dijiste acerca de la bóveda?

—No.

—Ya veo, ¿y estás convencido de que está segura aquí?

—Dentro de estos muros, sí. Después de todo es el Refugio. Nunca nada nos ha encontrado aquí.

—¿Y Han-el? —terció Simón, con un dejo de temor en la voz—. ¿Estoy en lo correcto al suponer que el Cantor es el Guardián de esta chica?

—No —declaró John, dudando antes de continuar—. Han-el me protege a mí.

Los músculos de la quijada de Simón se relajaron.

—Ya veo —dijo Anita—. ¿Y tu Guardián confirmó que es una Testigo? ¿Dijo de qué dará testimonio?

Los Eruditos se movían en la orilla de sus asientos. Si Letty hubiera hecho lo mismo, se hubiera volteado, porque estaba completamente atenta y canturreando más fuerte que nunca.

—Ella es Testigo del Principio.

Por un segundo reinó el silencio y luego se desató un pandemonio. Anita se levantó y con las manos al aire empezó a gritar en un lenguaje nuevo para Lilly. Gerald hizo un pequeño baile en círculos y Letty, cuyos hombros se sacudían, se había cubierto los ojos con sus diminutos dedos. Simón había unido sus manos y volteó la cabeza hacia el cielo, como si orara.

—¡Esto demanda que celebremos con comida y vino! —anunció Simón.

John rio y señaló la puerta.

—Sírvanse de lo que hay en la alacena. Tomen lo que quieran.

Simón salió, seguido de los demás Eruditos.

John se sentó en silencio, viendo a Lilly en espera de una respuesta. ¿Cómo podía decirle ella que estaba equivocado? ¿Que su Ángel había malentendido? Claro, había sido Testigo, pero no quería. Si estuviera en sus manos la decisión, hubiera soñado como una persona normal. Pero no, Eva la llevaba a sitios a los que no quería ir, y ahora la gente se estaba enfermando del mal sombrío y alterando sus vidas para encontrarla. ¡Y para nada! Internamente luchaba por justificar el hecho de mantener en privado sus sueños. Al mirar hacia el océano, su mente y su corazón se agitaban sin control, mientras los mundos separados se entremezclaban. Cuando volvió la vista hacia John, lo encontró arrodillado junto a su cama, con los ojos húmedos de lágrimas. —Es mucho para asimilarlo. Lo sé —murmuró.

—No entiendo nada de esto. —Y, por supuesto, el *esto* al que se refería era mucho más de lo que incluso él podía saber. La ternura de John empeoraba las cosas.

—Tu labor no es entender. Lo único que se requiere de ti es que seas Lilly Fields.

—Pero no entiendo, ¿cómo sabré si estoy haciendo lo correcto? —Casi le estaba rogando que dejara el tema—. No tengo a dónde ir. Estoy atrapada aquí y no comprendo por qué o cómo llegué aquí o dónde está esto. ¿Se supone que soy Testigo del Principio? *¿El Principio?* ¡No... entiendo! ¿Qué debo hacer?

John parecía estar buscando profundamente en su corazón y en su pasado algo que pudiera ayudar a Lilly, confortarla y servirle para entender.

Pero fue Letty quien habló.

—Tal vez, Lilly, podrías confiar. La confianza es algo que es natural para los niños, hasta que alguien les miente o los convence de que es peligrosa.

—La confianza es peligrosa —respondió ella sin pensarlo.

—Lo es —añadió John—, pero no por lo que piensas.

Los demás regresaron con platones con quesos, frutas, galletas, nueces y, por supuesto, bizcochos. Al poco rato, el vino tuvo el efecto deseado y las posturas se relajaron, aunque no la intensidad de la conversación. Durante toda la interacción y el ir y venir de ideas, Letty siguió canturreando.

En el curso de las siguientes horas, John, los Eruditos y una Cascarrabias intentaron responder a las preguntas de Lilly.

—Bueno —declaró Gerald en algún momento, adoptando una actitud totalmente académica—, cada época y lugar tiene dos Testigos principales: uno es la Palabra asentada por escrito y el otro es de carne y sangre. Este último es, con más precisión, la encarnación del primero, pero no es posible tener uno sin el otro.

—Quizá te ayudaría verlo —terció Anita, moviendo la cabeza— en términos de una fotografía, que es la escritura, *graphe*, de un momento de luz, *photos*. El Testigo es tanto el fotógrafo como la fotografía.

—Muy bien —respondió Lilly—, eso puedo entenderlo, más o menos…

—Existe un tercer elemento —ahora era Simón quien hablaba—. Un Testigo no sólo es el fotógrafo y la fotografía, sino especialmente un participante esencial y vivo *dentro* de la imagen. Un Testigo no está fuera ni está separado, no es objetivo ni independiente. Tu misma presencia introduce posibilidades innumerables y tus decisiones tienen un impacto en la historia como la conocemos. Estas posibilidades se entrelazan de nuevas formas dentro del desarrollo progresivo de los propósitos de Dios.

Sonaba complicado y Lilly ansiaba encontrar un escape, dormir sin interrupciones, pero trató de concentrar su atención.

—¿Están diciendo que sin un Testigo no hay fotografía? ¿Si alguien no está ahí para verlo, no existe?

—Más o menos, pero no exactamente —indicó Anita.

Gerald añadió, como si estuviera citando:

—Dios siempre ha sido *el* Testigo, aparte del cual nada ha existido. Dios es el Gran Observador y siempre y continuamente la Imagen; la Palabra en todas sus connotaciones es la Gloria y el Afecto.

—Y son el Gran Entrometido —añadió Anita—. Por esa razón es esencial conocer el carácter de Dios. Sin Dios, ¿Quiénes son Ellos en esencia? El bien que se entrega al conocimiento del Amor, de los Unos a los Otros. Entonces todo desaparecería *pffft*. —Sacudió los dedos en el aire como si fuera un globo que saliera volando—. Todo, incluyéndonos a nosotros, se desvanecería en el no ser.

—Entonces, ¿por qué Dios me necesita —inquirió Lilly—, o a cualquier Testigo humano?

—Ah —replicó Gerald con una risita—, estamos de regreso en el Principio. Dios no necesita nada, pero Dios no sería Dios separado de nosotros. Vivir dentro de la vida de Dios es explorar este misterio de participación.

Para Lilly esto era desconcertante, pero la animaron a no perderse en los detalles. Según explicaron, después de todo era una niña, y los niños saben de modo intuitivo aquello que nunca aprenderán por medio de la educación. Eso no la ayudó a captar lo que le decían, pero de todas formas la tranquilizaba.

En algún momento, al ir cayendo la tarde, Letty se fue sin despedirse. Su canturreo simplemente desapareció.

John estaba a punto de acompañar a los tres Eruditos a sus habitaciones cuando Anita levantó la mano.

—Espera —exclamó—. ¡Hemos olvidado los regalos que le trajimos a Lilly!

—En efecto, tienes razón —dijo Simón—, pero yo dejé el mío junto con mi equipaje. Tendré que traerlo después. ¿Tal vez mañana?

—¿Regalos? —Lilly se sentía exhausta, pero la curiosidad le hizo recuperar la poca energía que tenía. La posibilidad de un regalo de Simón le produjo un pequeño estremecimiento de expectación.

El Erudito más joven se alejó a una esquina de la sala, en tanto Anita y Gerald empezaron a tocar sus bolsillos intentando recordar dónde habían guardado sus tesoros. La mujer encontró el suyo primero y se acercó a la chica.

—Querida mía —comenzó Anita—, cuando rezaba por venir a conocerte…

—¿Rezas por mí?

—Todos lo hacemos —afirmó Gerald—. La oración se trata en su mayor parte de hablar con Dios acerca de la vida y las personas, y sobre las cosas que enfrentamos y aquellos que nos importan en ese momento. ¿Te sorprende?

Lilly asintió.

—Bueno —Anita retomó su discurso—, mientras rezaba por venir a conocerte, este símbolo vino repetidamente a mi cabeza. —Abrió la mano y mostró una pequeña llave de plata, muy elaborada y finamente trabajada, que colgaba de una cadena, también de plata.

—¡Es hermosa! —exclamó Lilly—. Gracias. —Anita colocó la delicada pieza en la mano de la joven.

—Esta antigua llave tiene una historia, más bien una especie de cuento de hadas que se relaciona con ella. ¿Conoces el cuento del ogro y la princesa?

Lilly negó con la cabeza.

—No importa. —Anita sonrió y luego se abrazaron—. Lilly, ésta no es sólo una llave que puedes llevar colgada al cuello, sirve para abrir algo. Y no, no sé qué se abre con ella, pero tú lo sabrás cuando llegue el momento.

—Lo mismo puede decirse de mi regalo —intervino Gerald, sosteniendo en sus manos un joyerito. Lilly lo abrió y encontró un solo objeto: un anillo de oro—. Es un anillo de Esponsales —explicó, y Lilly sonrió dudosa del significado—. Ha pasado de generación en generación dentro de mi familia desde las primeras luces del Principio. Como en el caso del regalo de Anita, no sé por qué es importante que lo tengas, pero aquí está.

—¿Es lo mismo que un anillo de compromiso?

—No, *compromiso* es una palabra demasiado sutil. Esponsales es un compromiso firme y resuelto, una declaración de matrimonio que a veces se hace años antes de consumarse. Es el anillo que el novio le dará a su novia como promesa de boda.

—Gracias, Gerald. —Él se inclinó para que pegaran sus frentes, y aunque ella se puso tensa por el gesto de intimidad, se lo permitió.

Entonces John acompañó a los Eruditos al exterior de la habitación. Simón, quien fue el último en salir, volteó para sonreír a Lilly y le hizo una pequeña inclinación con la cabeza.

Por un momento Lilly permaneció en silencio e intentó comprender los sucesos del día, pero reflexionar sobre ellos sólo parecía causarle más ansiedad. Esperaba que Han-el fuera real y estuviera cerca, pero eso también quería decir que probablemente el Ángel estuviera al tanto de sus engaños y esa posibilidad le avergonzaba. A pesar de ello, la mera idea de cualquier Guardián era fuente de consuelo.

De manera inesperada, eso hizo surgir un recuerdo diferente: el rostro de otro hombre al que no podía ubicar con precisión.

8

REFLEJO DE INTENCIONES

En las primeras horas de la mañana siguiente, cuando los murmullos del amanecer comenzaban a interrumpir las sombras nocturnas, Lilly hizo su primera anotación en el diario que John le había regalado. Frente a la invitación de ese espacio vacío, empezó a deshacerse de la carga que llevaba sobre los hombros, escribiendo como un águila que remonta el vuelo y se deja llevar por corrientes invisibles, sobre paisajes de sinceridad consigo misma que nunca antes había explorado de manera intencional.

A pesar de todo lo que dice John, en realidad no creo ser escritora. Pero mira nada más, ya estoy inventando excusas y soy la única que leerá esto.

No sé quién soy ni qué cosa es real. Parte del tiempo pienso que estoy loca y rodeada de locos, mientras que la otra parte nada más me siento confundida y con una mezcla de emociones desesperantes, angustiosas y desagradables.

A veces, simplemente quiero gritar hasta más no poder. No quiero importarle a nadie y luego sí quiero, y eso me hace enojar y después quizá preferiría estar muerta.

De todas las personas que he conocido aquí, quien mejor me cae es John, pero también me llama la atención un nuevo tipo, uno de los Tres Magos (creo que así se llamaban en las historias del catecismo, aunque yo no soy el niño Jesús que buscaban). Su nombre es Simón y es mayor que yo, pero es el más cercano a mi edad. Anita y Gerald me dieron una llave y un anillo de Esponsales, pero Simón dijo que después me traería su regalo. Creo que lo que quiere es hablar conmigo cuando estemos solos. Me da mucha curiosidad, aunque parece peligroso, pero en el buen sentido.

Ayer fue un día de locos. Han pasado tantas cosas que ni siquiera sé por dónde empezar. Eva me llevó a conocer a Adán —tan sólo escribirlo suena como una locura— pero, aparte de eso, nos topamos con una serpiente que hablaba y me asustó mucho. Luego llegaron los Magos y vi a Letty por primera vez. Sigo sin saber por qué siempre está tarareando. Me dijeron que soy una Testigo del Principio. No les conté que Eva ya me había dicho eso.

He estado viendo mis brazos. Quizás en mi otra vida acostumbraba cortarme. Eso realmente me da miedo. Sería mejor si no lo recordara, pero no puedo dejar de tener esos recuerdos repentinos, ni tampoco las alucinaciones.

Veo las olas y la marea. Mi deseo de vivir y de morir viene y va como la marea. La mayor parte del tiempo, de lo único que puedo darme cuenta es de las olas y ni siquiera puedo saber en qué ciclo está la marea. Me pregunto si Simón vendrá a verme hoy. Probablemente no.

Al recordar a Simón, Lilly tiró de la manta para examinar el pie que no le pertenecía. Se preguntó quién sería la chica a la que se lo quitaron. El pie parecía completamente funcional, pero era más blanco que su pie derecho y tenía pecas.

Al poco rato, se presentaron varias mujeres que iban vestidas como si pertenecieran a alguna orden religiosa, para ayudarla con sus actividades matutinas. Todo el tiempo estuvieron en silencio, eran amables y sonreían mucho, y su presencia era reconfortante y agradable. Luego llegó John con el desayuno, que era el preámbulo de la primera comida en forma, aunque era pastoso e insípido; él le informó que su organismo aún estaba en recuperación. Cuando terminaron de desayunar, la llevó a contemplar el mar y la magnífica vista de la costa y la arena. Más allá de la línea divisoria del litoral, había una extraña mezcla de flora tanto tropical como de bosques pluviales de zonas más norteñas.

Después, Lilly realizó su régimen de ejercicios, que consistían en contraer y relajar cada músculo, comenzando con los dedos de los pies y subiendo después por todo su cuerpo hasta llegar a la nariz. Esto se repetía seis veces al día entre el momento de despertar y la hora de dormir. Ahora podía convertir su cama en una silla de ruedas oprimiendo un botón y, aunque sentía que recuperaba las fuerzas, se resistía a la tentación de tratar de ponerse de pie por sí sola. Al parecer, todo iba como estaba programado.

John tenía otra sorpresa. Llevó a Lilly en su silla de ruedas hasta una rampa ligeramente inclinada y la sacó a un patio descubierto ubicado arriba de las habitaciones donde ella había estado en tratamiento. Por primera vez, pudo sentir el contacto directo del aire y los rayos del sol. El espacio era pequeño, pero era como estar en el puesto de vigía encima de un mástil, ya que ofrecía una imponente vista panorámica. Él la dejó ahí para atender otros asuntos.

Un fuerte barandal era lo único que se interponía entre la sólida plataforma y un par de cientos de metros de espacio vacío, así que optó por no acercarse. Aun desde su posición, la sensación de vértigo la abrumaba y emocionaba al mismo tiempo.

Con el rostro dirigido al cielo, disfrutó del último sol de la tarde. El viento jugueteaba con su pelo, que llevaba suelto. A pesar de su perpetua tristeza se sentía casi feliz cuando, de pronto, la sensación de que alguien la observaba interrumpió su ensoñación. Se sobresaltó al sentir que una mano helada tocaba la suya y, al voltear, vio que a menos de tres metros de distancia estaba Simón, quien la miraba y estaba parado estratégicamente entre ella y la rampa de salida.

Era un hombre alto y delgado que vestía con esmero, aunque con ropa muy gruesa para el calor del día. Su camisa blanca, cerrada al cuello, terminaba en una corbata roja de moño que realzaba sus rasgos y sus oscuros ojos castaños. De manera inexplicable, el viento que rodeaba a Lilly parecía renuente a acercarse a él. Simón habló sin voltear hacia ella, con una voz notablemente amable.

—Lamento haberte asustado —comenzó—. ¡No tengas miedo!

Lilly respiró profundamente, aliviada sin razón alguna.

—¡Cierto! Ni siquiera te oí, y… me sorprendió, eso es todo.

—Así soy yo, silencioso. No atraigo mucha atención, al menos no en forma directa. ¿Dónde está el Recolector? —preguntó, girándose hacia ella y con una sonrisa—. Supuse que estaría contigo, ya que es tu constante guardián.

—No sé —dijo ella.

—Mejor —señaló el Erudito—. Quería tener oportunidad de hablar contigo a solas, ¿te parece bien?

Sus palabras provocaron algo en el interior de Lilly que hizo que casi dejara asomar una sonrisa en sus labios, pero se resistió. Ese hombre era un desconocido y necesitaba mantenerse en guardia, pero lo rodeaba un aura de peligro y excitación, y su interés en ella la hacía sentir bien.

—Eso depende de ti —respondió—. Podríamos llamar a John para que nos acompañase.

Sabía que era un juego y sospechaba que él también lo sabía. Simón sonrió y miró hacia otra dirección, para luego volver la vista hacia ella.

—Lilith…

—Lilly —interrumpió—, me llamo Lilly.

—Claro —contestó frunciendo los labios—. En cualquier caso, se te eligió como Testigo del Principio y eso es extraordinariamente importante. Me siento muy honrado de haberte conocido, sin importar lo que digan los otros.

—¿Cuáles otros? ¿Qué dijeron? —La inseguridad reemplazó de inmediato el halago que había disfrutado hacía un momento.

Simón pareció avergonzarse y se disculpó en seguida.

—No quise calumniarlos, estoy seguro de que su intención es buena.

—¿De quiénes? —insistió ella.

—Los otros, los más viejos.

—¿Qué dijeron?

—Bueno, por ejemplo, dijeron que apenas eres una niña y yo no coincido con eso en absoluto. Sin embargo, tienen razón en señalar que eres joven y careces de experiencia. Pero ése no es el punto que quiero destacar. De hecho, estoy de acuerdo en que todavía no entiendes tu importancia excepcional y las decisiones trascendentales que tienes frente a ti. En mi humilde opinión, vas a necesitar una orientación real y constante.

—Supongo que de parte de ustedes. —Lilly estaba molesta con todos en general, y sus frustraciones estaban encontrando ahora un blanco. Simón no respondió.

—¿Por qué tengo una *importancia excepcional*? —preguntó finalmente.

—¡Porque tienes el poder de cambiar la historia!

La impactante fuerza de esa declaración fue casi demasiado como para entenderla, pero la actitud de Simón era tan intensa como su afirmación.

—¿C-cómo? —tartamudeó.

—Lilith, te eligieron como Testigo del Principio. Concéntrate en lo que se te dijo anoche. Como Testigo, no sólo eres la fotógrafa, también estás en la fotografía como un participante activo, y tus decisiones pueden cambiar la historia de todo y de todos.

Lilly se sentía en un torbellino de emociones de tal magnitud que ni siquiera se preocupó de corregirlo de nuevo en cuanto a su nombre. Lo que decía definitivamente tenía algún sentido. ¿Qué tal si estaba en lo correcto? Al influir en la historia, ¿podría cambiar también la suya? Si uno alteraba el Principio, ¿no cambiaría también el Final?

La misma velocidad con la que esa serie de posibilidades elevó su ánimo la hizo asimismo desmoronarse ante la inmensidad de lo que imaginaba.

—Pensé que no podía interferir —dijo y después se tapó la boca con una mano.

—No se trata de interferir, sino de participar —afirmó Simón sin reaccionar ante su arrebato—. Yo puedo ayudarte y Dios te dará la sabiduría. ¿Por qué Dios te pondría en esta situación y luego te abandonaría para que fracasaras? Puedes hacerlo, Lilith. Creo en ti.

Ése fue el pequeño estímulo que Lilly no sabía que necesitaba, respiró hondo y se relajó en su asiento. Simón avanzó un paso en su dirección, pero mantuvo una distancia que a ella le pareció segura.

—Entonces, ¿qué hago ahora?

Simón se acercó un paso más.

—Debemos llevarte a la Bóveda. Parece ser la clave. Por el momento, mi consejo es que confíes en tus propios instintos. Se te eligió por ser quien eres. Las decisiones correctas vendrán de saber quién eres.

—Simón, mi pasado es nebuloso la mayor parte del tiempo. Tengo recuerdos repentinos, pero en su mayoría son horribles. —Mientras decía esto, incluso ella se dio cuenta de que ya estaba permitiendo que ese hombre tuviera acceso a una parte de sí misma a la que no había invitado a nadie—. ¿Cómo averiguo quién soy?

—Ésa, jovencita, es la razón por la que te traje *mi* regalo. —Y con grandes ceremonias, Simón sacó de su abrigo un espejo con un marco muy complejo y un mango artísticamente hecho a mano.

—Es precioso. —Lilly lo tomó y lo colocó en su regazo—. ¿Dónde lo conseguiste?

Simón dudó, una sombra momentánea de pena oscureció su mirada.

—Era de mi esposa.

—¿Tu esposa? —La chica experimentó un sentimiento de compasión por este hombre, pero también le repelió la idea de recibir tal regalo e intentó regresárselo—. No puedo aceptarlo.

—¡Pero debes hacerlo! —insistió Simón—. Mi esposa… mi esposa está en un lugar mejor. Si estuviera aquí y supiera quién eres, querría que lo tuvieras. Por favor, no es un espejo común. Este espejo revela la verdad si sabes su secreto. Cuenta la leyenda que su capacidad para reflejar proviene del primer estanque al que Adán se asomó y en el que vio su propio rostro. Por favor, acéptalo.

Lilly dudó, percatándose de que no se había visto a sí misma desde que llegó al Refugio. Incluso en los registros de su memoria, no había un rostro que pudiera decir con seguridad que era el suyo. Miró a Simón, quien asintió para alentarla, así que levantó el espejo y se asomó.

Nada. Sólo había una nube gris que atravesaba la superficie y se movía como si el viento soplara alrededor. Miró confundida a Simón. Él sonrió con actitud juguetona y amable.

—Te dije que tenía un secreto. —Puso su mano sobre la de la joven y la giró hacia arriba. El contacto era frío pero fortalecedor sobre su piel tibia por el sol. La sensación era agradable y Lilly no retiró la mano.

—¿Ves esta brillante piedra roja? —preguntó él y ella la inspeccionó con mayor atención—. La que se encuentra donde el mango se une con el marco. Si colocas tu pulgar derecho en esa piedra y levantas el espejo hacia tu cara, te revelará la verdad de quién eres.

Lilly deslizó el pulgar sobre la piedra.

—Antes de que lo hagas, debo advertirte algo. —Su voz era firme y su actitud atenta. Puso su mano solemnemente sobre la de ella—. Éste no es un proceso sin dolor. Verás la verdad, lo cual puede ser muy difícil y perturbador. Y sólo podrás cumplir tu destino si te comprometes sinceramente a creer lo que veas.

En ese momento, una sombra cruzó sobre ellos y Simón arrebató el espejo de las manos de Lilly y lo guardó dentro de su abrigo. Una enorme águila volaba a una distancia menor de noventa metros.

—¿Qué pasa, Simón? Sólo es un águila. Es la más grande que haya visto, pero tan sólo es un águila.

—¡Es un ladrón! —respondió él—. Intentan robarse los reflejos para llevarlos a sus nidos. Esos animales me ponen nervioso.

Observaron a la enorme ave desaparecer en la distancia antes de que Simón volviera a entregarle su regalo, mientras él mantenía la vista fija en el cielo.

—Debes tener cuidado y mantenerlo oculto. Es únicamente tuyo, es un regalo acorde con tu importancia incomparable.

Volvió la vista hacia ella y sonrió, transformando en cordialidad su arrebato anterior. De otro bolsillo sacó una bolsa de tela.

—Toma. Cuando guardes el espejo en esta funda, los dos tomarán el mismo aspecto de cualquier cosa que toquen.

Al introducir el regalo dentro de la bolsa, los dos objetos desaparecieron, no del todo, pero casi. Al levantar el espejo hacia el cielo, parecía como un vidrio apenas reluciente, aunque combado. Simón colocó la bolsa sobre las piernas de Lilly y de inmediato absorbió los colores de la manta que la cubría, mimetizándose por completo. La única indicación de su presencia era su peso.

Lilly tomó la mano de Simón y la apretó. Tenía sentimientos contradictorios de repulsión y atracción hacia las palabras del Erudito. Extrañaba la sensación de comodidad que daba por sentada cuando estaba con John, pero en su lugar surgía un espectro totalmente diferente de emociones. ¿Cómo era posible que se sintiera asustada y curiosa, esperanzada y vacilante al mismo tiempo? Simón hacía surgir en ella todos esos sentimientos y más.

—Simón —empezó—, gracias. Hay algunas cosas que necesito decirte…

Lilly intentaba confesarle a este hombre todo lo que había ocultado a los demás, pero al momento de abrir la boca para hacerlo, desde abajo se escuchó que se acercaba alguien que venía silbando. Giró la cabeza hacia la puerta, por donde apareció John, quien se protegía los ojos con la mano al salir de la oscuridad del edificio.

Lilly volvió la vista hacia Simón y tuvo que fijarla dos veces, pues se había evaporado por completo, como hacía el espejo. Rápidamente envolvió su regalo entre las mantas. La excitación y el rubor de la decepción se reflejaron en su cara, pero tenía esperanza de que el sol lo ocultara.

—¡Aquí estás! —exclamó John—. Por el rosa de tus mejillas puedo ver que has pasado un buen rato aquí, pero ya vine a recogerte. —Miró hacia todas partes con curiosidad—. Me pareció escucharte hablar con alguien.

Lilly empezaba a sentirse atrapada en una creciente duplicidad que aumentó con una leve mentira.

—Quizá me oíste hablar con los Invisibles —ofreció por respuesta, agitando la mano en el vacío alrededor de ella, lo cual hizo reír a John.

«No es del todo una mentira —se justificó—, sólo una sugerencia»; si John elegía aceptarla, ése era su problema.

—Quizás. ¿Estás lista para dejar tu mirador? Los Eruditos nos acompañarán para la cena y debes descansar un poco.

Al ir descendiendo lentamente, Lilly mantuvo las manos sobre el espejo que escondía bajo la cobija. Se sentía como algo ominoso y fascinante, como un regalo que no se había abierto aún. Eso tendría que esperar.

—John, te quiero pedir un favor.

—Por supuesto —respondió él.

—Descansé toda la tarde, si tienes tiempo antes de la cena, ¿podrías leerme el resto de la historia del Edén?

—Claro que puedo hacerlo. —John se quedó en silencio por un instante—. ¿A qué se debe tu repentino interés?

—He estado pensando que podría ayudarme a entender por qué estoy aquí y qué se supone que debo hacer. Hasta el momento, todo eso de Adán y Eva ha estado dentro de mi mente en el mismo lugar que los cuentos de hadas y de fantasía, así que me gustaría volver a escucharlo a partir de las Escrituras. Supongo que quiero estar preparada.

—Ya veo. —Una vez que estacionó a Lilly en la sala de recepción, John se fue y regresó en seguida con un libro grande, acercó una silla y lo abrió de nuevo desde la parte de atrás.

—Vamos a ver, ¿dónde nos quedamos? —Él la miró y ella indicó con la cabeza que comenzara.

—Ésta es la narración de los cielos y la tierra en el día en que… —comenzó. Al ir leyendo, en ocasiones levantaba la vista para mirarla y siempre tenía una actitud animosa y concentrada, escuchando y absorbiendo la información. Unas cuantas veces durante la lectura, ella pidió que repitiera una frase o una oración, pero aparte de eso no requirió explicaciones adicionales.

John concluyó con:

—Después de expulsar al hombre, Dios puso a dos Querubines y la espada ardiente al oriente del Jardín del Edén, los cuales giraban en todas direcciones e impedían el paso al Árbol de la Vida.

—¡Guau! —declaró Lilly con pesadumbre en la voz—. No creo haber oído nunca antes la historia. Es hermosa e increíblemente triste.

—¿Quieres hablar de ello? —preguntó John, poniendo el libro en una mesa cercana.

—No por ahora. Simplemente quiero absorberla durante un rato. ¿Me llevarías por favor a mi cuarto?

Él asintió, se puso de pie y la llevó a su habitación.

—Vendré por ti cuando lleguen los demás. No falta mucho.

—¿Te puedo preguntar algo más? —sondeó Lilly.

—Por supuesto —dijo John con una sonrisa—. No sería normal si no hicieras una última pregunta.

—¿Tú también fuiste un Testigo?

—Lilly, no tengo idea de cómo lo supiste. —Pareció sorprendido.

—Alguien lo mencionó hace mucho tiempo, cuando todavía estaba en cama. No quise escuchar a escondidas.

—Está bien. Y sí, es cierto.

—¿Qué atestiguaste? ¿El Principio?

—Supongo que podrías decir que el nuevo Principio. Atestigüé cuando el Hombre Eterno llegó como el segundo Adán.

—¿El *segundo* Adán? —soltó Lilly con asombro, pero luego puso una mano en alto y sacudió la cabeza—. Después me cuentas. ¿Supiste qué debías hacer?

—¿Te das cuenta de que, con esta, son cinco tus preguntas finales? —John rio gentil y fácilmente, pero siguió—. Sí, supe que era un Testigo y que debía aprender a confiar. Todo lo demás ocurrió como ocurrió y yo respondí, aunque algunos dicen que no muy bien. Pero después de todos estos años, no lo haría de manera diferente.

—John, ¿cambiaste el mundo?

—Lo hice, Lilly. Cambié el mundo —afirmó con una sonrisa—. Eso es lo que hacen los Testigos. —Luego salió en silencio por la puerta.

Lilly quitó las mantas y se quedó mirando el espejo, cuya superficie presentaba el mismo remolino nebuloso y gris. La promesa que tenía sobre su regazo era una tentadora invitación a la verdad, pero también parecía peligroso. ¿En algún momento querría saber la verdad sobre quién era?

Condujo su silla de ruedas hasta una cómoda y abrió el primer cajón, donde colocó el espejo junto a sus demás regalos: el anillo de Gerald, la llave de Anita y el diario de John. Sin importar cuáles fueran las verdades que su reflejo guardaba para ella, tendrían que esperar un poco más.

COMO PROMETIÓ, AL POCO rato John tocó a su puerta y la llevó en su silla de ruedas hasta donde la esperaban para la cena. El olor de las carnes asadas y las verduras frescas atrajo su olfato, pero en el plato de Lilly había una aburrida mezcla de granos insípidos con hierbas y medicinas. No se quejó, porque su mente estaba ocupada en cosas que se antojaban mucho más importantes.

Lilly sintió el cosquilleo de su presencia antes de que él entrara en la habitación. Simón vestía lo mismo que en la tarde y aún llevaba su lustrosa corbata roja de moño.

—Sólo una vez he visto una corbata parecida —afirmó John—. Era de un tipo que se llamaba el Vigilante.

Lilly rio y curioseó:

—¿Tienes un amigo que se llama el Vigilante?

—Creo que de una manera retorcida podría decirse que la relación era de amigos, pero confieso —y aquí sonrió— que es un amigo al que he estado evitando desde hace mucho pero mucho tiempo.

—Un amigo con gusto por la moda —sugirió Simón y los dos hombres rieron.

—Nunca he entendido ese accesorio —respondió John—, me parece exagerado. Claro que no en tu caso, Simón. Parece irte muy bien.

Quizá por su extrema sensibilidad, Lilly creía que toda conversación tenía contenidos ocultos, un propósito y un significado subyacentes que nadie decía de modo directo. Tratar de deducir esos niveles de significado era agotador y pronto se dio por vencida.

Durante la cena, Lilly lanzaba miradas ocasionales a Simón, pero él nunca se dio por enterado. Actuaba como si no hubiera ocurrido nada entre los dos y esto hizo que dudara de sí misma. ¿Se había imaginado la química entre ambos?

Al terminar de comer, Lilly pidió que la disculparan por retirarse y John la llevó a su cuarto. Un momento después de que él se fue, una Enfermera de noche entró y la ayudó a cambiarse. Como se lo pidió, la dejó sentada, ya que ella misma haría los ajustes para acostarse cuando estuviera lista.

Avanzó hasta la cómoda y abrió el cajón superior para tocar cada uno de los regalos, deteniendo la mano en lo que parecía ser un espacio vacío, que era donde había acomodado el espejo oculto. Finalmente, tomó el diario junto con la pluma y empezó a escribir.

Estoy más confundida que nunca acerca de casi todo lo que sucede. Simón vino a verme, a solas, cuando estaba en el Patio del Castillo (que es como decidí llamar a la terraza del Refugio). Casi nos pescó John. Simón me hace sentir viva, pero también me siento mal por guardar secretos, especialmente a John. Cuando empiezo a pensar en ello, realmente a pensarlo, siento que está mal... entonces mejor intento no pensar. ¡Qué estupidez!

El caso es que Simón me dio un regalo mágico, un espejo que siempre me dirá la verdad de quién soy. También tiene un secreto, pero no lo he probado todavía. Me da miedo y no he tenido oportunidad. ¿Qué más?... John y Simón hablaron de un amigo de John a quien llaman el Vigilante, como si necesitara de más gente misteriosa en mi vida. De hecho, John parecía un poco incómodo hablando del Vigilante, así que llamarlo amigo quizá sea exagerado, para usar el mismo término que usó John.

Siento como si apenas estuviera empezando una gran aventura, pero con ayuda de Simón creo que puedo hacer lo que se supone que debo hacer. Me alegro de que Anita, Gerald y John estén conmigo, y espero que Han-el sea real. Todo está hecho un lío, con eso de ocultar lo que vi, lo del Hombre Eterno y Eva y Adán, y todo lo de la Creación. De verdad extraño a Eva. Tal vez ella pueda darme algunas respuestas o también es posible que simplemente yo esté loca.

Lilly cerró el broche y lo selló con la huella de su pulgar izquierdo. Era extraño, pero no había pensado antes que el diario y el espejo se activaban de modos contrarios. Su pulgar izquierdo encerraba sus secretos dentro del diario, mientras que el pulgar derecho abría el espejo.

Un ligero olor de incienso y salvia empezó a llenar la habitación, como si cerca estuvieran quemando hierbas. Desechó la idea, pensando que era por su agotamiento, y metió el cuaderno y la pluma en el cajón. Pero tanto su percepción como el cuarto empezaron a cambiar. Se sintió mareada y falta de equilibrio. Luego sintió como si estuviera cruzando entre la niebla, y a la distancia parecía escucharse el canturreo de Letty.

Estaba a punto de cerrar el cajón cuando fue atacada. De algún sitio en los oscuros recovecos de la gaveta salió la serpiente lanzándose directamente a su cara. Por instinto, gritó y levantó un brazo a tiempo para detener el primer embate, pero los colmillos de la serpiente se clavaron en su otro brazo, encima de la muñeca. Lilly volvió a gritar, sacudiendo los brazos mientras el animal seguía deslizándose afuera del cajón. Era increíblemente largo y empezó a envolverla con su cuerpo, para después jalarla de la silla y tirarla al suelo.

La serpiente echó la cabeza hacia atrás y extendió su capuchón en preparación para otro ataque, cuando se vio el resplandor de una luz brillante y cegadora que cubrió todo el lugar. La puerta se abrió de golpe y se oyeron los gritos de varias personas. Lilly estaba paralizada, era incapaz de moverse o hablar, pero escuchaba con toda claridad.

John gritaba instrucciones y Lilly pudo identificar otras voces, incluyendo a los Eruditos y a Letty.

—Ésta no es una convulsión. —Se percibía una preocupación intensa en la voz de John—. Esto es otra cosa. No la muevan hasta que un Sanador la examine.

Pudo sentirlo cerca cuando susurró suavemente:

—Lilly, ¿puedes oírme? ¿Puedes abrir los ojos?

Totalmente inmovilizada, no pudo responder ni sentir que la tocaba, pero su presencia la alivió.

—Por tus lágrimas creo que me puedes oír —informó John, con la voz ronca por la emoción—. Estamos contigo, estás segura y no tienes que hacer nada en este momento.

—¿Qué pasó? —dijo Anita desde algún lugar próximo.

John no respondió de inmediato.

—Nadie lo sabe. Letty entró como un huracán, gritando que la seguridad del Refugio estaba en riesgo y luego desapareció en un destello de luz. Oímos los gritos y encontramos a Lilly tirada en el piso e inmóvil como una piedra, pero no hay nada más en la habitación que parezca estar fuera de lugar.

—Estamos listos para llevarla a su cama —dijo una voz desconocida—. Tenemos que aumentar su temperatura corporal de inmediato.

Lilly no sentía nada, aparte de una sensación de euforia y de estar flotando. Sin importar qué fuera lo que la dominaba en ese momento, era placentero. Pero de manera lenta e inesperada, regresó la sensación de quemazón en los dos orificios donde la serpiente había encajado los colmillos. «¿Por qué no los han visto?».

—Simón, el cajón superior de la cómoda está abierto, ¿me podrías decir qué hay adentro? —La frustración era evidente en el tono de John.

Un momento después, Simón dijo:

—No hay nada ahí, excepto lo que parece ser un diario personal y se ve cerrado.

—¿Eso es todo?

—No hay más.

«¿Dónde estaban los regalos? ¿El anillo, la llave y el espejo?». Lilly podía escuchar ahora el martilleo de los latidos acelerados de su corazón, junto con las punzadas que subían por su brazo desde el sitio de la mordida y que se iban extendiendo por todo su cuerpo, ahogando toda la conversación. El pánico reemplazó la sensación de dichosa ingravidez. Intentó gritar, pero no pudo.

—¡La perdemos! —gritó alguien—. ¿Letty?

Y entonces vio otro resplandor de luz cegadora antes de perder por completo el conocimiento.

9

SOMBRAS DE ALEJAMIENTO

Aún inmóvil como una piedra, Lilly abrió lentamente los ojos. Estaba parada en un claro, de espaldas a los muros ondulantes del Edén. Frente a ella, la atención de Adán estaba puesta en la serpiente, pero ésta miraba a Lilly como si no hubiera pasado ni un instante. Sentía el dolor palpitante en su muñeca, pero el peso de la mano de Eva sobre su brazo pareció aminorar la intensidad.

—Tenemos que detener esto —susurró Lilly entre dientes—. Va a pasar algo terrible.

La lengua de la serpiente vacilaba olisqueando el aire en búsqueda de algo. Lilly dio un paso atrás y se resguardó en la seguridad de la presencia de Eva.

—No —respondió Eva con firmeza—, no es el momento.

El reptil volvió de nuevo toda su atención hacia el hombre.

—Como eres el hijo de Dios —expresó con respeto inclinando la cabeza—, te serviré humildemente y para siempre.

Adán se sentó en el suelo y Lilly pudo sentir con una repentina emoción lo que el hombre experimentaba. Estaba intrigado.

—¿Cómo es que puedes hablar? —preguntó curioso.

—Toda la creación habla —respondió la serpiente—. Quizá cuando madures te imparta esa enseñanza. Es un conocimiento que te abrirá los ojos para ver y los oídos para oír.

—¿Has estado dentro del Edén? —Adán indicó hacia el muro que vibraba con la energía—. Adentro hay conocimientos. Tengo un Árbol del Conocimiento.

—¿Tienes un Árbol del Conocimiento? Qué bien. Con el conocimiento se consigue el dominio —afirmó la serpiente—. Como a ti, a mí me crearon fuera de los muros del Edén.

—¿Cómo a mí? —Adán rio, y también Lilly sin saber bien por qué—. Pensé que no sabías quién soy; sin embargo, sabes que nací fuera de los límites del Edén.

—Toda la creación se formó al otro lado de los muros del Edén. Es posible que tanto el soplo como tu vida vengan de Dios, y que mi sabiduría provenga de la creación, pero a ambos nos crearon del mismo polvo. Luego a ti te pusieron dentro del jardín.

—Pero no a ti. ¿Llevas la muerte dentro? —preguntó a la criatura.

—Joven Adán, no hay vida ni muerte en mí. Quizá sea más ingenioso y escurridizo que todos los demás animales, pero también soy parte de la creación muy buena de Dios.

—Está mintiendo —protestó Lilly.

—No miente —susurró Eva—. No hasta que Adán mienta.

Lilly sentía y veía que Adán estaba embelesado. Tenía enfrente a una criatura silvestre con la que podía conversar y estaba desconcertado y eufórico.

—¿Por qué nunca cruzaste las puertas del Edén? —preguntó.

—Tu dominio es el Edén, mientras que yo habito en el resto de la creación —declaró la serpiente.

Adán lo pensó por un momento y respondió:

—Adonai me dijo que extenderé el Edén para incluir a toda la creación.

—Ésa es la razón de mi labor: preparar el camino y el sitio para ti y tu dominio.

Lilly sabía que Adán pensaba que era fascinante y maravilloso contar con un defensor dentro de la creación.

—¿Existen otros como tú? —indagó Adán.

—Fuera del Edén existen muchos *de mi especie*. ¿Y hay otros como tú?

No había ninguna recriminación en la pregunta de la serpiente, pero Lilly pudo sentir que tomó a Adán por sorpresa. Parecía confundido y fijó la vista en el suelo con actitud pensativa, mientras el animal esperaba su respuesta.

—No, no hay otros como yo —admitió finalmente Adán, con un dejo de tristeza en la voz—. Pero esta noche hablaré con Adonai para que te invite a pasar.

—Si el Edén es tu dominio, ¿no tienes derecho a hacer invitaciones sin pedir permiso? ¿Por qué no cubres tu debilidad infantil con algo de autoridad? Tal vez ésta sea una prueba de tu madurez, para impulsarte a actuar por tu propio derecho como hijo de Dios, ya que tú eres el único y *solitario* hijo de Dios.

Un gesto de molestia cubrió el rostro de Adán. Se levantó y caminó hacia la serpiente hasta quedar separados sólo por unos cuantos centímetros.

—¡Se me creó y nací del ser eterno de Adonai! —exclamó Adán, en un tono que sonaba más a un intento de convencerse a sí mismo—. Vivo gracias al Soplo de Dios.

—Pero Dios no está solo.

—¡*No estoy solo*! —gritó Adán y, aunque eso declaraba, Lilly supo que la duda se había arraigado en su mente—. Nunca he estado solo. Confío en el Amor y en la Palabra de Adonai. Soy el hijo que Los complace.

Lilly estaba absorta, pero podía sentir que aumentaba la agitación de Eva, quien se aferraba cada vez más a su brazo. Finalmente, la mujer tiró de Lilly para acercarla y decirle directamente al oído:

—Llegó el momento. Una de nosotras tiene que buscar a Adonai y decirles a Ellos lo que está pasando.

—¿Pero es que Ellos no lo saben? ¿No están aquí?

—Sí, pero también nosotras estamos aquí, y nuestra participación es importante. Ve con Adonai, Lilly.

Algo casi imperceptible había cambiado entre ellas, como una nota inesperada en una melodía conocida.

—¿No confías en que me quede sola con Adán? —preguntó Lilly.

—Confío en Adonai.

Lilly sintió una punzada de decepción. No podía contradecir la respuesta de Eva, pero la sintió como un rechazo.

—Me quedaré con Adán —decidió Lilly. De inmediato, el brazo herido empezó a punzarle, pero lo ignoró.

Mientras tanto, Adán se había quedado en silencio, experimentando por primera vez las señales de un nuevo sentimiento: la soledad. Lilly la conocía bien y podía entender su dolor. El corazón se le rompió al verlo darse vuelta, cabizbajo, en dirección contraria.

—Antes de que te vayas —dijo la serpiente—, tengo un regalo para ti.

Adán volteó hacia ella y la serpiente sacó de la tierra cercana una bolsa hecha con enredaderas retorcidas y juncos entrelazados y la lanzó a los pies del joven.

—¿Qué es esto? —preguntó Adán mientras sacaba de ahí un objeto y lo levantaba para verlo bajo la luz.

—Sácalo de su funda como si fuera una criatura que sale de su madriguera. Es una daga que tiene un nombre: *Machiara*.

Lilly la reconoció y retrocedió un paso. Era la misma daga que había usado el Querubín Ungido para cortar el cordón umbilical de Adán y desprenderlo de la tierra. Al momento en que Adán la sacó de la vaina, la daga resplandeció con el sol de la tarde, provocando que el joven parpadeara y soltara el objeto. La daga se deslizó por la palma de su mano y cayó al suelo.

—¿Qué es esto? —gimió Adán, observando la sangre que escurría por su mano, y volteó hacia la serpiente—. ¿Qué tipo de regalo es éste? ¿Es un regalo para causarme dolor?

—Es para darte vida. *Machiara* sólo se ha utilizado una vez.

—¿Para qué? —preguntó Adán.

—Para separar al hijo de Dios de la atadura de la creación.

Adán vaciló.

—Pero yo soy el hijo de Dios.

La serpiente inclinó la cabeza hacia el rostro de Adán.

—También sangraste en esa ocasión. Tu vida está en tu sangre, joven hijo de Dios.

—¿En mi sangre? Entonces esta daga podría matarme. —Frotó la mano en el barro que cubría su cuerpo para detener el sangrado—. ¿O te refieres a que la sangre viva puede destruir a la muerte? ¿Que esta daga tiene el poder tanto de la vida como de la muerte?

—Sólo el hijo de Dios puede decir tales cosas. Tú tienes el dominio y tú determinarás su propósito. —La lengua serpenteó hasta tocar al hombre en la mejilla—. A menos que seas indigno.

Lilly sentía que los pensamientos de Adán la devoraban, estaba completamente sola y desesperada por probar su propia valía. Deseaba que Eva regresara.

—¿Yo? —respondió Adán

—Sí —dijo la serpiente y se alejó—. Alguna vez fuiste uno con nosotros, pero *Machiara* te separó. Ahora parece que estás solo y en algún sitio intermedio, pues no eres Dios ni eres parte de la creación. Ve a comer de tu Árbol del Conocimiento y vuelve cuando seas digno.

De nuevo, el joven dudó.

—No puedo.

La serpiente se quedó callada. Adán regresó la daga a su vaina y, sin mediar palabra, giró y caminó hacia el Edén. Lilly también dio vuelta y lo vio irse.

—¿Qué eres y por qué estás aquí? —La serpiente estaba justo detrás de ella y Lilly cerró los ojos, demasiado aterrorizada como para enfrentarla. El profundo ardor de la mordida empezó a propagarse por su brazo y los latidos de su cabeza aumentaron de frecuencia. Pero entretejida con el temor había una dulzura sutil, una inquietante melodía subyacente que la llamaba como el bullicio de las aguas profundas. Estaba a punto de ceder cuando dos manos conocidas tomaron las suyas. Sorprendida, miró hacia arriba y se encontró con los ojos de Eva.

—Silencio, Lilly, escucha. La serpiente no te puede ver con claridad, pero de algún modo extraño sabe que estás aquí —afirmó la mujer en voz baja—. Vamos. ¡Sígueme! —La tomó de una mano y la alejó de la serpiente para llevarla de regreso al Edén.

Cuando estaban a cierta distancia, la chica finalmente exhaló.

—¿Se fue?

—¡Sí!

Lilly se detuvo y se separó de Eva.

—Madre, ¿dónde estabas? Me dejaste con esa cosa. ¿Y dónde está Adonai?

Eva la miró confundida.

—Lilly, estábamos presentes contigo todo este tiempo. ¿No podías vernos?

—No. Pensé que estaba sola. Me sentí abandonada y totalmente sola. —Lilly bajó la cabeza y empezó a llorar—. Estaba tan asustada y me sentía tan espantosamente sola. Fue horrible.

—No sólo estabas sintiendo tu propia pena, sino también la de Adán. Querida mía, también eres su hija. —Eva suspiró profundamente y abrazó a la niña contra su pecho. Tenía su voz quebrada por la emoción—. Lilly, sentiste la desesperación del alejamiento de Adán; ha tomado la decisión de creer que está solo y, de hecho, tú eres la hija de tu padre.

—¿Qué va a pasar? —se preguntó Lilly mientras intentaba recuperar el control, pero una sensación de vacío se reflejaba en sus palabras.

—Hoy serás testigo de la primera Gran Tristeza.

Eva tenía razón. Esa tarde no hubo nada de los juegos y las charlas habituales entre Adán y Dios. Algo había cambiado en el ritmo de su relación y Lilly podía darse cuenta de que Adán estaba abstraído en sus turbulentos pensamientos. Aunque él y Adonai caminaron en silencio tomados de la mano dirigiéndose hacia la oscuridad, parecía como si Elohim estuviera ausente. Aun cuando la brisa jugueteaba con el pelo de Adán, ahora él pensaba que probablemente se trataba sólo del viento. Las preguntas que habían producido un vuelco en su alma se habían convertido en sospechas que poco a poco lo llevaron a una conclusión que se abstuvo de expresar: estaba solo.

Adán no comentó nada a Adonai de su encuentro con la serpiente, y Lilly sabía por qué: ambos guardaban secretos que los quemaban por dentro. En efecto, era la hija de su padre.

—¿Me amarías… —dijo finalmente Adán después de un largo silencio— si dentro de mí hubiera oscuridad?

—Mi amor por ti nunca se verá condicionado por nada, ni por la oscuridad ni por cualquier otra cosa que pueda encontrar en ti —respondió Adonai mientras apretaba la mano del joven—. Sé la verdad de quién eres.

—¿Me darías la espalda si yo te la diera a Ti?

—No, hijo mío. Nunca te dejaremos ni te abandonaremos.

Era reconfortante escucharlo y eso bastaba por ese día. No pronunciaron más palabras, mientras Lilly atestiguó que el Hombre Eterno lloraba y abrazaba a Su hijo que dormía entre Sus brazos.

—Ya comenzó —dijo Dios— la Tristeza del Alejamiento.

—Y Dios asintió en tanto se consolaban Uno al Otro.

—Ésta es la primera vez que algo No Es Bueno —se lamentaba Adonai—, que Adán eligiera creer que está solo y vivir ajeno al único amor que lo sostiene día tras día. Fabricaremos otro poder para él, otro frente a frente, antes de que su alejamiento se haga total.

—En la mañana, cuando él despierte —susurró el Viento de Dios—, comenzaremos con la denominación.

Una sensación de desesperanza amenazaba con destrozar el alma de Lilly.

—¿Estamos perdidos para siempre? —susurró a su madre.

De la penumbra nocturna, a espaldas de Eva, salieron unos brazos que las rodearon a ambas. Lilly supo sin necesidad de ver que se trataba de Adonai, y Su abrazo hizo que su desolación se alejara. Adonai se adentró en su oscuridad y la hizo retroceder.

—Lilly, has sido hallada para siempre —susurró Adonai—. Hallada para siempre.

LA SENSACIÓN TANGIBLE DEL abrazo continuó aún después de que Lilly despertara en su habitación de siempre en el Refugio. Por la luz supo que pronto amanecería. John estaba completamente dormido en una silla junto a su cama, y ella sonrió al ver que la tenía tomada de la mano. Durante un rato permaneció silenciosa en esa quietud, permitiendo que la oleada de emociones y los residuos del sueño se deslizaran suavemente por su alma.

Cuando por fin ella movió la mano, John despertó.

—Bienvenida —dijo con voz ronca—. Sí que das emociones fuertes a mi vida, Lilly. ¿Cómo te sientes?

—Bien. Quizá con un poco de fiebre.

—Tienes una fiebre ligera, pero no hemos podido averiguar el motivo. —John se puso de pie y alisó las sábanas—. ¿Recuerdas qué te pasó anoche?

—¡Sí, me mordió una víbora!

John se quedó atónito.

—¿Una víbora? ¿Aquí? ¿Dónde te mordió?

La chica levantó el brazo derecho para que él pudiera ver los dos orificios inflamados donde habían penetrado los colmillos. John observó con gran cuidado, luego aumentó la iluminación para ver de nuevo y dejó su muñeca sobre la cama.

—Te creo, pero no veo nada.

—¿A qué te refieres? Aquí está —señaló al punto rojo que se estaba volviendo más grande. Él tocó el área y Lilly hizo un gesto de dolor. Cuando volvió la mirada hacia ella, su rostro estaba cenizo.

—¡Eso no es nada bueno! —declaró—. Letty nos dijo que se había violado la seguridad del Refugio, pero no supimos por qué y obviamente tampoco sabemos cómo. —Se dirigió hacia la puerta y se detuvo—. Debo informar a los demás. Aquí no estás segura y no me arriesgaré a otro ataque. Necesitamos llevarte hoy mismo a la Bóveda.

—¿La Bóveda?

—Es el lugar más seguro de la isla. ¿Dónde estaba la serpiente cuando te mordió?

—En el primer cajón. —Lilly señaló a la cómoda.

—¿Había alguna otra cosa ahí?

—Los regalos que me dieron los Eruditos y mi diario.

—Tu cuaderno sigue ahí, lo demás no está. —Se pasó una mano por la barba—. Esto se pone cada vez más extraño.

La indecisión poco característica en John la alteró. Aunque todavía estaba acostada, Lilly empezó a sentirse cada vez más débil. Cuando notó la angustia de la joven, él cambió de inmediato su expresión de preocupación por una de confianza.

—No te preocupes —dijo tomándole la mano—. Los Eruditos y yo no vamos a permitir que nada vuelva a lastimarte. Eres demasiado valiosa para nosotros. ¿Me crees?

No estaba segura. Cerró los ojos, abrumada por las dudas, y en su memoria se escuchaba aún el cuchicheo de la serpiente: «Quizás eres indigna».

Apenas tuvo la fuerza para asentir una vez.

En cuanto John salió, las Enfermeras entraron en silencio y ayudaron a Lilly a levantarse. Tuvieron cuidado de no tocar su muñeca aunque, cuando ella pidió que examinaran la herida, tampoco fueron capaces de verla.

Al volver a quedarse sola, se dirigió hasta la cómoda en su silla de ruedas y la abrió lentamente, lista para cerrarla de golpe.

Como John había dicho, lo único visible era su diario, que Lilly retiró y colocó arriba del mueble. Pasó los dedos por el fondo del cajón y detectó que el espejo seguía ahí, aunque invisible al fundirse con la madera. Lo puso sobre su regazo y avanzó en su silla hasta situarse de espaldas contra la puerta, eso daría un poco de tiempo adicional si llegara a necesitarlo.

Sacó el espejo de su cubierta y pudo sentir cómo palpitaba al ritmo de su corazón. «¿Soy digna de amor o merezco morir?».

La superficie seguía mostrando una imagen gris y turbulenta. Titubeante, presionó el pulgar derecho sobre la gema roja.

—Ay —gimió y retiró la mano de un tirón. El espejo había hecho una herida en su pulgar lo bastante profunda como para sacar sangre, que la gema absorbió al instante. En ese momento, la superficie turbulenta cambió, pero su reflejo no era el que esperaba.

Mostraba la silueta parcial del rostro de una joven: era ella. Los bordes ásperos parecían porcelana astillada, pero la mayor parte de su cara estaba cubierta con una máscara de encaje putrefacto que caía como un deteriorado velo de novia, demasiado transparente como para ocultar su grotesca fealdad. La chica que la miraba desde el espejo estaba en proceso de descomposición y era repugnante, con un daño que iba más allá de cualquier posibilidad de salvación. Tenía una sonrisa vaga, distorsionada con una mueca llena de insinuaciones seductoras; uno de sus ojos reflejaba el odio más feroz, mientras que el otro acusaba su vergüenza.

Asqueada, Lilly dejó caer en su regazo el espejo, cuya superficie volvió a su aspecto gris y nebuloso, y empezó a vomitar. ¿Ésta podría ser la verdad de lo que era ella? ¿En esencia era un monstruo de maldad?

De nuevo, tomó el espejo y colocó el pulgar sobre la piedra, volvió a sacarle sangre, pero esta vez no se preocupó. Estudió la superficie conforme iba cambiando, pero la imagen era mucho peor: anunciaba a gritos que no valía nada, que no era más que un ser estropeado, irreparable e infectado; una cualquiera, una prostituta, una impostora. Su máscara había caído y revelaba la enfermedad que llevaba dentro. Se sintió horrorizada, totalmente desecha y, peor aún, exhibida. Lilly gritó y gritó cubriéndose la cara con la almohada, hasta que recuperó cierto grado de control.

Guardó el espejo en su funda y lo lanzó de vuelta a la cómoda, esperando hasta que desapareciera la bolsa antes de cerrar de golpe el cajón.

Lilly se lavó la cara, luego fue en su silla hasta la sala de recepción, agradecida de que no hubiera nadie. Por un momento se sentó a mirar por la ventana, al brillante y alegre mundo que ahora se había transformado en una burla, gracias a la tormenta interna que sentía. El deseo de lanzarse al vacío era imperioso. ¿Adonai la detendría al caer? ¿Tan siquiera se daría cuenta? La única razón por la cual habían demostrado cariño alguna vez era porque necesitaban algo de ella o porque los había engañado por completo. Si supieran la verdad…

Pero John le había mostrado cómo funcionaba la ventana. No estaba cubierta de vidrio sino de filamentos flexibles que, como un globo, resistían al aumentar la presión sobre ellos. No ofrecía una salida. Sin embargo, el Patio del Castillo no tenía esas barreras y, por un instante, Lilly se imaginó lanzándose sobre el barandal.

Pero John dijo algo más y, con sólo accionar un botón, convirtió la ventana en un espejo de cuerpo entero. Lilly examinó con cuidado su reflejo. Tenía que fijarse con más atención, pero esta imagen también revelaba la misma verdad que el regalo de Simón. Sus ojos estaban demasiado separados, su nariz era demasiado ancha, su piel tenía demasiadas manchas, era demasiado delgada, etcétera. Hizo un recuento mental de cada uno de sus defectos y encontró las evidencias de lo que ya se había revelado. No era digna más que de su propia aversión.

Al escuchar un ruido detrás, convirtió el espejo en una ventana. Era Simón.

—Vine a ver si estás bien. —Su tranquila voz demostraba suficiente preocupación como para persuadirla de tener una conversación.

—Simón, miré en el espejo —espetó—. Odio lo que vi.

—Lo lamento —dijo mientras se acercaba a ella y ponía una mano en su hombro. Lilly se retrajo, asqueada de sí misma—. Intenté advertirte que lo que verías podía ser doloroso.

—Fue más que doloroso. Fue horrible y repugnante —musitó Lilly—. Soy un monstruo.

—Lilith —comenzó, mientras jalaba una silla cercana para sentarse a su lado—, lo que viste es la verdad de tu ser y la razón por la cual Dios te eligió como Testigo. Por ser quien eres, estás especialmente calificada para el propósito de Dios.

—Especialmente dañada —replicó, pero él no respondió—. ¿Se supone que deba sentirme agradecida u honrada porque soy el trozo perfecto de mierda que Dios puede usar? Francamente, creo que ya basta de que me usen, se trate de Dios o de quien sea.

Simón se quedó en silencio por un momento.

—Entonces, toma el control de tu propio destino. Toma tus propias decisiones. Cambia la historia. Si no lo haces por nadie más, hazlo por ti. Creo que eres la que hemos estado esperando, la que puede cambiar el Principio.

—¿Cómo puedo cambiar el Principio? Escasamente tengo control de mi propio cuerpo —dijo Lilly enfurecida y desesperada. Apenas estaba amaneciendo y ya se sentía exhausta. Su brazo ardía casi hasta el codo.

—Como Testigo puedes cambiar el Principio. ¡Debes detener a Adán!

—¿Detener a Adán? —soltó—. ¿De qué?

—A través de Adán, de un hombre, es como el pecado entró al mundo. —Sonaba como si estuviera citando algo que ella debería haber sabido—. Debes detener a Adán e impedir el alejamiento.

—¿Impedirle a Adán que se aleje? —Lilly sacudió la cabeza—. Es demasiado tarde.

—¿Qué? —Simón parecía conmocionado—. ¿Demasiado tarde?

—¡Ahí estás! —Era Anita que entraba a la sala de recepción desde el cuarto de Lilly. A toda prisa, Simón retiró su mano y se levantó—. Lilly, te estaba buscando, pero veo que estás en buenas manos.

—Parece que al final todos me encuentran. —La chica se sintió aliviada por la distracción, pero no podía obligarse a sonreír.

—Qué niña más lista —comentó Anita entre risas—. John dijo que necesitamos ir rápido a la Bóveda y quiero asegurarme de que puedas hacerlo. Simón, John preguntó si podrías ir con nosotros.

—Por supuesto, será un honor. —Simón permaneció un segundo en silencio—. ¿Te parece bien, jovencita?

Ella asintió sin mirarlo.

—Te agradeceremos la compañía —señaló Anita y luego se volvió hacia la chica—. Lilly, vamos a darte algo de comer. ¿Cómo te sientes? John me contó sobre el ataque.

—No me siento del todo bien, pero estoy lista para salir del alcance de la víbora.

—¡Es muy comprensible! Esas criaturas siempre me alteran. —Mientras decía esto, Anita llevó a Lilly hacia la cocina, dejando atrás a Simón, quien permaneció mirando por la ventana.

—Comí suficiente —dijo Lilly y se alejó de la mesa. Los Eruditos también habían comido hasta saciarse y se limpiaban la boca, satisfechos. John estaba absorto en sus pensamientos, no había tocado la comida.

—¿Estás preocupado por algo? —preguntó la chica, mientras los demás retiraban los platos.

—Es probable que la palabra adecuada no sea *preocupación*, sino más bien inquietud. Me siento un poco ansioso, como si hubiera algo a punto de brotar en mis pensamientos, pero que no logro sacar por completo de entre las sombras. Nunca he sido del tipo de persona al que le gustan las cosas ocultas.

—¿Debería preocuparme? —preguntó Lilly.

—No, para nada —respondió con una sonrisa—. Dudo que esto se refiera a ti, por lo menos no de manera directa. Creo que tiene más que ver con mis propias decisiones acerca de la confianza.

—¿Confianza? ¿Tú? —Lilly golpeó ligeramente su brazo, deseando sacarlo de su estado de angustia y alegrarlo un poco—. ¿Confías en mí, Descubridor?

—¡Totalmente! —Esa simple declaración la sorprendió e hizo que bajara la guardia en su interior.

—¿Por qué?

John la miró a los ojos.

—Por ser quien eres.

Sus esfuerzos por mantener una actitud alegre se esfumaron.

—Soy un trozo de basura que el mar dejó tirado en tu playa.

—No —dijo John, fijando su mirada en la suya—. No estoy hablando de la persona que tú piensas ser, sino de quien eres *en realidad*.

«Sé lo que soy», pensó ella. ¿Tendría la confianza de John si éste supiera los secretos que escondía? Se sentía atrapada entre el fuego cruzado de las cosas que ocultaba y su sentido de integridad.

Fue Gerald quien, sin saberlo, impidió que ella descubriera sus secretos.

—¿Así que vamos a la Bóveda y no a la Biblioteca? —Sonaba un poco decepcionado.

—La Biblioteca tendrá que esperar para otra ocasión —contestó John.

—¿Dónde está exactamente la Bóveda? —preguntó Lilly.

—En las profundidades del Refugio, bajo la superficie del mar —explicó John—. Descender nos llevará un par de horas, pero nos quedaremos ahí. Tiene habitaciones para dormir y todas las instalaciones que necesitamos.

—¿Cuánto tiempo vamos a quedarnos?

—El tiempo que se requiera. Imagino que serán unos cuantos días —respondió John— hasta asegurarnos de que el Refugio sea seguro. La Bóveda es donde experimentarás y registrarás lo que atestigües. —Luego rio—. Una vez que llegues, quizá quieras mudarte allí para siempre. Es ese tipo de lugar.

—Hagámoslo —convino Anita y los demás Eruditos asintieron.

Luego cada uno fue a su habitación para juntar unas cuantas cosas y empacarlas en bolsos de viaje. Lilly no tenía mucho que llevar, algunas prendas de ropa y artículos de aseo, su diario, la pluma y, por supuesto, el espejo. Se preguntó si su llave y el anillo de Esponsales podrían haber quedado escondidos en un rincón, pero no tuvo el valor de pasar la mano por las áreas que no podía ver. John dijo que no estaban ahí y ella sintió la pérdida más de lo que esperaba, como si fuera su culpa, y tal vez lo era.

Se tomó un momento para hacer una breve anotación en su diario.

Ni siquiera quiero escribir sobre lo que vi en el espejo de Simón. No puedo. John, Anita, Gerald, Simón y yo estamos a punto de bajar a la misteriosa Bóveda. Según lo que me dijo John, Letty se presentó anoche y me salvó de la víbora. Me siento más segura cuando ella está, aunque a veces pueda ser una gruñona. El brazo me duele mucho donde recibí la mordida, pero parece que soy la única que puede verla. Estamos de prisa por ir a la Bóveda porque John me cree. Quizás eso tampoco fue verdad.

Tengo miedo de la Bóveda, a lo mejor porque no he contado a nadie mis secretos, ni siquiera a Simón. ¿Qué pasará cuando se enteren de lo que ya he atestiguado? ¿Echará a perder el proceso? ¿Por qué no puedo decirles? John dice que confía en mí, y no creo que mienta, pero soy buena para engañar a la gente. Eso es lo que hacen los mentirosos. Ya me tengo que ir.

10

EL DESCENSO

John iba al frente del grupo bajando por una serie de rampas y por corredores que se hacían cada vez más estrechos; la iridiscencia azul se volvía más brillante y, a la larga, el golpe de las olas empezó a escucharse arriba de ellos, a veces distante, hasta casi desaparecer en ocasiones. Simón se ofreció a empujar la silla de Lilly y ella disfrutaba de su cercanía.

Durante el descenso, Lilly acribillaba a los demás con una sucesión de preguntas, cosa que a los Eruditos parecía encantarles. A diferencia de John, quien estaba poco inclinado a aferrarse a una idea, los Eruditos estaban seguros de sus perspectivas acerca de la mayoría de las cosas y, cuando no era así, parecían ansiosos de encontrar una respuesta.

—Ahora estamos en los niveles de almacenamiento —anunció John al pasar por un conjunto de pasillos—. Aquí es donde guardamos las cosas que llegan a nuestras playas, incluyendo las tuyas, Lilly. Tú llegaste en el undécimo día del primer mes, y como dedujimos por los registros que lo más probable era que tuvieras quince años, el número de tu compartimento quedó como uno, once, quince. Es sencillo de recordar. Tomamos una impresión de tu mano para que sólo tú o un Recolector puedan abrirlo.

Era un vasto laberinto de pasadizos y catacumbas, y Lilly no quería pensar en las toneladas de rocas y mar que la cubrían e iban acumulándose a medida que bajaban. Los pasadizos se llenaban con los ecos de sus pisadas y a veces llegaba a escucharse el rugido atronador de las olas que chocaban contra la tierra. El aire era transparente y limpio, pero eso no aminoraba la sensación opresiva que pesaba sobre Lilly.

—Díganme de nuevo cuáles son las Eras de los Principios.

—El término se refiere a los sucesos que rodearon a la Creación, principalmente las primeras cosas y las primeras veces —respondió Gerald—. Son las raíces de todo lo que existe hoy y...

—Espera. ¿Hubo un *antes* del Principio?

—¡Por supuesto! Si no hubiera un *antes* del Principio, no podría haber habido un Principio.

—Supongo que eso tiene sentido —señaló Lilly—. Es que siempre pensé que el mundo explotó de la nada.

—Ni siquiera las estupideces vienen de la nada. La nada no puede crear algo, ni tampoco cualquier cosa —dijo Gerald levantando una ceja—. Si no hubiera nada, no habría energía, ni tiempo, ni espacio, ni información. Nada. Como eres Testigo del Principio...

—Eso es demasiado para mí —suspiró ella—. No entiendo y me siento como una tonta.

—Es demasiado para todos nosotros. Parece que incluso las simplezas de Dios añaden un propósito extraordinario a lo ordinario. Es milagroso y misterioso —dijo Anita, riendo.

—En mi caso, lo *ordinario* sería una mejoría —murmuró Lilly.

—Querida mía, la verdad sea dicha —respondió Anita—, ningún ser humano es ordinario.

Para el siguiente descanso del recorrido, Lilly ya tenía otra pregunta.

—Entonces, ¿ese algo que creó al mundo fue Dios?

—Sí —contestó John—. La Creación se gestó dentro de Dios. Específicamente dentro de Alguien: Adonai.

Su mente hizo la conexión y otra pregunta escapó de sus labios antes de poder detenerse:

—¿Te refieres al Hombre Eterno?

Los cuatro se volvieron hacia ella con expresión de asombro.

—Seguramente lo escuché o leí en alguna parte. Creo que deberíamos continuar.

Anita le dio un breve abrazo antes de que se reencaminaran por otro grupo de rampas. Se inclinó y le susurró al oído entre risitas:

—Querida, ésa fue una sorpresa. ¡Por supuesto que el Hombre Eterno! ¿Qué otras cosas no nos estás diciendo?

Ignorando el comentario, Lilly hizo otra pregunta.

—Entonces, Dios creó a Adán en Adonai. ¿Eso quiere decir que el hombre se creó dentro del Hombre Eterno?

—Lo creó y lo parió —indicó Anita—. Probablemente sería más apropiado decir que Dios lo *dio a luz*.

—¿Así que ya sabían que Adán era un bebé? —preguntó.

—¿Saber? Por supuesto que Adán era un bebé. ¿Cómo podría haber sido de otro modo?

—Pensé que Dios lo había creado como hombre adulto. —El comentario de Lilly causó risa a sus acompañantes.

—La mitología es responsable de muchas ideas raras —masculló Gerald—. ¡Tus Narradores piensan que Adán fue creado como un hombre joven y sin capacidades, como un salvaje, listo para ser programado?

Ahora eso sonaba tonto y rápidamente hizo otra pregunta:

—Si apenas era un bebé, ¿cómo lo alimentaban?

—Como alimentas a cualquier bebé —respondió Anita—. ¡Adonai lo amamantó, claro está! Si Dios pudieron parir a un bebé, ¿crees que no pudieron alimentarlo? La misma realidad de amamantar a un recién nacido tuvo que originarse en el ser de Dios, ¿no crees?

—Supongo, pero eso significaría que Adonai tiene…

—¿Senos? —John terminó la frase por ella—. Por supuesto, Ellos tienen senos y están llenos de leche, según dicen las Escrituras. Leche materna.

John subestimó el tiempo que se requería para descender con la silla de Lilly, y habían pasado casi tres horas antes de que llegaran hasta un pasillo cerrado. Frente a ellos había un muro de piedra tan lisa como un cristal.

Luego todos se detuvieron abruptamente, excepto John, que no dudó. Caminó hacia la pared y desapareció al atravesarla.

—Es una ilusión —se escuchó su voz desde el otro lado—, actúen como si no estuviera ahí. Si dudan, va a doler.

—Una pequeña advertencia hubiera sido agradable —replicó Lilly.

—Lo olvidé. Son los viejos hábitos de la soledad.

Para Lilly era difícil ignorar sus percepciones y el obstáculo parecía impenetrable, a pesar de haber visto que John lo había atravesado. Cuando tocó el muro, se sentía firme y sólido bajo sus dedos. Dio unos golpecitos y el sonido retumbó por el corredor.

—Eso no te va a servir —gritó John—. Espera. —Reapareció justo frente a ella—. Tienes que ignorarlo. Estamos acostumbrados a «ver para creer» pero, después de hacerlo un par de veces, es tan fácil como dejarse caer.

Lilly dudó.

—Mírame hacerlo —ofreció Simón, quien atravesó la pared como si fuera de vapor. Los otros lo siguieron.

—Se me ocurre algo —sugirió John mientras sacaba un pañuelo de su bolsillo—. Déjame ponerte esto alrededor de los ojos, te doy unas vueltas y luego, en un momento dado, atravesamos la pared.

Sonaba como un buen plan, pero la idea de tener una venda sobre los ojos la perturbaba.

—¿No puedo simplemente cubrirme los ojos con las manos?

Él regresó el pañuelo a su bolsillo.

—Perfecto —respondió—, siempre y cuando mantengas los ojos bien cerrados. Incluso echar una mirada podría causar que te rompas la nariz.

—Lo prometo —dijo Lilly, y cumplió su palabra.

—¿Lista? Muy bien, ahora voy a darte una y otra vuelta para acá y luego para allá… y entonces voy a empujarte un poco en esta dirección…

Lilly sintió el zumbido del aire que corría por sus brazos y el vapor que besaba sus mejillas sin humedecerlas. Soltó un chillido cuando abrió los ojos y vio un pasillo lleno de espejos, con reflejos infinitos de sí misma y de los demás.

—¡Eso fue divertido! —dijo emocionada.

—¡Lo sé! —afirmó John como un niño alegre.

—Aunque me engañaste —lo recriminó entre risas.

—Sin engaños —respondió él—. Siempre puedes confiar en que haré justo lo que te digo —y sonrió.

Detrás de ellos, un espejo de piso a techo indicaba la pared que acababan de cruzar. En el recibidor había más espejos y más adelante había un salón grande pero acogedor. Un lado de la habitación daba hacia el océano, donde las luces penetraban desde una distancia de por lo menos treinta metros e iluminaban corales, plantas marinas y peces de todos tamaños, colores y formas. Era evidente que la membrana de esa ventana los separaba de toda esa presión.

Lilly no tenía manera de saber la profundidad a la que estaban, pero apenas distinguía leves rayos de luz que llegaban desde la superficie.

—¿Ésta es la Bóveda? —preguntó. No se parecía en nada a lo que había esperado.

—¡No del todo! Ésta es el área de habitación. La Bóveda está al final del corredor, en el otro extremo de esta *suite* —indicó John. Desde donde estaban se podía ver una enorme puerta al otro extremo del amplio salón—. Te la mostraré en la mañana. Por el momento elige un dormitorio. Luego comeremos y descansaremos por el día de hoy.

Había cerca de doce habitaciones interconectadas, unas para dormir, otras como baños y otras más como salas de estar, al igual que una cocina y una despensa.

Lilly notó que Gerald y Anita habían elegido un mismo cuarto; cuando entraron en él, Lilly tomó del brazo a John y sondeó:

—¿Son pareja?

—¿Pareja? —Su mirada perpleja dio paso a una enorme sonrisa—. Supongo que estar casados por muchos años los convierte en una pareja.

—No tenía idea, pensé que sólo eran amigos y compañeros de trabajo. ¿Están casados?

—Lilly —respondió John con gentileza—, por lo que sé, las personas casadas pueden ser muy buenos amigos y algunos incluso trabajan juntos.

—¿Alguna vez estuviste casado? —preguntó Lilly.

—¿Yo? No. He entablado amistad con muchas mujeres, todas ellas extraordinarias, aunque unas cuantas han sido bestiales, pero no estoy hecho para el matrimonio.

—¿Bestiales? —indagó Lilly con una gran sonrisa.

Él refunfuñó y volteó los ojos al techo.

—Una en especial, el ser humano más manipulador que haya conocido. Aunque era muy atractiva, de un modo exagerado. —Se perdió un instante en el lejano recuerdo y prosiguió—. Pero eso, mi querida Lilly, es otra historia que será más adecuada para otro momento. Ve a encontrar un cuarto que te agrade. La *pareja* regresará pronto y podrás hacerles todas las preguntas que quieras sobre los misterios del matrimonio.

Mientras giraba en su silla para alejarse, John la detuvo un momento.

—¿Y cómo va ese brazo? —preguntó.

—Está mejor —mintió.

John asintió y ambos se separaron para acomodarse en sus habitaciones.

Lilly dejó caer su pequeña mochila en uno de los cuartos que tenía una cama con dosel y escondió el espejo en la cómoda antes de salir al área central; los tres Eruditos ya estaban esperando y al poco rato se unió John.

Después de revisar cómo iba la fiebre de Lilly, que no había aumentado pero tampoco disminuido, John renegó y lanzó una mirada inescrutable a Anita.

—Ahora vamos a comer —dijo, conduciéndolos a un rincón donde se había dispuesto en la mesa una serie de platillos y bebidas, junto con cinco cubiertos. Era un festín de frutas y verduras, galletas y queso, muchas salsas y aderezos, algunos con pequeños trozos y otros de textura tersa como la crema. También había agua, jugos, té y café en abundancia.

Lilly estaba feliz de sentir hambre y se sintió doblemente complacida cuando John indicó que podía probar lo que quisiera. Eligió un pesado racimo de uvas rojas.

El hecho de saber que Gerald y Anita estaban casados profundizó de algún modo el aprecio que sentía Lilly por la integridad de su amistad. Observó lo cómodos que estaban el uno con el otro y cómo respetaban sus diferencias; ambos cedían como si hubieran aprendido a comunicarse con un lenguaje secreto.

Mientras John platicaba con Simón y Gerald sobre las antigüedades que había en la habitación, Lilly dio un codazo a Anita.

—Conque están casados, ¿eh?

—Claro, querida —respondió ella—, pensé que lo sabías. No era un secreto, pero veo que para ti fue una sorpresa agradable. Amo a Gerald.

—¿Qué es el amor? No creo saber qué es —preguntó con naturalidad.

Anita tocó su hombro con actitud maternal y respondió:

—Es misterioso y simple a la vez. El bien de Gerald es más importante para mí que mi propio bien, y el mío es más importante para él que el suyo. Cada uno tenemos individualmente esa certeza, sin esperar que sea recíproco. El amor sano es diferente de un momento al siguiente, porque se basa en el respeto por uno mismo y por el otro. Aunque es difícil llegar a conocer a alguien.

—¿Cómo sabes que algo es para el bien del otro? —preguntó Lilly.

—Ah —exclamó Anita, dándole golpecitos en el brazo—, ésa es una pregunta difícil, es un misterio profundo de todas las relaciones. Sólo Dios, que es el Bien absoluto, puede revelar lo que es el bien, y a menudo lo hace únicamente cuando se necesita esa revelación. Es parte de la gran danza.

—Como te dije —murmuró Lilly entre dientes—, no entiendo qué es el amor.

—Eso lo dice tu cabeza —contestó con serenidad Anita mientras le acariciaba la mejilla—. Pero estoy convencida de que ya lo sabes en alguna parte dentro de ti.

Resulta que hasta mañana iremos a la misteriosa Bóveda. Supongo que es para «anotar» las cosas de las que fui Testigo, pero no sé cómo funciona eso. Todo está hecho un desorden por los secretos que estoy ocultando sobre lo que vi, sobre el Hombre Eterno, Eva y Adán y la Creación. Hoy mentí descaradamente a John. ¿Qué tal si de veras estoy enloqueciendo? En cierto sentido sería más fácil porque tendría una excusa.

Simón me dijo que tenía que evitar que Adán se alejara y yo dije que era demasiado tarde, entonces pareció realmente alterado. Le conté que me miré en el espejo, pero sin decirle lo que vi. Todavía no quiero hablar de eso, ni escribirlo. Estoy tratando de averiguar cómo aceptar que soy lo que el espejo me mostró va a ayudarme a cambiar la historia. Nada menos que a cambiar la historia... sí, cómo no...

Lilly miró la gloriosa pared oceánica que abarcaba uno de los lados de su habitación y observó cómo bailaba el agua con las anémonas sobre los corales. La pacífica escena parecía burlarse de ella. Entonces añadió una nota final a su diario:

Adonai dijo que he sido hallada para siempre. Cuando pienso en cómo se aman Anita y Gerald, creo que quizás ese amor es lo que significa que lo hallen a uno. Lo único que sé es que desde que vi el alejamiento de Adán y miré en el espejo, siento que estoy perdida para siempre.

EN ALGÚN SITIO DEL almacén del alma se conserva todo y, aunque es posible que el acceso a esos recuerdos esté restringido, la historia sigue encontrando una manera de darse a conocer.

En ese espacio nocturno entre el sueño y la vigilia, el pasado de Lilly emergió bruscamente. Esos espasmos de memoria eran salvajes y violentos, como rayos que destruían su conexión con la realidad, con el amor y con la integridad: una mujer —¿su madre?— leía un libro a una niña. El golpe de un puño sobre el rostro de una chica, del que brotaba sangre, y ella que se tambaleaba; hombres que eran como sombras oscuras y la acechaban, explorándola con uñas afiladas como navajas y aliento fétido; una presión sobre su pecho apretándola hasta paralizarla; imágenes fragmentadas de trenes y almacenes y gritos; el recuerdo de estar acostada sobre un suelo sucio, con la esperanza de pasar desapercibida. Intentó gritar pero no pudo emitir ningún sonido cuando observó, impotente, cómo arrastraban a una niña hasta un cuarto y en seguida la puerta se cerraba de un golpe. Su seguridad se disolvió en un pequeño círculo de oscuridad en su corazón, que era su único refugio contra el terror.

Abrió los ojos y vio que Anita estaba sentada junto a la cama, sosteniéndole la mano, tenía los ojos cerrados y apenas movía los labios como si rezara en silencio; Lilly apretó su mano.

—Hola —dijo con voz entrecortada.

A su vez, Anita apretó su mano y abrió los ojos con una sonrisa de cansancio.

—Hola, pequeña, vuelve a dormir. Me quedaré a tu lado.

La invadió una sensación de fatiga y Lilly se dejó ir. Flotó sobre las manos abiertas de Anita hacia otro sueño que no era un sueño. Ahora era Eva quien estaba sentada a su lado, pero la cobija de la cama de Lilly no parecía hundirse bajo su peso.

—Me alegro de que estés aquí —exclamó Lilly y volteó la cabeza hacia el hombro de la mujer.

—Yo también me alegro —admitió Eva.

—Madre Eva, ¿qué voy a hacer? Me molesta mucho no decirles, y no sé por qué no lo hago. Estoy a punto de hacerlo, como si estuviera al borde de un precipicio y, justo cuando voy a lanzarme, me aterro y me escondo.

Eva se quedó en silencio antes de responder con ternura.

—Lilly, esconderse detrás de los secretos es como caminar por un lago helado que se derrite bajo tus pies. Cada paso está lleno de temor.

—No sé qué hacer para decirles.

—Guardar secretos es un asunto peligroso. Debes aprender a pensar como niña. Los niños no ocultan secretos hasta que alguien los convence de que hacerlo es más seguro que decir la verdad; y casi nunca lo es.

—¡Pero no soy una niña! —Lilly no podía evitar su reacción interna.

Eva la abrazó.

—Lilly, todos somos niños, pero cuando se nos convence de que los secretos nos mantendrán seguros, nos vamos escurriendo poco a poco dentro de esos escondites y olvidamos quiénes somos. Con razón el mal sombrío aparece en el aislamiento.

—¿Entonces, me estoy volviendo loca? —preguntó Lilly exasperada—. ¿Estoy hablando conmigo misma en alguna celda acolchada de algún lugar? ¿Es el resultado de los medicamentos o de una enfermedad mental? ¿Qué me sucedió? ¿Qué mundo es real? Todos me hablan como si yo fuera esencial y como si tuviera una misión importante, ¡pero no puedo cumplir con sus expectativas!

Sabía que estaba desahogándose y no esperaba respuesta; era un alivio decir en voz alta las cosas que estaba evitando y agradecía a Eva permitirle hablar sin expresar impaciencia ni molestia.

—Ya he visto antes todo esto —señaló finalmente Eva—, pero no contigo.

—¿Qué es lo que viste exactamente? ¿Una chica con el pie de alguien más? —Lilly levantó el dobladillo de su vestido para mirar de nuevo—. ¿O alguien atrapado entre mundos, con seres que no podía imaginar? ¿O un Testigo de los primeros momentos de la creación…?

Eva rio entre dientes.

—No, muchas de estas cosas también me están ocurriendo por primera vez. Me refería a que he visto el destino de toda la creación, del hombre, de los animales y del espíritu, incluso del propio ser de Dios, que se confió a otra niña, más o menos de tu edad.

—¿En serio? —Lilly estaba realmente sorprendida—. ¿Así que no soy la primera? ¿No estoy sola?

—Nunca has estado sola, mi amor.

Lilly se quedó mirando sus propias manos que estaban abiertas sobre su regazo y dejó que su pelo cayera alrededor de su cara.

—Eso no es lo que estoy preguntando… —Cuando habló, apenas con un susurro, su voz se quebró—. Entonces, ¿por qué no me… por qué Dios no me protegió?

La pregunta quedó en el aire. Eva dejó que quedara en suspenso, junto con todas sus implicaciones ominosas; era la misma interrogante expresada por miles de millones de otras voces. La duda que surgía de tumbas y sillas vacías, de mezquitas e iglesias, de oficinas, de celdas de prisiones y callejones. La pregunta cuyas secuelas eran la fe desgarrada y los corazones maltrechos, que demandaban justicia y rogaban pidiendo milagros que nunca llegaban.

Eva tocó su hombro y la chica sintió otra vez que una sensación cálida la llenaba por dentro.

—Lilly, en este momento no tengo respuesta que pueda satisfacerte. No existen palabras que puedan resolver las heridas que llevas en el alma y en el cuerpo.

Lilly cerró los ojos pero se negó a llorar y, en lugar de ello, dejó que el consuelo recorriera su cansado cuerpo y calmara su fiebre en aumento. A pesar de no tener respuestas, se sentía segura en la presencia de esta madre. Pasaron varios minutos antes de que volviera a hablar.

—Siento como si estuviera escalando una montaña que no tiene cima y apenas puedo sostenerme en la pared de roca. Tengo miedo y todo el mundo espera que tenga éxito. Y si no lo tengo, todo lo que está mal con el mundo será mi culpa. —Lilly inclinó la cara sobre el cuello de la mujer y susurró, conteniendo sus emociones—. ¿Qué pasa si no puedo lograrlo y me dejo ir? O si doy el salto, ¿Dios estará ahí para salvarme?

—Lo estará, pero tú sentirás como si golpearas contra el suelo.

De nuevo se quedaron en silencio por un momento.

—Madre Eva, ¿sabes cómo resultarán las cosas conmigo?

—No, ninguna de las dos ha estado aquí antes, pero no tengo miedo.

—¿Salió todo bien con la otra chica que tenía mi edad?

—¡Sí! Salió bien, su participación lo cambió todo.

Todo. Ésa era una esperanza suficientemente grande como para que durara por el resto de la noche. Lilly durmió en paz, sin sueños vívidos ni alucinaciones, y sin preguntas que atormentaran su mente.

Pero mucho después, sin modo de saber cuántas horas habían pasado y ni siquiera la hora del día, despertó de golpe, alarmada por algo que trepaba por su brazo.

11

LA BÓVEDA

Lilly casi apartó la mano antes de darse cuenta de que, junto a ella, estaba un pequeño y peludo marsupial del bosque. La olfateaba y sus bigotes apenas visibles cosquilleaban en su brazo. Con cuidado para no asustarlo, usó su otra mano para tratar de acariciarle el lomo pero, al tocarlo suavemente, el animal chilló y salió corriendo para esconderse entre los arbustos.

«Qué raro», pensó. Las heridas de los colmillos estaban inflamadas y latían sobre su muñeca. ¿Sería posible que ese animal hubiera percibido el veneno que se propagaba lentamente por su cuerpo? Más extraño aún era que cualquier animal pudiera verla, ya que por lo general su presencia era intangible y oculta.

Necesitó un momento para ubicarse; estaba en algún sitio dentro del Edén, pero sola: sin Eva y sin percibir a los Invisibles. Caminó hasta una saliente de piedra que daba hacia una planicie amplia y muy concurrida. Adán estaba de pie y señalaba hacia el suelo; lo rodeaban Fuego y Viento, y a su lado estaba el Hombre Eterno.

«¿Qué están haciendo?», se preguntó Lilly. Se detuvo a suficiente distancia como para escuchar. Al sentir su presencia, Adán giró y la miró directamente, como si con su concentración pudiera volver materia a una aparición, pero no tuvo éxito.

—Éste es el final del último día de la denominación —declaró Adán con tristeza, como si se dirigiera a ella— y aún me falta encontrar a otro frente a frente.

El joven se dio vuelta, levantó los brazos al cielo y gritó dos palabras llenas de furia que reverberaron con un eco, mientras el tiempo, el espacio y todos los animales se quedaban quietos.

—¡Estoy solo!

Lilly sintió que penetraban hasta su mismo centro, desgarrándola con una sensación de desesperación, como la declaración firme de quienes están perdidos.

Adonai levantó la mano para tocar a Su hijo y Adán se estremeció, agachó la cabeza y se cubrió los ojos con las manos, avergonzado por su debilidad. Lilly trató de moverse, de dar un paso hacia él, pero era como si sus pies estuvieran atrapados en arcilla rígida. Luego escuchó lo que pensaba que era la voz de Adán diciendo algo totalmente inesperado.

—¿Lilith? ¿Lilith?

—¿Lilly? ¿Lilly? —Era Anita sacudiéndole el brazo. Al salir de golpe de su visión, descubrió que enfrente tenía la expresión preocupada de la mujer mayor.

—¿Anita? —Lilly miró alrededor y de inmediato trató de ocultar su absoluta confusión. Todos estaban desayunando y la miraban, algunos con los cubiertos detenidos en el aire a punto de tomar un bocado, mientras que ella no tenía la menor idea de cómo había llegado ahí, ni ningún recuerdo de la mañana, de haber despertado o de cualquier otra cosa más que los terrores de la noche y el proceso de denominación de Adán.

—Lo siento —tartamudeó en busca de una excusa—. Estaba perdida en mis pensamientos acerca de algo que John me leyó el otro día. —Parecieron aceptar su explicación y todos se relajaron.

—¿Perdida? —exclamó Anita—. Creo que es poco decir, más bien estabas ida. ¡Cariño, por un momento nos preocupaste! ¿En qué estabas pensando? Debe de haber sido importante.

La mujer consoló a Lilly justo en el momento que lo necesitaba para ordenar sus pensamientos.

—John me leyó la historia sobre el Principio y me preguntaba… ¿quién era Lilith?

—¿Lilith? —espetó Simón, casi atragantándose con la comida. Lilly notó que él sacudía la cabeza, como advirtiéndole que no hablara. Los otros se veían igualmente conmocionados.

—¡No oíste ese nombre en nada de lo que te leí! —manifestó John.

—¿Entonces, cuál es el asunto con ella? —dijo Lilly titubeando.

—Pura basura, querida niña —afirmó Gerald con actitud casi severa—. Es un ejemplo del aspecto más insidioso de la mitología. Es una absoluta tontería. ¿Dónde escuchaste alguna vez de Lilith?

—No estoy segura —respondió—. ¿Tal vez en un sueño?

—¡Más bien en una pesadilla! —Gerald estaba más animado de lo que nunca lo hubiera visto—. O por una mordedura de serpiente.

—Gerald, cálmate. —Anita lo tranquilizó dándole unas palmaditas en el brazo—. Creo que estás angustiando a la pobre chica. Es obvio que no sabe quién es Lilith.

—Me disculpo, pequeña —balbuceó Gerald—. No tenía intención de alterarte o de ofenderte por sacar a relucir a… esa cosa… en la conversación. Por favor, disculpa mi fervor.

—Claro, Gerald —afirmó Lilly—. ¿Qué pasa con la tal Lilith que tanto te afecta?

—Existe un mito sobre Lilith —continuó Gerald, más calmado pero concentrado—. Según la leyenda, que no considero válida en absoluto, ella fue la primera esposa de Adán.

—¿Adán tuvo más de una esposa? —Ahora era Lilly quien estaba perpleja.

—No, desde luego que no —enfatizó Gerald—. Es un mito. Eva fue la única esposa de Adán.

—Entonces, en esa historia, ¿Lilith era buena?

—En la mayoría de las versiones no tenía nada de buena. Era una aberración de la naturaleza, mitad serpiente y mitad mujer; era una espantosa diosa de la luna que asustaba por las noches. —Gerald tenía las manos levantadas en forma de garras para enfatizar el concepto.

Otra vez Lilly vio el asomo de advertencia en la mirada de Simón, junto con otra ligera negación de su cabeza. Abruptamente cambió de tema.

—Bueno, ¿y qué hay con la parte en que Adán dio nombres a los animales? ¿Eso por qué fue importante?

Simón fue el primero en responder.

—Excelente pregunta. La denominación tiene gran importancia. Dios presentó ante Adán a todos los animales del cielo y del campo para que determinara su naturaleza esencial. Al darles un nombre, Adán estableció su dominio.

—Cierto —agregó Gerald—, pero Adán estaba buscando con desesperación a alguien semejante, un *otro* con quien relacionarse frente a frente. Alguien o algo para asegurarle que no estaba solo, aunque nunca lo estuvo.

—Lo que Gerald trata de decirte, Lilly —indicó Anita—, es que si uno busca una relación frente a frente, el hecho de asignar nombres es un ejercicio inútil. El dominio sobre otros no puede conseguirlo. En toda la creación no existe semejante para Adán, y Dios pacientemente permitió que lo probara. Su semejante estaba…

—¡Dentro de él! —dijo Lilly, atando cabos—. Eva era su semejante y había estado dentro de él desde la Creación.

—¡Exacto! —declaró Anita—. Y Adán está dentro de Dios; el Dios que nunca ha estado solo, porque están frente a frente a frente… —señaló, haciendo círculos en el aire con el cuchillo para la mantequilla para describir la idea.

—Sin embargo, la denominación sigue siendo la forma legítima de establecer el dominio —comentó Simón, y a partir de ese punto la conversación tomó un giro académico, así que Lilly perdió interés, preguntándose otra vez cómo había llegado desde su habitación hasta la mesa del desayuno, y desconcertada por el alboroto que había causado con la mención de Lilith.

John, que había estado sirviendo y limpiando la mesa, anunció que, si estaban listos, los esperaba la Bóveda. Aunque Lilly continuaba con fiebre, lo cual seguía preocupando a John, ella actuaba como si nada. La realidad era que cada vez que movía el brazo sentía calambres dolorosos, como pequeños choques eléctricos en su muñeca y codo. Sabía que el veneno estaba corriendo hacia su hombro, pero parecía más fácil minimizar su dolor que arriesgarse a que pospusieran de nuevo la oportunidad de que hiciera su parte, fuera lo que fuera.

Después de convencerlos de que todo estaba bien, pronto se enfrentó con lo que sería la meta de sus aventuras, que la esperaba a unos cuantos metros de distancia. La puerta era grande y parecía impenetrable, sin una manija visible; en su superficie había símbolos labrados, como si hubiesen sido tallados por antiguos artesanos con precisión y detalle.

—¿Qué ves ahí, Lilly? —preguntó John, acercándola en su silla hasta una distancia suficiente como para tocar la puerta—. ¿Puedes describirnos lo que ves?

Era una extraña petición, pero cuando la chica miró a los demás, también estaban expectantes.

—Bueno, pues véanlo por sí mismos. —Trazó el dibujo en el aire con las manos—. Aquí hay un círculo perfecto que abarca de lado a lado; es tan profundo que parece como si esa área interior estuviera suspendida en el aire, en vez de formar parte de la puerta. Incluso desde tan cerca es difícil saberlo. El círculo está dividido de lado a lado y de arriba hacia abajo en cuatro secciones con esas vigas de madera. Cada uno de los cuatro espacios tiene un grabado complejo; es una especie de símbolo o imagen. —Lilly reconoció al instante dos de ellos, pero inició con los otros.

»El que está abajo a la izquierda es una montaña en forma de pirámide, con un ojo que observa.

—¿Puedes ver la Montaña Única? —Anita sonaba asombrada.

—Sí, claro. —Lilly dudó, como si estuviera haciendo algo mal—. Es que ahí está, justo enfrente.

—No, querida, no entiendes. Ninguno de nosotros ve lo mismo al mirar la puerta. Tú eres la única que puede ver lo que ves.

—¿Es malo que la vea? —preguntó confundida—. ¿Que pueda ver esa montaña?

—No es malo ni bueno —contestó Gerald—. Es lo que es, pero que puedas ver la Montaña Única es tan improbable que desconcierta la mente. ¿Qué más?

Lilly se adelantó para ver más de cerca. ¿Cómo era posible que no vieran la montaña? Trató de tocar el ojo, pero Anita agarró su mano y la jaló de un tirón.

—¡No! —ordenó, y Lilly volteó angustiada hacia ella.

—¡Me estás asustando! ¿Qué pasa? Nada más estaba tratando de ver si era real o era mi imaginación —dijo enfurecida.

—Si lo hubieras tocado —declaró Anita con firmeza, soltando despacio la mano de Lilly—, te hubiera jalado hacia dentro. Ninguno de nosotros puede saber a dónde te llevaría y tampoco sabríamos cómo regresarte.

—¿De verdad? —Examinó más de cerca la puerta, inclinándose para mirarla mejor—. Simplemente parece una puerta con unos bonitos grabados.

—Es un portal —señaló John—. Aunque cada uno de los cuadrantes es único para cada observador, todos podemos ver el círculo y la cruz. Si tocas cualquiera de los cuatro retablos, cada uno te llevará a un destino diferente.

—Vaya, ¿entonces, no pueden ver esto?

El silencio fue su respuesta.

—En el cuadro inferior derecho —continuó Lilly, asegurándose de no acercar demasiado los dedos a la superficie labrada— hay un ocho de costado...

—Infinito —soltó Gerald y luego sonrió como disculpa—. Ése es el símbolo de infinito, por si no lo sabías.

Algo acerca del símbolo atrajo la atención de Lilly.

—Al centro, donde se unen los dos óvalos del infinito, está la cabeza de una serpiente devorándose su propia cola... ¿para siempre? —Sin querer, se estremeció.

—Continúa —instó Anita, con un tono serio y atento.

—Acá arriba —Lilly señaló al extremo izquierdo— está Adán... —Se dio cuenta de lo que dijo y corrigió—. Bueno, es el grabado de un hombre que posiblemente representa a Adán. Está de rodillas, mira la tierra que recoge con sus manos. Está desnudo, igual que la mujer en el cuadro derecho. ¿Podría ser la representación de Eva? Ella voltea hacia el hombre con los brazos extendidos y tiene las palmas de las manos vacías y levantadas hacia arriba, como si sostuviera algo valioso. —Lilly imitó lo mejor que pudo la postura para mostrarles a qué se refería.

—¡Asombroso! —exclamó Gerald.

—Si había cualquier duda sobre si eras la Testigo del Principio —indicó Anita—, ha quedado totalmente despejada.

—¿Sólo porque puedo ver la puerta?

—Por lo que pudiste ver *en* la puerta —enfatizó Simón.

—¿Y ahora qué? —preguntó Lilly.

—Ahora entremos —dijo John con un tono de importancia en su voz—. Esto es la Bóveda. ¿Podemos seguir adelante?

—¿Cómo? —indagó Lilly.

John sonrió, levantó su mano y la colocó en el centro del portal. Sin hacer ruido, se abrió lenta y majestuosamente.

—A veces —dijo John con una sonrisa— sólo necesitas tocar el centro de la cruz, donde todo se une.

El área donde entraron podría haber aparecido en una revista de cultura y gusto refinado, era como un salón ricamente amueblado o algún hotel opulento. La factura de su mobiliario y el despliegue de objetos, ubicados de manera estratégica por decoradores con gran talento artístico, creaban un ambiente exótico.

—¡Guau! —exclamó Lilly—. No es lo que esperaba. Más bien pensé que sería como una enorme caja fuerte o algo así.

—Adelante hay una pequeña alacena y áreas adicionales de descanso. —John asumió el papel de guía de turistas que muestra una propiedad de gran valor—. Además tiene cuatro habitaciones especiales que están por ahí, cada una con su propósito específico. Se las mostraré.

Los escoltó a lo que aparentaba ser un observatorio.

—¡Éste es el Salón de Mapas! —anunció—. En realidad, éstas no son paredes sino espacio en movimiento con incontables estrellas y galaxias, constelaciones, estrellas gigantes y enanas, y pequeños asteroides y cometas que viajan de un lado a otro.

Cada uno de los dos largos muros ofrecía una vista avasalladora de sitios totalmente diferentes en el cosmos. Se sentía como si todo estuviera en movimiento y Lilly tuvo que concentrarse para impedir caerse de su silla.

—Toma un momento adaptarse —la tranquilizó John—, como la primera vez que viajas en un barco. Tiene cierto ritmo y, cuando aprendes a moverte con él y no en su contra, te estabilizas.

—Sólo había escuchado de estos lugares en historias —comentó Gerald. Anita, cuyo perfil destacaba contra un destello en el fondo, simplemente movía la cabeza en actitud de asombro.

—¡Mira, Gerald! ¡Son vainas! —gritó emocionada, señalando hacia una fila de esferas de color esmeralda que cabrían perfectamente en la mano.

—¡Por favor, no toquen! —dijo John—. Es una advertencia, no una orden —añadió, como si se hubiera sorprendido por lo abrupto de su propia respuesta—. Sigamos adelante, vayamos a la pared del extremo opuesto.

Lilly no sabía si caminaban o se deslizaban. Simón empujó la silla hasta que estuvieron frente a lo que parecía un mapa típico. Era el plano de un enorme complejo y Lilly necesitó unos momentos para comprender lo que representaba.

—¡Éste es un mapa del Refugio! —exclamó. El Refugio era gigantesco, mucho más grande y extenso de lo que hubiera imaginado, casi como una ciudad. Podía distinguir las habitaciones superiores, donde se había recuperado de la tragedia, e incluso se mostraba ahí la rampa y la escalera al Patio del Castillo, donde Simón le había entregado el espejo.

Pero lo que más la sorprendió fue la extensión subterránea. Los niveles ocupaban un gran espacio debajo de las colinas y los valles cercanos y quizá llegaban hasta los límites de las lejanas montañas púrpura.

En tanto que el panorama de los sistemas estelares había sido demasiado enorme como para entenderse, este mapa daba una nueva perspectiva de la escala del Refugio. Lilly se sintió pequeña y maravillada.

John les mostró su ubicación dentro de la Bóveda, apenas por debajo de la superficie del océano. Al tocar la pantalla con el pulgar y el índice, el mapa se amplió.

Ahora John pasó a la pared contigua, donde fue montada una fila de diez triángulos pequeños marcados en rojo. Lilly se percató de que ya había visto formas triangulares similares, pero vacías, en las paredes del Refugio; pensó que eran controles de luz y temperatura.

—Con éstos —señaló John a los triángulos— podemos viajar al instante a cualquier parte del Refugio.

—¿De verdad? —exclamó Lilly, al mismo tiempo que Anita soltaba un «¡Válgame Dios!».

—Nunca había oído de eso —musitó Simón—. ¿Cómo funciona?

—Si pasan una de estas fichas de viaje a uno de los triángulos en el mapa, se transportan ahí. La ficha regresará al Salón de Mapas luego de diez minutos. Si desean regresar con ella, tienen que encontrar, donde quiera que estén, un receptáculo de regreso para su triángulo antes de que pasen los diez minutos.

—¿Yo podré viajar? —preguntó Lilly—. ¿Con mi silla?

—Sí. Cualquier cosa que estés tocando viajará contigo, incluida tu ropa, que en el caso de algunos de nosotros es una bendición de Dios. —Con esto todos rieron—. Pero cada persona debe llevar su propia ficha de viaje.

John señaló hacia la sala.

—Esas esferas, las vainas, como las llamó Anita, son como los triángulos, excepto que con ellos se puede viajar entre mundos y a otros lugares por el estilo. No es apto para cardíacos... o para aquéllos que no sepan hacia dónde van.

Nadie pareció inclinado a ponerlo en duda.

—Los otros tres salones son más sencillos —indicó mientras los conducía a la puerta más próxima—. En especial, la Cámara del Testimonio y el Salón de las Crónicas. Pero el Estudio es una maravilla en sí mismo. —Abrió la puerta con un ademán ostentoso—. Aquí es donde los Eruditos pueden estudiar, explorar o investigar cuando Lilly necesite de sus conocimientos especializados o sólo por diversión.

El Estudio estaba decorado con muy buen gusto y tenía escritorios y mesas, sillones y cualquier cosa que pudiera necesitarse para las labores académicas. Contaba con diversidad de libros, plumas de todos los estilos, pergaminos y diarios que esperaban que alguien escribiera en ellos, así como tés y cafés diversos, y galletas, frutas y nueces. Era hermoso, pero nada fuera de lo común.

—Permítanme contarles sobre las maravillas de este lugar —anunció John—. Cada vez que un Artista o Erudito como ustedes ingresa al Estudio, todo lo que alguna vez haya considerado, escrito o explorado, incluso aquellas cosas de las que no se acuerdan, llega hasta ustedes. Se apila y se guarda en cajones, gabinetes y armarios que están a lo largo de aquella pared.

Los tres Eruditos se quedaron boquiabiertos.

—Esto va más allá de lo imaginable —dijo Gerald finalmente, pasando su mano por un estante con gruesos volúmenes.

Anita tenía los ojos llenos de lágrimas y se tocaba los labios con los dedos.

—Mi amor —dijo a su esposo—, todo el trabajo de nuestra vida está aquí, en este momento, en esta habitación. ¡Aquí están todas nuestras ideas y todas nuestras reflexiones!

—Esto es un tesoro que supera lo inconmesurable —expresó Simón.

Los Eruditos estaban llenos de agradecimiento y Lilly sonrió al escuchar cómo, en voz baja, expresaban su gratitud hacia Dios.

Simón tomó una pluma de plata y la sopesó en su mano.

—Antes de que se pierdan en este lugar, visitemos rápidamente las otras dos habitaciones —señaló John, tomando el lugar de Simón para empujar la silla de Lilly—. Síganme, por favor.

La Cámara del Testimonio era un pequeño cuarto verde, con un sofá de aspecto muy confortable en el centro. Cuatro sillas mullidas, de diversos tamaños y formas, ocupaban cada una de las esquinas.

—En realidad es simple. Te relajas, te pones cómodo y… atestiguas… lo que sea que hayas venido a atestiguar. No estoy seguro de por qué es verde, pero parece ser el tono que ayuda a procesar, por ser el color de la vida y todo eso.

Lilly se preguntó por qué alguien necesitaría una habitación especial para atestiguar, pero pensó que sería mejor preguntar otra cosa.

—¿Todo lo que atestigüe aquí se anotará también aquí?

—No. Eso se hace allá, en el Salón de las Crónicas. —Entonces John indicó que salieran y entraran por otro pasaje. En el corredor había otra puerta que pasó por alto.

Lilly no pudo evitarlo y mientras John la iba empujando junto a la puerta, tomó la manija y la giró. Estaba cerrada con llave.

—No quieres saber —dijo John sin aminorar la marcha ni voltear a ver la puerta.

—¿En serio? Pensé que querría saber —murmuró ella entre dientes.

—Lilly, el misterio crea un espacio donde la confianza puede prosperar. Todo tiene su tiempo y el momento oportuno es donde entra Dios. Confía en mí, sorprenderse con todo es mucho mejor que tener que controlarlo.

Lilly no estaba segura de que eso fuera cierto, pero no respondió. Entraron al Salón de las Crónicas, que era una habitación brillante y casi tropical, decorada en azules pálidos y tonos de púrpura y blanco. Al mirar hacia abajo, casi esperaba que hubiera arena entre los dedos de sus pies desiguales. La idea hizo que sonriera.

Como la Cámara del Testimonio, el Salón de las Crónicas era bastante modesto. En el centro había una mesa cuadrada, con sillas en cada uno de sus lados. Cada una de las cuatro sillas era una combinación entre silla de oficina y taburete, con respaldos altos de esterilla. La superficie de la mesa parecía estar viva, pues cambiaba notablemente de aspecto, pasando del marrón arenoso al profundo negro acuoso.

A lo largo de una pared, de varias ranuras sobresalían bandejas con menos de 2.5 centímetros de espesor; cada una tenía una tableta negra muy delgada.

—Aquí es donde anotarás todo lo que atestigües, Lilly —explicó John.

Los otros se encogieron de hombros, lo cual Lilly tomó como indicación de que tampoco habían entendido.

—Ya te dije que no soy buena escritora —indicó Lilly— y mi ortografía es espantosa. Además, ¿qué pasa si olvido lo que atestigüe? —De nuevo sentía que no estaba a la altura.

—No te preocupes —sonrió John, señalando a la habitación con su mano levantada—. Mira a tu alrededor, no hay instrumentos para escribir.

—Pensé que aquí era donde anotaría lo que vea.

—Lo que atestigües, Lilly.

—Entonces, ¿cómo funciona?

John se acercó a las ranuras y exploró entre las tabletas hasta encontrar la que buscaba. Después de sacarla y abrirla, la colocó sobre la extraña mesa. La tableta desapareció en la superficie, igual que había ocurrido con el espejo de Simón. John empujó la silla de ruedas hasta que llegaron frente a la mesa y Lilly observó con más cuidado.

—¿Puedes verla? —preguntó John.

—Apenas —respondió ella—. ¿Es ese borde rojizo?

—Eso es.

—La mesa cambia constantemente, pero eso se queda igual.

—Cuando estés lista, coloca las palmas de tus manos hacia abajo en el centro de ese contorno. El dispositivo hará el resto, y capturará y almacenará lo que sea que experimentes.

Simón aclaró su garganta y consultó:

—¿Crees que los Eruditos podríamos ir a explorar el Estudio?

John asintió y los tres se fueron, pero Anita volvió un momento después para tomar las manos de Lilly entre las suyas. La chica intentó no retirar la mano, a pesar del dolor que recorría su brazo.

—Querida mía, tú y yo tenemos que hablar, quizá no ahora pero pronto. Necesitas abrirte conmigo, ¿de acuerdo?

Lilly respiró hondo y vio los brillantes y hermosos ojos verdes de la mujer.

—Muy bien, tienes razón. Creo que probablemente llegó el momento de hacerlo.

Anita tomó el rostro de Lilly entre sus manos y levantó su barbilla.

—Recuerda, tú estás aquí por ser quien eres. Déjame practicar mis técnicas de abrazo contigo y luego iré con los demás. Estaremos atentos a lo que puedas necesitar

Se abrazaron y Anita se retiró. Un poco más tarde, Lilly la escuchó sacudir la manija de la puerta cerrada, a propósito y ruidosamente. La pequeña declaración de solidaridad por parte de Anita trajo una sonrisa a sus labios.

John también la escuchó y, sin éxito, intentó desaprobar el escándalo.

—¿Debería hacerlo ahora? —preguntó Lilly.

—No creo que pase nada. Primero debes ser testigo de algo en la Cámara del Testimonio para poderlo registrar aquí.

La joven dudó por un instante, pensando en sus sueños y alucinaciones, pero con la misma rapidez descartó esas ideas. Colocó las manos sobre la superficie dentro del recuadro rojo. Por un breve momento, todo pareció volverse progresivamente más lento, hasta casi detenerse. Vio que John levantaba las manos con una mirada de total sobresalto. Y, por un instante, pudo oír su grito prolongado y distante:

—¡Espeeeeraaaaaa!

Entonces todo se puso negro.

12
SEIS DÍAS

Lilly flotó ingrávida. Al principio luchaba contra la familiar sensación de estar en un espesor aceitoso que la agobiaba y abrazaba al mismo tiempo, sobre todo al deslizarse dentro de su boca. Como antes, respirar ese fango resbaladizo la llevó al borde del terror y sintió que sus pulmones se llenaban de líquido.

Pero se adaptó más rápido, sabiendo que no se ahogaría. Con los ojos abiertos y sin ver nada, se relajó y se dejó llevar. Después de un rato, surgió en ella una profunda paz. Lilly sabía dónde estaba y recordaba lo que había hecho. Estaba en el Salón de las Crónicas con John y había puesto las manos sobre la mesa.

El Primer Día

La explosión masiva fue instantánea y continua, no sólo con una arrolladora luz que expresaba fuerza e información en todos sus tonos y matices, sino también con un despliegue de sonido y un canto universal. Primero fue una inspiración brillante, aunque no cegadora, y luego una exhalación de éxtasis y asombro, ilimitada y contenida dentro de un fuego abrasador; una ráfaga de viento y agua: la culminación de la Voz Todopoderosa que impulsa a una unión centrada en el otro.

Un gigante Behemoth de materia contra un Leviatán de caos que arrojaban chispas lúdicas y poderosas, creando el espacio, la energía y el tiempo. Gráciles seres espirituales presenciaban y aplaudían el suceso con un júbilo irrestricto que se dispersaba como gotas de sudor, joyas relumbrantes que volaban hasta cubrir y penetrar todo. Era un desorden abrumador y discordante, una cacofonía avasalladora a medida que la armonía se entrelazaba con una melodía central.

Estaba sucediendo todo de nuevo. Lilly revivía la primera explosión de la Creación y la instauración de la matriz donde Dios formaría al Hombre. Pero ahora sabía por qué estaba ahí: para atestiguar las Eras de los Principios. No había posibilidad de retorno ni modo de detener aquello, así que se dejó llevar para sentirlo, experimentarlo y conocerlo, permitiendo que el arrebato cósmico la elevara hasta llevarla a su cúspide.

Lilly no estaba ahí para entender, medir o poner límites, sino para escuchar, ver y sentir en la sencillez de su testimonio. ¿Cómo podría comprender la luz, la energía, los seres espirituales y los pliegues estratificados que se formaban entre fuerza y materia? ¿Cómo podría dilucidar los misterios de las cuerdas cuánticas, los quarks y las dimensiones múltiples? No podía y no importaba. Pero lo que sí sabía más allá de cualquier duda era que toda la atención del Amor colectivo se centraba en un planeta diminuto, aislado y diseñado con precisión, metido en el borde de una galaxia en espiral.

Lilly se acercó mientras el torno del alfarero lanzaba la arcilla hacia un espacio en expansión. Era como un violento y desconocido animal cuya feroz cola excavara una herida cavernosa. La luna se desprendió pero no pudo huir, retenida por la sujeción del afecto gravitacional de la tierra.

Ahora la Testigo estaba de pie sobre el armazón de un nuevo mundo, un erial amorfo y vacío, envuelto en una cubierta de polvo de desechos estelares y gases. Lilly no podía ver, pero escuchaba y sentía el revoloteo lento y palpitante de las alas de la Espíritu y los gritos de los Ángeles presentes que proclamaban Su nombre con cada latido: ¡*Ruach*! ¡*Ruach*! ¡*Ruach*! Con su aliento, la Espíritu dispersó los desechos para permitir que la luz de la estrella más cercana traspasara la caótica agitación de la superficie.

La noche se transformó en día, y eso fue Bueno.

El Segundo Día

La ardiente Alegría de Dios separó de golpe la agitada materia, invitando a la congregación atmosférica, mientras la tibieza nacida del sol y la turbulenta humedad cargada de polvo jugueteaban sobre Lilly, quien tenía el rostro vuelto hacia arriba y las manos extendidas. La penetrante luz del primer día había sondeado las profundidades líquidas, despertando nuevos cantos dentro de sus tumultuosas simas. La Testigo quedó hechizada ante una danza viviente que, en absoluta armonía y sincronía, respondía a la melodía; biomasa y diversidad regocijadas por un propósito recíproco cuando la noche se transformó en día, y eso fue Bueno.

El Tercer Día

La tierra tembló. La corteza cedió y los volcanes se diseminaron como una alabanza tectónica cuyas manos de sílice se alzaran al cielo. La tierra emergió y, al enfriarse, se envolvió en un vestido de vegetación. Con florituras isotópicas, fotosintéticas y de eucariotas, el Artista pintó sobre el amplio lienzo de la tierra un asombroso paisaje estratificado.

La Espíritu retozó como una niña que se deja llevar en el Amor del Padre. Dentro del mismo ser del Hombre Eterno, *Ruach* trazó sin inhibiciones su propio diseño. ¡Inspiración, inhalación, exhalación, exaltación! La noche se transformó en día, y eso fue Bueno.

EL CUARTO DÍA

Lilly veía las huestes estelares. La luna iluminó la noche, rodeada de incontables astros presentes. La luz del día borró las espesas nubes de polvo sombrío, logrando que los cielos de la Tierra se transformaran de translúcidos en diáfanos. Las luces que Dios había creado en la explosión pendían visibles y a la espera. Se había dispuesto el escenario para el Dramaturgo y, ante un público expectante, la noche se transformó en día, y eso fue Bueno.

EL QUINTO DÍA

El mar hervía de vida, agitando todo lo que alguna vez fue frágil. De este caldo surgieron aletas y branquias y seres amorfos, asesinos colosales de dientes agudos que buscaban su siguiente comida. Luego la tierra cedió ante reptiles e insectos que, como un vasto ejército, prepararon el suelo y el aire. Se unieron a su Creador para construir el mundo cuando la noche se transformó en día, y eso fue Bueno.

EL SEXTO DÍA

Los *nephesh*, criaturas almáticas, junto con una diversidad de otros seres vivos, emergieron de los océanos y de las tierras en una amplia variedad de formas y características de tipos diversos. Lilly quedó atónita ante su belleza y diseño simple de uñas y dientes, de garras, huesos y plumas.

Otro grito de euforia retumbó por el universo como si hubiera un millón de instrumentos musicales en una misma habitación.

—¡El momento elegido es ahora! ¡Acérquense!

Conforme caía la noche, todo el universo se unió en luces danzantes y seres ligeros que se apresuraban a acercarse a la Sagrada Voz.

Lilly se paró de nuevo sobre la colina que daba a una meseta enorme y circular. Detrás de ella, los límites del Edén se elevaban como una alabanza de la tierra hacia el cielo.

—¡Asombroso! —dijo una voz canora por encima de ella.

Al voltear la vista, Lilly dio un salto. A la altura de sus ojos quedaba la parte superior de un pie calzado con una sandalia. Miró hacia arriba, muy arriba, y se encontró con una sonrisa gigantesca. El ser descansaba sobre una de sus rodillas, con un codo doblado que reposaba sobre la otra.

—No temas —dijo el ser, que se desintegró en el aire como una explosión de luciérnagas para materializarse ahora en un tamaño cercano a la estatura de la chica.

—El tamaño es relativo —declaró con tonos melódicos—. ¿Eres la Testigo?

Lilly se sintió confundida y preguntó:

—¿Dónde está Eva?

—¿Eva? Desconozco el significado de esa palabra.

—¡Eva! Ya sabes, la Madre de los Vivos.

El ente rio como si una dulce melodía se derramara de sus labios.

—¡Ése es un nuevo nombre maravilloso para Dios!

Lilly miró a su alrededor para determinar dónde estaba y en seguida volvió a centrar su atención en el sonriente ser.

—¿En serio no conoces a Eva? ¿Quién eres?

—Me llamo Han-el —dijo en un canto— y estoy a tu servicio.

—¿Han-el? —exclamó Lilly—. ¿Eres el Guardián de John?

El ser respondió con otra explosión de risa.

—Definitivamente, no soy un Guardián. Soy un simple Mensajero y Cantor. —Después de una pausa preguntó—: ¿John?

Lilly levantó una mano para indicarle que necesitaba un momento para pensar; entonces Han-el tocó sus dedos, lanzando esa conocida descarga que hizo hormiguear todo su cuerpo, excepto el brazo infectado.

Dio un paso atrás para alejarse del Mensajero.

—¿Cómo es posible que no conozcas a Eva ni a John, pero sepas que soy una Testigo?

—Adonai anunció que vendría una Testigo y yo, Han-el, tengo el honor de atenderte.

—¿Adonai lo anunció? —Nada era como había esperado.

—¡Dijo que tu presencia es una valiosa anomalía y ambigüedad, y que es especialmente afecto a ti!

—¿Eso dijo? —Una vez más Lilly podía sentir la guerra que se libraba en su interior, el conflicto entre atracción y repulsión—. ¿Una anomalía? Entonces sabes que no pertenezco a este lugar.

—¡Y, sin embargo, aquí estás! —cantó Han-el.

Indecisa, Lilly alzó la mano para tocar al ser, pero lo atravesó por completo.

—No eres real.

Han-el rio otra vez.

—Si mi existencia dependiera de que me percibas o me toques, ocurriría lo mismo con el amor, la esperanza, la fe y la dicha, y con otro vasto conjunto de Invisibles. Soy un ser espiritual. ¿Quizá *tú* no eres real?

Lilly cruzó cuidadosamente los brazos y pudo sentir cómo latía su corazón por la ansiedad. ¿Por qué era diferente a cuando estaba con Eva? Si esto era lo que se estaba registrando en la Bóveda, ¿significaba que aún tenía oportunidad de detener a Adán? ¿Fue por esa razón que Eva se había acercado a ella antes de que ocurriera el testimonio en sí? «Esto ha sucedido sólo una vez…».

Entonces lo supo. La comprensión de lo que ocurría cayó de golpe como un rayo que fulminó cualquier duda. Había sido convocada a ese sitio para atestiguar la cima de la Creación de Dios. Eva estuvo ausente porque sería formada dentro del Hombre, y Lilly estaba ahí para atestiguar el nacimiento de ambos.

—Soy bastante real —dijo—. Me llamo Lilly y soy la Testigo.

—¡El tiempo es ahora! —gritó el Canto del Trueno, y el anuncio transportó a Lilly al centro de la congregación. Estaba rodeada por seres de luz y todo era un impacto a los sentidos. De todas partes se escuchaba venir la música, con maravillosos aromas y luces en movimiento que formaban un tapiz fluido. Los violines de la mirra y el sándalo se elevaron sobre las brisas del océano. Los cornos del incienso y de los frutos se integraron al canto de astros distantes. Los clarinetes exhalaban jacinto, pino, lilas, lavanda y madreselva, en armonía con las cadencias rítmicas de la canela y el clavo, la cúrcuma y el jengibre.

Una vez reunida, la creación no se hizo esperar. En un muro del Edén se abrió majestuosamente un portal por donde entró el resplandor.

—Ahí vienen. —Lilly escuchó resonar la voz de Han-el junto a ella, pero sólo podía mirar fijamente el resplandor que se aproximaba. Era un torbellino de violentos rojos y animados verdes que predominaban sobre el brillo de una espiral de jaspe, hasta fundirse en un centro del que emergió un solo personaje… un ser humano.

—El Hombre Eterno —susurró Lilly—. ¡Dios Eterno! ¡Adonai!

La chica estaba extasiada, cada átomo de su ser ansiaba correr hacia Él y contarle todos sus secretos; deseaba que la hiciera volver a nacer, fusionarse con Su magnificencia para encontrar reposo para su vergüenza. Era la viva imagen de la fidelidad. Con una sonrisa de bienvenida, elevó las manos y, postrado de rodillas, ascendió.

El Hombre Eterno, hincado sobre el suelo y con Sus manos como un niño que juega, apiló un cúmulo de tierra rojiza. Sumamente atento y lleno de alegría incontenible, se sentó y juntó la tierra entre Sus piernas.

La risa y las lágrimas fluían libremente.

Y luego vino un canto.

—El Cantar de los Cantares —susurró Han-el en sus oídos—. El canto de la Vida y de todos los Vivos, del verbo y el pan, de la verdad y la esperanza, de dar y perdonar.

Del interior de la pila de tierra empezó a brotar el vino del agua, como la fuerza de la esperanza que crecía en el corazón de Lilly. Con profunda concentración, el Hombre metió las manos en esa mezcolanza y lanzó un quejido que hizo ponerse de pie a Lilly. El parto casi había terminado. Luego, con un alarido penetrante, Adonai levantó sobre Su cabeza a un recién nacido.

—¡Un hijo ha nacido, un hijo ha nacido! —Éste era el grito jubiloso de toda la creación y Lilly se integró a esa celebración por el nacimiento.

La voz nítida y lozana del Hombre Eterno se escuchó, potente, sobre la cacofonía del regocijo:

—Éste es quien complace Mi corazón, la cúspide de la creación. Éste es Mi hijo amado, en quien Mi alma se complace. ¡Sus nombres serán Adán!

Mientras Lilly observaba el beso y el soplo de Dios que transformaron a un niño en un alma viviente, la escena cambió repentinamente. Atestiguó cuando el Querubín cortaba el cordón umbilical, declaraba su lealtad y se comprometía, junto con los demás seres celestiales, a servir a ese delicado recién nacido.

—¡Maravilla de maravillas! —declaró el Hombre Eterno, elevando con sus manos al bebé que dormía—. ¡Contemplen al niño! Bendito es el vientre de la Creación. Que todos celebren, cada uno a su modo. Con este nacimiento se corona el Sexto Día y ahora descansamos de Nuestra labor.

¡La noche se transformó en día, y fue Muy Bueno!

LILLY QUITÓ LAS MANOS intempestivamente como si hubiera recibido un choque eléctrico. La sacudida envió ondas de dolor por su brazo lesionado que llegaron hasta su garganta. Por un instante, no pudo respirar y no sabía dónde estaba.

—¡Ha vuelto! ¡Ha vuelto! —gritó John, y Lilly escuchó que Simón, Gerald y Anita corrían hacia la habitación con actitud de preocupación y alivio. Lilly se recostó, agobiada por un tipo de agotamiento intenso y nuevo para ella. John también parecía exhausto pero agradecido, y tenía los ojos rojos como si hubiera llorado. La joven notó que los demás llevaban ropa distinta a la que ella recordaba.

—¿Cuánto tiempo me fui? —preguntó, deseando que el dolor de sus miembros disminuyera.

—¿Aproximadamente? —formuló Gerald, calculando el tiempo en su mente—. ¿Según nuestro tiempo? ¡Casi cinco días y medio!

—¿Cinco días y medio? —exclamó Lilly. La noticia sólo le causó más cansancio—. ¿Han pasado cinco días y medio desde que puse las manos sobre la mesa?

—Más o menos —reiteró Simón.

—Posiblemente casi seis días enteros —ratificó Anita.

—Estábamos bastante preocupados y nos preguntábamos si podrías regresar —añadió Simón.

—Es cierto —dijo John—. Consideramos retirar tus manos por la fuerza, pero el riesgo… —Agitó la cabeza aliviado—. Es bueno tenerte de regreso.

Lilly miró sus manos y luego las juntó como para ocultar cuánto había aumentado el dolor de su brazo desde que había sufrido la mordedura.

—No puedo creer que lo que vi haya sucedido en seis días.

—De nuestro tiempo —enfatizó Gerald—. Lo que atestiguaste, en especial los Días de la Creación, probablemente tomaron miles de millones de años.

—Fui testigo de esto antes. —Lilly habló en voz muy baja, como para que nadie escuchara esta confesión que apenas pasaba por tal.

John asintió. Obviamente habían tenido el tiempo suficiente para averiguar la verdad.

—Lo siento tanto —empezó a decir—. Pensé que eran alucinaciones y que me estaba volviendo loca. Por eso no dije nada. No sabía que fuera real. —Se quedó pensando un momento antes de añadir con tristeza—: Y todavía no estoy segura.

—No te angusties, querida —Anita se apuró a intervenir—. Algunos tenemos dificultades para confiar. Lo entiendo. Fue Gerald quien sugirió inicialmente que quizá ya habías atestiguado algo y, sin embargo, a pesar de esa probabilidad... ¡entramos en pánico!

—Debo decirte —señaló Gerald con una risita— que el pánico no sirve para nada, pero ocupa grandes cantidades de tiempo.

—Lo más importante es que regresaste —añadió John con una nota de resignación—, así que vamos por un poco de comida y agua. Y tal vez también necesites ir al baño, ¿no es cierto?

Ella apenas sonrió.

—¿Te decepcioné?

La pregunta era una invitación y un riesgo, y todos lo sabían.

—¿Decepcionado? No, pero apenado sí. ¿Confías lo suficiente en mí como para permitir que me sienta triste sin que eso implique que tenga una mala opinión de ti?

Él estaba preguntando algo importante. La vergüenza y el desprecio por sí misma eran sus amigos más tempranos y eran implacables para interpretar las palabras, fueran de elogio, amabilidad o confrontación, como prueba de su falta de dignidad. Incluso la palabra *decepción* podía hacerla caer en un abismo. John estaba pidiendo que se resistiera, que creyera que su afecto e interés eran la principal verdad.

Hacerlo implicaba que también ella debía sentir cariño por él.

—De acuerdo —respondió Lilly, aunque seguía sintiendo esa punzada interna, como si estuviera traicionando un precioso acuerdo—. Está bien, trataré de hacerlo. Y gracias.

Después de usar el baño, donde al fin pudo controlar el dolor de su brazo, Lilly salió para secarse las manos.

—¿Así que me fui casi seis días y miles de millones de años sin tener que orinar? ¿Cómo funciona eso?

Gerald respondió mientras el grupo se dirigía al comedor.

—Cuando tocas la mesa, el tiempo y la percepción reducen su marcha; de hecho, casi se detienen. Por ejemplo, tu corazón desacelera hasta una frecuencia cercana a un latido por minuto. Si mis cálculos son precisos, en seis días tu corazón sólo latió alrededor de 8 640 veces. Eso parece mucho, pero en realidad no lo es. Supongamos que tu frecuencia cardíaca regular es de sesenta latidos por minuto, que en tu caso pienso que es bastante conservador, pero facilita el cálculo aritmético. Esto quiere decir que en tu organismo sólo pasaron un par de horas.

—¡Ah! Fue *por eso* que John me gritaba: «¡Es-p-e-r-a-a-a!». —Todos rieron.

La mesa estaba puesta. Frente a Lilly había una serie de platillos aromáticos con verduras a la parrilla y un guisado. Antes de comer, todos se tomaron de las manos, como era la costumbre, pero esa noche decidieron decir una simple oración: «¡Hoy mi corazón agradecido es mi mejor ofrenda!». Tuvieron la cortesía de no dar especial atención a su participación, pero ella vio que John sonreía, aunque de manera discreta, y eso la complació.

La comida estaba deliciosa; sin embargo, su debilidad impidió que comiera la cantidad suficiente para satisfacerse. Casi habían terminado cuando John se dirigió a ella.

—Vimos la mayor parte de lo que registraste. Pudimos verlo en la mesa. Siempre hubo alguno de nosotros contigo y los cuatro te acompañamos la mayor parte del tiempo. No quisimos irnos, no sólo porque estábamos preocupados por ti, sino porque... —hizo una pausa, miró al piso y se aferró a la mesa abrumado por la emoción— porque... —Con la voz quebrada y los ojos rojos y llenos de lágrimas añadió—: era demasiado maravilloso como para describirlo con palabras.

Sus propios sentimientos eran iguales a los de John; se acercó y lo tomó de la mano.

—Me alegra que lo hayas visto. Nunca podría describirlo de un modo que hiciera justicia.

El silencio que siguió fue incómodo. Gerald se acercó y con su mano apretó el brazo infectado; ella se puso rígida por el dolor. John la miraba directamente y pudo ver que una sombra de duda cruzaba por sus ojos.

De pronto, Lilly anunció que estaba exhausta y deseaba dormir.

—Estoy segura de que también estarán cansados —añadió.

Mientras John la llevaba hacia su cuarto, preguntó:

—¿Esto significa que acabé? Registré todo, desde la explosión de la Creación hasta la llegada del Hombre. ¿Ya terminé?

—No lo sé. ¿Terminaste?

Esas simples palabras la aguijonearon: eran un desafío porque ponían en duda su integridad. Se dio cuenta de que John estaba tratando de reconstruir el lazo de confianza que ella había roto.

—Yo tampoco lo sé. —Lilly se encogió de hombros.

—Entonces supongo que sólo existe una manera de asegurarnos, y es que te recuestes en la Cámara del Testimonio para
ver qué sucede —dijo John suspirando.

—Muy bien. —Se sentía demasiado cansada como para
pensar en lo que eso podría significar—. Ah, ¿te puedo preguntar otra cosa?

—Me lo imaginaba. —John la miró con una sonrisa agotada—. Eres la chica de las últimas preguntas.

Su sonrisa volvió brevemente.

—Es que no puedo ayudarme a mí misma. Mi mente nunca
se detiene, y me preguntaba: ¿si no hubiera venido aquí, al Refugio, alguna vez hubiera sabido... ya sabes, todo eso de Dios y
Adán y el Principio?

—Te adentras en otro terreno misterioso —respondió—.
En cuanto a los planes y propósitos, Dios no es un Diseñador
sino un Artista, y Dios no sería Dios sin nosotros. Tú estás
aquí y eso lo cambia todo. Si no estuvieras aquí, eso también
lo cambiaría todo. En mi caso, aunque sea egoísta, me alegro
de que estés aquí.

—Yo también —admitió ella—, la mayor parte del tiempo.

*Lo volví a hacer. Dije la verdad porque me descubrieron. No
creo que en realidad eso cuente y no dije toda la verdad, sólo
una parte. Herí a John. Me di cuenta por su cara. Y ahora,
como no dije toda la verdad, me siento todavía más atrapada.
¿Cuántas veces puedo quemar mis naves antes de que la gente
deje de reconstruirlas? Odio que me importe, me hace sentir
débil y desprotegida. Quizás eso son las mentiras, una forma de
protegerse.*

*Ni siquiera se registró todo lo que he atestiguado hasta el
momento. ¿Qué quiere decir? No quiero estar registrando cosas
durante siglos y siglos. Sólo pensarlo me hace sentir más agotada
de lo que ya me siento.*

Quiero detener a Adán. Quiero ver en el espejo. Quiero hablar con Simón. Quiero morirme o irme o encontrar la manera de regresar a casa. Bueno, no creo que eso sea cierto... lo de mi casa. Por lo poco que recuerdo, nunca fue un sitio donde quisiera estar. Odio admitirlo, pero por alguna extraña razón el Refugio se siente más como mi casa o, por lo menos, como debe ser una casa.

Hoy fui Testigo de la Creación, otra vez. Era igual, pero diferente. Conocí a Han-el, pero él no me conocía ni a mí ni a John o a Eva. Me duele mucho el brazo y mentí a John acerca de ello, pero creo que lo sabe. Me estoy convenciendo cada vez más de que el espejo está en lo cierto y la verdad de quién soy yo es que cuando llegas a la esencia de Lilly, lo único que encuentras es un trozo de mierda que no vale nada.

Pero tal vez Simón también tenga razón de que soy Lilith, y que hay una cosa que puedo hacer antes de morir: hacerme cargo de mi vida inútil y cambiar la historia. Lo único que me falta es averiguar cómo.

13

EL NACIMIENTO DE EVA

En la soledad del cuarto de Lilly dentro de la Bóveda, una mano conocida se deslizó bajo la suya y sintió un enorme alivio. No había visto a Eva desde que Dios expresó tanta tristeza por el alejamiento de Adán. Había algo profundamente reconfortante en la presencia de su madre, ya que ayudaba a alejar sus dudas y angustia, sus expectativas y demandas. Excepto por breves momentos en compañía de los demás, la única vez que Lilly tenía una sensación de pertenencia era cuando estaba con Eva.

—¿Puedo preguntarte…? —habló Lilly en voz baja, dudosa de romper el encanto de ese silencio sagrado.

—Por supuesto. —La sonrisa de Eva era tan deslumbrante que Lilly casi olvidó su pregunta.

—¿Por qué no estuviste conmigo la última vez? Por lo general estamos juntas.

—Querida mía, no soy una Testigo. Hoy se divide el camino que hemos recorrido juntas y cada una debe seguir una distinta senda. Te esperaré en la distancia.

—¿Entonces, ya no iremos juntas?

—Siempre estoy ahí. La siguiente vez que atestigües, nuestros caminos se cruzarán de un nuevo modo. Sin importar lo que pase, recuerda esto: siempre te he amado y siempre has sido digna de mi amor.

Cuando Eva dijo esas palabras, Lilly casi las creyó. Era tan raro que una declaración de afecto pudiera transformarse en una aguda lanza que perforaba el alma y agitaba el lodo que estaba en el fondo.

La mujer se inclinó para besarla en la frente, luego se sentó unos minutos para acariciarle el pelo.

—Aunque me reconozcas, yo no te recordaré. Pero Adonai nunca olvida y es especialmente afecto a ti.

—No te vayas —dijo Lilly inclinándose hacia la mujer—. No creo que pueda soportar que vuelvan a abandonarme. —Esa confesión hizo que su voz se quebrara—. Madre Eva, no estoy segura de quién soy.

—Pregúntale a Adonai y confía en lo que Él te diga. El verdadero amor siempre dice la verdad, aunque no podamos escucharlo. Lilly, tú eres mi hija y nunca estaremos separadas. Tú estás en mí y en el misterio de Dios, y nosotros estamos en ti; en ti, Lilly Fields. Nunca estarás sola.

Lilly no puso en duda lo que decía Eva, pero las profundas heridas en su interior se resistían. De repente, Eva empezó a cantar una tenue y dulce melodía que hizo a Lilly elevarse, colocándola suavemente en brazos de Otro. Cayó en un sueño plácido en el que, durante esa noche, no se permitirían los sueños ni las pesadillas.

A LA MAÑANA SIGUIENTE, Lilly se sentía peor y abandonó sus ejercicios cotidianos de inmediato. Cada movimiento era una punzada de dolor a través de todo su brazo derecho, por lo que se dedicó a practicar con su brazo izquierdo para compensar, hasta que sus movimientos fueron casi naturales.

Cuando llevó su silla junto al sofá en la Cámara del Testimonio, donde John y Simón la esperaban, estaba bañada en sudor.

John tocó su frente y exclamó:

—Te subió la temperatura, no creo que debas hacer esto hoy.

—¿Te sientes capaz de hacerlo? —preguntó Simón—. Tú decides.

—Por esa razón estoy aquí, ¿no es cierto? —afirmó ella—. Así que terminemos con el asunto.

Moverse era un poco más difícil pero, al momento de relajarse, la envolvió de manera inesperada una magnífica sensación de comodidad. Sin importar el uso que tuviera este dispositivo, sí que era bueno.

Al siguiente instante, Lilly se encontró de pie en una colina rocosa cubierta de bosques, que asomaba a una amplia llanura llena de actividad. Estaba sola, rodeada de árboles enormes y sin dolor en el cuerpo; de hecho, nada le dolía. Cuando intentó apoyarse contra un árbol, éste se movió al contacto, emitiendo una risa melódica.

Asustada, la chica saltó hacia un lado y se dio cuenta de que se había recargado en Han-el.

—¿Ahora eres un árbol? —dijo entre risitas, alegrándose por la presencia visible del Ángel.

—No, pero quizás aparezco como esperas —cantó Han-el—, y como estás en un bosque...

Ella soltó una carcajada y la sensación de gozo la tomó por sorpresa. Surgió con facilidad, como si fuera la primera vez en días que hubiera respirado profundamente. Al ver sus manos y brazos, no encontró señal de la mordedura de serpiente ni del veneno propagándose. Levantó un poco su vestido y lanzó un grito de gusto: ambos pies eran suyos. ¿Se había concentrado tanto en la grandeza del Principio que no lo había notado?

Lilly dio un paso adelante y luego empezó a girar como haría una niña, con la cara vuelta hacia el sol. Los hilos dorados de luz cruzaron el follaje y la besaron tiernamente en las mejillas. Cerró los ojos.

—Han-el, ¿qué vine a atestiguar?

—Mira hacia allá.

Al abrir los ojos, vio que Han-el señalaba hacia una saliente de piedra situada a unos cien metros de distancia. Se proyectaba tres metros por arriba de una extensa planicie que bullía de movimiento. Lilly parpadeó y, en ese mismo instante, ambos estaban parados en el centro de la actividad. Adán estaba cerca, rodeado por Fuego, Viento y Adonai. El Ángel apuntó hacia un gordo hipopótamo y, después de meditar por un segundo, anunció:

—Caballo de río.

—Sé lo que está haciendo Adán —se percató Lilly, sintiéndose angustiada de pronto.

—Sí, éste es el último día de la denominación —indicó Han-el—. Desde el alejamiento de Adán, Dios abrió esta posibilidad para que regrese hacia Ellos, para que confíe.

—¿Ya se fue? —La chica estaba aturdida. De nuevo era muy tarde—. Han-el, ¿cómo es que nombrar a los animales es una invitación para que vuelva a confiar?

—Observa para que entiendas. Adán no puede ver lo que tú sí puedes ver. Al alejar su rostro, cree que está solo. Esa mentira ha torcido su visión. Para Adán, Viento y Fuego ya no son Personas. Sólo está Adonai e incluso Él está languideciendo.

—¡Pero a Adán lo engañaron! ¡Lo engañó la serpiente! Le dijo a Adán que estaba solo.

—No. Adán confirió poder a la serpiente y ahora habla en su nombre.

Adán se dejó caer al suelo junto a los pies de Adonai y se cubrió la cabeza con las manos.

—Estoy totalmente solo —expresó, como si fueran las últimas palabras que habría de decir.

—¡La denominación ha terminado! —declaró Han-el en tonos de clave menor—. La denominación no dio a Adán lo que esperaba.

Adonai puso su mano sobre la coronilla de Adán y la mantuvo ahí. Lo que sucedió a continuación fue como mirar a través de un caleidoscopio al que se da vueltas.

Lilly atestiguó cuando Adonai indujo un profundo y amoroso sueño en Adán y lo colocó sobre una cama de plumas de alas celestiales. Un dosel de juncos entrelazados lo protegía mientras dormía, rodeado de Ángeles. Transcurrió el tiempo y los días se convirtieron en meses. El vientre de Adán creció, expandiéndose con un embarazo, y entonces el tiempo se detuvo.

En nueve meses, Dios formó el lado femenino de la humanidad de Adán, una mujer dormía dentro de él, un ser asombroso con poder propio, pero débil y frágil como la fuente de la cual fue extraído.

Toda la Creación contuvo el aliento. Adonai abrió a su hijo y ella salió de él, separando en dos al que había sido uno. Ninguno sería ya la totalidad y, sin embargo, Adonai prometió que a través del conocimiento del Amor, algún día ambos podrían elegir celebrar como uno. La extensa amplitud de la propia naturaleza única de Dios se expresaba ahora en dos, mujer y varón, diseñados por naturaleza para vivir frente a frente, con el Padre, el Hijo y el Espíritu.

Los llantos de la recién nacida penetraron y desgarraron la noche del Edén, y desde ahí los Mensajeros llevaron otra vez las nuevas de celebración a los vastos confines de la Creación.

Lilly observó que Dios cerraba la carne de Adán. Luego se inclinó para besar al hombre, despertándolo de las profundidades de su sueño. Adán se levantó y se tocó el costado, que ya había sanado. Luego el Hombre Eterno tendió a la niña, que estaba envuelta en el amor, la luz y el asombro. Cuando Adán la tomó en sus brazos, levantó la cabeza y rio jubiloso.

—¡Al fin! Ésta es como yo, carne de mi carne y sangre de mi sangre. Se llamará Isha, una debilidad, porque salió de Ish, mi fuerza.

Lilly empezó a aplaudir y bailar encantada. Levantó las manos al aire y giró sobre sus pies, gritando junto con el resto de la creación. Pero al percatarse de que tanto Han-el como Adonai tenían expresiones similares de sombría resignación, se detuvo lentamente.

—¿Han-el? ¿Por qué no estás contento?

—Estoy lleno de felicidad. Ella es la respuesta del Amor a la decisión de Adán de alejarse. Percibo que con su participación, Dios establecerá la redención y la reconciliación, pero también veo en el rostro de Adonai que eso tendrá un costo y me entristece.

—¿La llegada de ella no lo salvará de su alejamiento?

—Promete hacerlo. —El Cantor no añadió más.

—¿Qué pasará con Adán?

—Al orientarse ahora hacia ella, se ha alejado del precipicio, pero sólo por un tiempo. Ella es la invitación de Adonai para que acepte la fragilidad y la debilidad, para que esté íntegro y no sufra vergüenza, para que regrese completamente de su alejamiento. Pero este poder de estar frente a frente nunca será suficiente.

Lilly sacudió la cabeza al darse cuenta.

—Isha. No la llamó Eva. Le puso un nombre, como hizo con las bestias y las aves.

—¡Sí! —La voz de Han-el se convirtió en un lamento—. Ni siquiera ahora se pudo abstener de alejarse de Dios hacia el poder y el dominio. La nombró *débil* y *frágil*, que es la verdad de su propio ser y de lo cual se avergüenza. Así que intentará aislarse de la verdad y elegirá la soledad como su fortaleza, como si pudiera ser como Dios, separado de Dios.

Lilly le ofreció la mano al Ángel, sin saber si Han-el aceptaría su intento de consolarlo. El Cantor la tomó del brazo, aferrándose de manera suave pero poderosa. La fortaleza y el lamento del Ángel la inundaron.

—Lo siento —dijo ella, refiriéndose a Adán.

—Yo también. —De algún modo, Lilly sintió que Han-el también hablaba de ella—. Pero la historia apenas comienza —añadió el Cantor—. ¡Mira!

De nuevo el tiempo giró y se aceleró: Isha también se amamantó del seno de Dios y dio sus primeros pasos hacia los brazos de Adán. Caminó por bosques y campos, arropada por Fuego y Viento, y tomada de la mano del Hombre Eterno. Al poco tiempo, Lilly pudo ver los primeros indicios del porte majestuoso que luego tendría Eva. La niña del Edén creció con rapidez en intelecto y floreció dentro de la risa y las aventuras de la relación. Al madurar, también se desarrolló la profundidad de su amor y su afecto por Adán, igual que el de él por ella: las miradas coquetas, las sonrisas sin razón. La alegría que compartían no tenía límite.

Cuando la conversación con Adonai pasó de las maravillas de la creación a las de la procreación, Lilly desvió la mirada, sintiendo una vergüenza que no podía definir. Pero Adán y Eva ignoraban ese sentimiento y anticipaban el placer y la belleza de ese plan. Reían y se provocaban, sabiendo que se había establecido el momento justo, cuando cumplirían con el maravilloso mandato de su unión en el Amor.

La niña se convirtió en una mujer tenaz y de mente ágil, veloz y fuerte. A veces exploraba sola el jardín pero, cuando bailaba, seguía la música del afecto ilimitado de Dios, que siempre la llevaba de nuevo a los brazos abiertos de Adán.

Sin embargo, Adán empezó a desviarse. Lilly notó antes que Eva la sombra que dejaba tras de sí su retraimiento. La presencia de esa sombra aumentaba de manera progresiva: una frase que dejaba sin terminar, una sonrisa un poco hostil, una falta de consideración. La sensación de temor creció dentro del corazón de Lilly.

—No quiero ver esta parte —manifestó a Han-el.

—Te entiendo, Lilly. ¿Me estás pidiendo regresar al sitio de donde viniste? —La voz del Ángel era tierna.

—¡Sí! —eso fue lo único que necesitó decir.

—¡MUY BIEN! —EXCLAMÓ LILLY, incorporándose por completo y sorprendiendo a John que acababa de sentarse a su lado. El imprudente movimiento también la tomó por sorpresa, sobre todo porque su dolor reapareció. Gimió y cerró los ojos, obligándose a pasarlo por alto. Poco a poco volvió a enfocarse en John—. ¡Tengo preguntas!

—¿Preguntas? —cuestionó él—. Te fuiste menos de dos minutos.

—¿Eso es todo? —El calor de la fiebre regresó a sus mejillas—. Bueno, según Gerald, dos minutos podrían ser dos millones de años. ¡No entiendo por qué debo atestiguar lo que acabo de ver!

—Eh… no sé qué viste. —John se rascó la cabeza.

—Tú elegiste ser una Testigo —comentó Simón y Lilly tuvo que girar para encontrarlo en la habitación. Había olvidado que estaba ahí—, pero no puedes elegir lo que verás.

—No elegí ser Testigo. Aparentemente, no puedo elegir nada. ¿Quién decide lo que veré?

—Lo decide la Sabiduría de Dios —declaró Simón.

—¿Y quién decide qué se registra?

Los dos la miraron sin expresión.

—No entiendo la pregunta —dijo John—. Todo se registra.

—Vaya. —Lilly suspiró y se movió en su silla, incómoda por las limitaciones de su cuerpo después de tener tan fresco el recuerdo de haber bailado—. No van a entender hasta que lo vean por ustedes mismos. ¡Vamos! Registremos esto para que pueda hacerles las preguntas que tengo.

La llevaron hasta el Salón de las Crónicas, deteniéndose sólo para invitar a Anita y a Gerald a que los acompañaran.

Cuando Lilly tocó la mesa, inició la transferencia y todos observaron lo que había experimentado. Al terminar el proceso, alzó las manos y se dirigió hacia los cuatro. Gerald estaba de pie, cubriéndose la boca con las manos, Anita sacudía la cabeza y John y Simón parecían tan atónitos como los otros dos.

—¿Qué? —demandó la joven.

Gerald habló primero.

—Durante años he estudiado los textos y no entiendo la profundidad de lo que sucedió. Tampoco lo entiendo ahora —añadió rápidamente—. Siento como si hubiera estado viendo una montaña de textos sagrados desde el fondo de un valle y ahora estuviera parado sobre la cima de esa montaña.

—Lo que acabamos de presenciar —añadió Anita en tono solemne— fue el inicio del alejamiento de Adán.

—¡No! ¡Y a eso me refiero! —Lilly estaba confundida y exasperada. Un nuevo golpe de dolor se extendió por toda su columna vertebral y detonó un dolor de cabeza—. La denominación es el *resultado* del alejamiento de Adán, no su inicio. Fui testigo de las primeras etapas pero, por alguna razón, el registro se saltó esa parte donde Adán habló con la serpiente que le entregó una daga. ¿Y luego qué? ¿El universo explota?

Por las expresiones de los demás, Lilly se dio cuenta de que, otra vez, se había puesto en evidencia sin quererlo, pero en ese momento se sentía más alterada que cohibida.

—¡Espera! —dijo John. Habló más fuerte que nunca, exceptuando los momentos en los que Lilly tenía convulsiones. Ese recuerdo repentino la obligó a morderse el labio inferior para impedir que surgiera una sonrisa. De algún modo, se alegró al oír que John podía gritar.

Todos se quedaron callados mientras John ordenaba sus pensamientos.

—Lilly, quizá deberías contarnos sobre esa conversación entre Adán y la serpiente. Y también sobre la daga.

Contó la historia lo más completa que pudo recordarla, incluyendo la presencia de Eva y la tristeza de Adonai. Mientras hablaba, la pena fue reemplazando la curiosidad en el rostro de todos, menos de uno: Simón parecía agitado y empezó a caminar de un lado a otro.

Al terminar, siguió un silencio de varios minutos. Finalmente fue Gerald quien habló:

—El momento del alejamiento nunca se ha registrado —señaló agitando la cabeza.

John se levantó y fue hacia un estante lleno de cosas cerca de las rendijas que guardaban las tabletas de registro y empezó a buscar algo.

—Lilly, debes entender —indicó Anita— que todo el mal que ha tolerado el universo, todas las traiciones y pérdidas, todas las cosas incorrectas que se han cometido en nombre del bien y del mal, todo el sufrimiento de la creación, se originó en el alejamiento de Adán. Antes de eso, no había nada que no fuera bueno. Nada. Por el contrario, todo era muy bueno.

—Han-el dijo algo parecido —apuntó Lilly—, pero no lo entiendo. ¿En qué se equivocó Adán? Sigo pensando que es culpa de la serpiente.

—No —respondió Anita—. La serpiente no originó la naturaleza oscura del alejamiento. Fue Adán.

—No entiendo. —Lilly paseaba en su silla de un lado a otro para ayudarse a pensar—. ¿Por qué todo tiene que ver con el alejamiento? No es como si Adán hubiera mentido o matado a alguien.

—Por desgracia, conducirá a ello y muy pronto —señaló John. Tomó de la repisa un dispositivo cilíndrico—. Quizás esto sirva. —Lo giró cerca de su base y al instante produjo una luz cegadora, potente y concentrada. Lilly tuvo que cubrirse los ojos.

—Aunque deslumbra, esta luz no te hará daño —aseguró—. Por favor, confía en mí. ¿Podrías mirarla directamente? Luego te haré una pregunta.

Así lo hizo. Al principio tuvo que entrecerrar los ojos, pero después éstos se adaptaron y el rayo de luz se volvió completamente relajante. De hecho, su dolor de cabeza, que se había extendido hasta la base del cráneo, empezó a disminuir.

—Entonces —continuó John—, mientras ves directamente esta luz, ¿cuánta oscuridad puedes ver?

—Ninguna —respondió la chica—. No hay oscuridad.

—Exacto. Te haré otra pregunta. ¿Cómo se presenta cualquier tipo de oscuridad o sombra?

—¿Por algo que bloquea la luz?

—Cierto, pero ¿qué pasa si no hay nada ni nadie que pueda bloquearla?

En un segundo supo la respuesta.

—Tendría que ponerme de espalda a ella. Ésa es la única forma en que podría haber una sombra.

—Precisamente —afirmó John—. Dios son la luz y en Ellos no existe oscuridad. ¡Ninguna! Y Dios, que son luz, abrazan a todo el universo creado. Al alejarse de Dios, Adán produce una sombra, su propia sombra. Adán tiene el dominio y arrastra a la serpiente y a toda la creación bajo su propia sombra.

John giró el instrumento para apagar la luz y Gerald dio un paso al frente.

—Lilly, espero que esto también te ayude a entender. —Se frotó las manos en su camisa como si las estuviera limpiando, después las levantó torpemente con intención de tomar el rostro de Lilly entre sus manos—. ¿Me permites?

Su primera reacción fue alejarse, pero aceptó la cercanía para no herir los sentimientos de Gerald. Sus palmas eran suaves y cálidas.

—Cuando tú y yo estamos así, frente a frente, ¿qué es lo único que nunca se te ocurriría?

De nuevo, Lilly necesitó un momento para comprender.

—Nunca se me ocurriría que estoy sola.

—¡Exacto! —Gerald la soltó y dio un paso hacia atrás—. Adán estaba totalmente rodeado por el amor de Dios, frente a frente a frente, como dijo Anita. Sin importar hacia dónde volviera la cara, estaba frente a frente con el Amor, así que se alejó a un sitio impensable.

Lilly terminó la idea...

—Cerró los ojos y se alejó de estar frente a frente y se metió dentro de sí mismo y, al hacerlo, ¡creyó que estaba solo!

—Cuando en verdad estás frente a frente —añadió John para aclarar la idea— sabes que no estás solo.

Comprender esto fue impactante.

—¿Por qué Adán no regresó? ¿Por qué no volvió su rostro hacia Dios?

—Una vez que Adán creyó que alejarse era bueno —respondió Anita—, la oscuridad se convirtió en su realidad. El control reemplazó a la confianza, la imaginación asumió el lugar de la palabra y el poder sustituyó a la relación y al amor. Su propia oscuridad redefinió su entendimiento de todo, incluso de Dios. Rápidamente olvidó que se había alejado. Sigue siendo el hijo de Dios, el epítome de la creación con autoridad y dominio, pero ahora afirma su propio poder independiente. Por desgracia, todos nosotros, como hijos de Adán, seguimos viviendo bajo la sombra de la muerte, donde cada uno determina por sí mismo lo que es bueno y malo.

—¡Todo por el alejamiento! —indicó Gerald—. Sin confianza en la palabra o el carácter de Dios, la muerte es nuestra contribución. Ése es el legado que seguimos perpetuando, desatando principados y potestades para servir a las bestias de la política y la religión. Reemplazamos nuestro deseo de unión, que se origina en Dios, con la autosatisfacción que derivamos del ansia de conquista. Santificamos el dinero como si fuera sangre de vida; convertimos el arte en propaganda y a las armas en instrumentos de idolatría. Una y otra vez y por el bien del grupo, sacrificamos al individuo, con una mentalidad de que el fin justifica los medios, todo por el bien, por supuesto, según nosotros lo determinamos.

Todos se quedaron callados, no sólo porque ese arrebato parecía ajeno a su personalidad. La intensidad y la pasión de Gerald daban mayor peso a sus palabras y todos lo respetaban por ello. Finalmente, Lilly rompió el silencio.

—Pero también somos hijos de Eva, ¿no es cierto? Y ella ni siquiera estaba ahí cuando Adán se alejó.

—Sí estaba, dentro de Adán —dijo Simón—, pero aún no había despertado. Uno de los propósitos de sacarla de su interior fue la misericordia y la gracia de Dios que invitaban a Adán a regresar; ella fue sustraída para regresarlo a su humanidad. ¡Si sólo alguien hubiera detenido a Adán…!

La tensión se apoderó nuevamente del cuello de Lilly. Intentó masajearlo, pero su mano y su brazo seguían muy adoloridos por el veneno que corría por sus venas.

—Creo que deberías descansar —anunció Gerald—. Yo también necesito recostarme un rato. Esta pena pesa demasiado y me siento abrumado.

—Seguramente, Adán le rompió el corazón a Dios —señaló Lilly, pensando en voz alta, y los otros asintieron.

—Sé cómo se siente ver que la persona que amas te dé la espalda —dijo Simón y salió de la habitación.

Anita consoló a la chica dándole un beso maternal en la frente. Al poco rato, Lilly ya estaba acostada en su cama, con lágrimas de tristeza que rodaban como un río sobre la almohada. Sentía que había sido testigo del día más triste de la historia y, aunque lloraba por Adán y por Dios, e incluso por ella misma, se lamentaba especialmente por Eva.

14

PÉRDIDAS ALMACENADAS

Una mano cubrió la boca de Lilly y un gran peso la mantuvo inmóvil. Abrió los ojos de inmediato y empezó a agitar su brazo bueno, apenas capaz de respirar entre el espacio que dejaban libres los dedos.

—¡Shhh! —ordenó una voz y el pánico la dominó antes de que pudiera reconocer de quién se trataba: era Simón. Lentamente dejó de resistirse y él la soltó.

—Simón —susurró con dureza. El corazón seguía latiéndole a toda velocidad—. Me asustaste mucho. ¿Qué estás haciendo aquí?

—Tenemos que hablar. —Su mirada era un ruego desesperado. Ella accedió y convirtió su cama en sillón.

—¿Qué pasa? —preguntó, respirando todavía con dificultad debido al temor.

—Lilith, no puedes confiar en ellos.

—¿En quiénes? ¿No puedo confiar en quiénes?

—En los otros: John, Anita y Gerald. —Simón levantó las manos—. No me malinterpretes. Realmente creen que son tus amigos, y de alguna manera muy errada lo son, pero no entienden tu importancia o lo que has venido a hacer.

—¿Qué es lo que vine a hacer?

—A cambiar la historia. Impedir el desastre en el que ahora estamos atrapados.

—Entonces, ¿quién está de mi lado? ¿Sólo tú?

—Sí, yo. Y de una extraña manera también la serpiente.

—¿La serpiente? —Esa afirmación era tan inesperada que, de haber podido, Lilly se hubiera levantado de un salto—. Esa *cosa* me mordió. ¿Cómo es posible que no considere a la serpiente más que mi enemiga?

—Es tu aliada, piénsalo. —Ahora Simón parecía concentrado—. Recuerda lo que dijeron los demás. El alejamiento no se originó en la serpiente, no es culpa de ella. Debido a Adán, el resultado es la muerte y eso debe expiarse. Sólo un sacrificio de vida derrotará al mal sombrío de la muerte.

Parecía como si estuviera a punto de soltar una perorata, pero se controló y respiró profundo.

—Lo siento —se disculpó—, esto tiene gran importancia para mí.

—¡La serpiente me mordió! —insistió Lilly—. Me duele y el veneno se está propagando.

—¡Precisamente! La mordedura fue para darte poder. ¿No te habías dado cuenta de ello?

—Explícame cómo. —Lilly se sonrojó.

—No creo que tú, como Testigo, puedas cambiar nada, pero como Lilith eres más que una Testigo. ¿Qué tal si el mito tiene el propósito de abrir una posibilidad para cambiar la historia? Ya has participado dentro de la historia en formas que no han sido registradas, ¿no es cierto?

—Sí. Como cuando estuve en la conversación entre Adán y la serpiente.

—¡Sí! —Ahora su rostro brillaba por la emoción—. Cuéntame, ¿el cuchillo que la serpiente le dio a Adán tiene un nombre? ¿Se llama *Machiara*?

—¡Así se llama! —afirmó ella—. ¿Cómo sabes?

—¡Alabado sea Dios! —exclamó Simón con la mayor tranquilidad y control posibles—. Lo sabía. Todo está empezando a tener sentido.

—Me alegro de que esto tenga sentido para alguien. —Lilly estaba desconcertada.

—*Machiara* no es un cuchillo, es *la* daga corta de sacrificio utilizada durante siglos para sacrificar animales y ofrecerlos a Dios como expiación por el alejamiento de Adán. Un sacrificio digno complace a Dios. ¿Qué hizo Adán con la daga?

—No sé —intentó recordar—. Creo que se la llevó al Edén.

—¡Qué bien! —Simón miró a los lejos, sumido por un instante en sus pensamientos—. No detuviste el alejamiento de Adán, pero eso no quiere decir que no tengas aún posibilidades de cambiar la historia.

Lilly interpretó la afirmación de Simón como una acusación, como una confirmación de su incompetencia.

—¿Cómo se supone que lograré eso?

—Creo que la mordedura de la serpiente te da el poder de adquirir sustancia corpórea dentro de tus visiones, de ser incluso más *real* que cuando atestiguas. Pienso que tienes que ser *real* para cambiar las cosas. Todavía no tengo del todo claro cómo sería eso exactamente.

—Eso no sirve de gran cosa —dijo Lilly con un suspiro.

—Pero hay algo que podemos hacer. El espejo es la clave. Lo que te revele es esencial, es una declaración de la verdad de quién eres y tienes que asumirlo.

—¡No, Simón! No puedo. —Ahora era Lilly quien rogaba—. Si vieras lo que yo vi, nunca más querrías estar en el mismo cuarto conmigo. Soy una persona espantosa, asquerosa y malvada que no vale nada y está maldita.

—¿No te das cuenta? Por esa razón es que te eligieron para estar aquí. Lilith, temo decirlo en esos términos, pero Dios necesita de lo peor para lograr lo mejor.

Simón no pudo haber dicho nada más hiriente y, aunque su primer impulso fue darle una cachetada, sintió que le faltaban las fuerzas. Por odioso que fuera el comentario, sí hizo eco en su interior; sabía que Simón estaba en lo cierto. Era lógico y, de algún modo retorcido, despertó en ella una sensación de propósito.

Simón la tocó en el hombro y ella no trató de evitarlo. Sin mirarlo, respondió:

—¿Qué debo hacer?

—¡Acepta la verdad de quién eres y de cuál es tu destino! Tenemos que ir a que veas tus pertenencias que están almacenadas. Creo que verlas te ayudará a armar las piezas que te han impedido aceptar tu papel esencial en todo esto.

—¿Pero cómo? Está muy lejos… Ah, ya veo. ¿Estás pensando en usar el Salón de Mapas?

—Exacto. Podemos llegar al almacén y regresar en diez minutos. ¿No es eso lo que dijo John? ¿No sientes curiosidad por saber qué hay ahí?

—Sí, pero no estoy segura de querer saberlo.

—Es tu deber. La confianza exige un riesgo. Tienes que saber quién eres en realidad para poder hacer las paces con ello y participar en los propósitos de Dios.

—No creo que alguna vez pueda hacer las paces con lo que he visto en mis recuerdos o en los espejos. —Lilly luchaba con la idea de recordar lo que su mente había tratado de olvidar. Ese mundo desconocido la aterrorizaba.

—¿Qué tienes que perder, Lilith? No tienes nada que perder.

Era cierto, en verdad no tenía nada que perder. Las relaciones con John, Anita, Gerald, Letty e incluso Simón eran producto de su imaginación; a lo sumo, querían a una persona que ni siquiera existía.

Asintió y, en silencio, Simón la llevó por el corredor hasta la Bóveda. El lugar se veía desolado porque probablemente los otros descansaban. De pronto se detuvieron frente al mapa del Refugio. Era fácil encontrar dónde estaban y determinar el objetivo hacia el cual se dirigían. Simón le entregó uno de los triángulos y apuntó hacia otro de los que estaban en el mapa.

—Sólo tienes que tocar una esquina de éste para llegar a ese punto. Iré detrás de ti. Hazlo cuando estés lista.

Lilly no dudó. Sintió que la atravesaba una ola de luz y vapor que, por un instante, oscureció su visión en un torbellino gris; cuando todo se aclaró, estaba sentada en su silla en un pasillo de piedra.

Un momento después, Simón apareció a su lado.

—¡Ésa fue una experiencia poco común! Déjame ubicarme.

La instruyó para que colocara su triángulo en el receptáculo que estaba en la pared junto a ella. Eso la enviaría de regreso en diez minutos. Simón se alejó un momento para encontrar otra figura donde colocar su triángulo y volvió un minuto después.

—Gracias a Dios que había otro cerca. Ahora encontremos tus pertenencias. ¿Cuál es el número?

—Uno, once, quince. El día que John me encontró y mi edad.

Tardaron casi cinco minutos en encontrar la unidad correcta, la cual recordó a Lilly la parte trasera de un camión de mudanzas con un gran cerrojo abatible. El dispositivo se deslizaba hacia un lado, en vez de hacia arriba. La placa sobre la pared tenía grabados los números 1, 1, 1, 1 y 5, junto a un contorno apenas visible para la palma de la mano.

Miró a Simón, quien ladeó la cabeza en dirección a la huella.

—Yo no puedo abrirlo —dijo él.

Dudosa, Lilly alzó la mano izquierda y la colocó contra la pared. Escucharon el sonido débil de algún tipo de mecanismo de pestillo que se abría y luego se detuvo. Simón señaló a la manija, como si no estuviera dispuesto a tocarla.

—No puedo hacerlo —tartamudeó Lilly—. Tengo miedo.

—Si tú no puedes, nadie podrá hacerlo —indicó Simón con determinación—. Si eliges no averiguar quién eres, estamos atascados en todo este desastre que causó Adán... y probablemente estaremos perdidos para siempre.

Lilly inclinó la cabeza hacia la puerta de metal y gimió. Sentía como si llevara un peso insoportable sobre los hombros.

—¿Por qué todo depende de mí?

Simón no respondió.

Cuanto más esperaba, mayor era su conflicto interno, así que por mucho dolor que tuviera, tiró con ambas manos de la palanca del cerrojo. Se abrió con facilidad y, al hacerlo, la habitación se iluminó.

Lo que detonó la avalancha de recuerdos no fue tanto lo que vio, sino el olor. Años de capas de nicotina entretejidas permanentemente con la alfombra deshilachada, junto con una mezcla acre de comida mohosa y rancia, perfume barato y podredumbre. Éstos eran los hedores pútridos y fantasmales de su infancia, donde había gateado y buscado sobras de comida entre la inmundicia que era su vida. Lejos se escuchaba música de Kurt Cobain y Merle Haggard, que formaban el fondo musical de sus primeros bailes, junto con el canto repetitivo de «Sunshine on My Shoulders» de John Denver.

Los recuerdos la cubrieron como una manta que asfixiaba y luego la golpearon como un puñetazo. Todo regresó a su mente en un instante y no quedaba más que gritar y vomitar, y luego gritar y gritar más. Después de un momento, todo se puso negro.

Estaba aterrorizada cuando recuperó el sentido, pateaba y se sacudía envuelta en fuertes brazos. Anita y John habían venido en su ayuda, mientras Gerald observaba desde una esquina de la habitación de Lilly, con una mirada de ansiosa desesperación en su rostro.

Poco a poco se tranquilizó y el golpeteo de los latidos de su corazón y los jadeos fueron cediendo con la repetición tran-

quilizante de «está bien» y «estamos contigo». El sabor abrumador a vinagre agrio y el quemante olor a cloro le provocaron
náuseas que la hicieron vomitar dos veces.

—Trae un poco de té caliente —ordenó Anita y Gerald fue
corriendo—. Con leche y miel —gritó después de salir él y
volvió su atención hacia Lilly.

La chica empezó a llorar.

—Anita, me acordé. —Su voz se quebró con un sonido
áspero—. Ay, Anita, lo recordé todo. No quería…

—Calla, pequeña. —Anita la meció entre sus brazos. Lilly
podía escuchar que John rezaba en voz baja, pero lo único que
quería en ese instante era desaparecer para siempre entre los brazos de esa mujer—. Nadie te pedirá que hables de ninguna cosa
que no quieras o no puedas. Todo estará bien. Respira con calma.

Al poco tiempo, regresó Gerald con el té y permaneció
en guardia junto a John. A veces Lilly temblaba y se quejaba,
cada vez que las olas de recuerdos volvían hacia ella. El agotamiento dominó su cuerpo.

Cuando la agitación drenó toda su energía, Anita le pasó
un paño húmedo para que se limpiara la cara. Lilly tomó un
sorbo de té que extendió por todo su cuerpo una sensación
dulce, cálida y reconfortante. Sólo su brazo envenenado seguía
frío y adolorido.

—Tu pesadilla durante la siesta causó todo un alboroto.
El pobre de Gerald se cayó al piso antes de poder levantarse y
corrió a meterse a un clóset. Estaba totalmente desorientado,
y si no hubiera sido por tus gritos, incluso podría haber sido
cómico. Por fortuna no salió lastimado.

Lilly apenas tenía la suficiente energía como para sonreír,
pero logró hacerlo.

—Al principio estaba seguro de que estabas en la Bóveda —comentó Gerald—, pero resultó que estabas aquí, en tu
cuarto. El sonido viaja de extrañas maneras en este lugar. Si-

món debe de haber estado en el Estudio, que es el único sitio bastante aislado de los sonidos.

En ese momento, Lilly deseaba poder esconderse como hizo Simón. Fue una estupidez haber aceptado hacer lo que hizo. ¿En qué estaba pensando? No lo pensó en absoluto y ése era el problema. Además, si John se enteraba alguna vez, Lilly se moriría de vergüenza.

—¿Puedo renunciar? —susurró Lilly—. Quiero que todo esto se acabe.

Anita dio unas palmaditas en su mano.

—Lo sé. Creo que maduraste demasiado pronto y eso me indigna. —Lilly podía ver la furia detrás de su mirada. La hacía sentir bien que alguien se enojara por las cosas que habían sucedido, aunque no lo mereciera.

—¡Gracias por cuidar de mí!

—Por supuesto, mi amor —respondió Anita— ¡Siempre! Ahora duérmete hasta que despiertes por ti misma. Uno de nosotros se quedará contigo.

Lilly no estaba de ánimos para discutir y, en cualquier caso, no tenía la fuerza para hacerlo. El té la había adormilado. Mientras ponía la cabeza en la almohada y cerraba los ojos, elevó una súplica que se podría considerar como una oración: «Querido Dios, no quiero lidiar con nada en este momento. ¿Podría simplemente dormir?».

LA ILUMINACIÓN ARTIFICIAL EN la pequeña habitación de Lilly cambió del amarillo crepuscular de la luz diurna al tranquilizante azul de la luz nocturna.

—¿Cuánto tiempo estuve dormida? —se acercó para tocar el brazo de Anita.

—Casi cuatro horas —dijo la mujer con ternura—. ¿Cómo te sientes?

—No lo sé, en este momento no siento nada. ¿Cómo se despierta de un sueño que es real? ¿Acaso te das cuenta? Porque estoy bastante segura de estar despierta. —Lilly se pellizcó el brazo con la mano izquierda hasta dolerle casi tanto como el brazo envenenado.

—¿Te estás asegurando de estar despierta? —inquirió Anita enarcando una ceja.

—Sí, ahora todo son dudas. Todo. —Lilly hizo una pausa y preguntó—: Anita, ¿a qué te referías cuando dijiste que maduré demasiado pronto?

La Erudita pensó antes de contestarle.

—Todos somos niños, sin importar la edad, y aunque Dios nos diseñaron para crecer tanto en estatura como en intelecto, Ellos también tenían el propósito de que siguiéramos siendo niños en nuestro corazón. Por desgracia, el mal fuerza a muchos de nosotros a abandonar nuestra infancia y maduramos demasiado pronto.

—¿Qué tanto sabes de mi vida?

—Lo suficiente para ver que te dañó profundamente y para saber que estás buscando respuestas entre los escombros. —De nuevo el enojo asomó en su voz, al igual que su pena por Lilly—. Ése no es el juicio de una Erudita, sino la observación de una amiga que te quiere.

Permanecieron tomadas de la mano por bastante tiempo.

—Mi madre me vendió, Anita. ¡Mi propia madre! Me vendió a su novio y luego él me vendió a otros hombres. —Mientras Lilly hablaba, el llanto rodaba por su cara y Anita también lloraba—. ¿Cómo es posible que una madre haga eso? Me vendió a cambio de drogas. Cuando estaba drogada me decía Cris, porque ésa era su droga preferida, el cristal. Los hombres sólo me decían Princesa.

Anita apretó su mano y la dejó continuar. No era momento para las palabras de nadie más.

—¿Sabes qué es lo peor de una violación? No es el dolor, sino lo que se queda contigo después. Mi mamá me llevaba a la iglesia del barrio y me dejaba ahí. Quizá yo era su intento de confesarse o tal vez quería que Dios me arreglara lo suficiente como para que ella pudiera usarme de nuevo. Recuerdo haber estado sentada en clase con otros niños de mi edad; creo que tenía cinco o seis años, y pensaba: «¿Qué pasa con estos niños? ¿Cómo pueden reírse mientras yo estoy sentada aquí? ¿No saben que se podrían contagiar de mis enfermedades?». Se burlaban de mis «benditas» medias, las mismas «benditas» medias que me quitaban los hombres antes de… antes de… ya sabes…

Ambas emitieron un fuerte sollozo al mismo tiempo.

—Alguien dijo que eso es una violación del alma y creo que tiene razón. Te quedas sin nada ni nadie, porque eso es lo único que mereces. Si eres graciosa o muy bonita como para que te elijan, es tu culpa, y si eligen a otra, también es tu culpa porque no vales lo suficiente.

»Hui una y otra vez, pero más hombres me encontraron. Me vendían y volvían a venderme; me operaron para que los clientes pensaran que era virgen, y luego me volvieron a operar para quitarme lo único que me quedaba. Anita, sé la razón por la que no me ha bajado la regla. Es porque no puedo. Ni siquiera puedo tener un bebé. Lo ves, no vine debido a una tragedia. ¡Yo *soy* la tragedia!

Anita se inclinó sobre Lilly y la rodeó con sus fuertes brazos, levantando sus hombros de la cama y protegiéndola con el escudo de su amor y de las penas compartidas.

—Nunca podré tener un bebé —sollozó la chica—. Siempre pensé que sin importar cuánto echara a perder las cosas, un día haría lo correcto y tendría un bebé, alguien a quien pudiera amar y me amara y me dijera *mami*, y ahora no puedo, no puedo…

La mujer abrazó y meció a la joven. Lilly estaba tan absorta en su propio dolor que no se percató de que las lágrimas rodaban sin parar por el rostro de la Erudita, hasta que mojaron por completo su pelo.

Cuando se tranquilizaron las emociones y las dos se secaron la cara, se abrazaron una vez más con todas sus fuerzas por largo tiempo. Ahora Lilly se sentía avergonzada de revelar toda su vida frente a otra persona, pero no había modo de retractarse.

—Lilly, ¿te puedo contar algo muy personal y valioso? —preguntó Anita.

—Claro.

—Gerald y yo tuvimos una hija que llegó a término, pero nació muerta. Fue el peor día de mi vida. Se llamaba Nadja, que significa «esperanza». Le pusimos nombre antes de conocerla. Tenía las manos y los pies delicados, perfectos y exquisitos. Tenía las orejas iguales a las de Gerald, lo cual seguramente hubiera significado un gran problema en su vida, aunque estoy segura de que lo hubiera superado. Pero desde que Nadja quedó en manos de Dios, no he podido concebir un hijo ni una hija, y no por falta de esfuerzo. Parecía que todo funcionaba como debía y que estaba en su sitio, pero el momento nunca llegó. Y ahora esa oportunidad se fue para siempre.

Anita se detuvo un momento y entonces fue Lilly quien tomó su mano.

—Querida, mi historia no se parece a la tuya —afirmó la mujer—. No me robaron nada, como te ocurrió a ti. En mi caso, lo fui perdiendo lentamente. Tú y yo tenemos una pérdida en común. Es una pena que sólo puede comprender una mujer que no es capaz de tener hijos. Tomar la decisión de no tenerlos es una cosa, pero que te quiten esa maravilla es una herida demasiado profunda para que sangre siquiera.

—Lo siento, Anita. Guardaré bien tu secreto —susurró Lilly.

Entonces Anita también susurró:

—Yo no guardo secretos. Los verdaderos amigos no guardan secretos, sólo sorpresas para otra ocasión.

Lilly ofreció una débil sonrisa.

—Mírate nada más, ¿dónde quedó la objetividad?

—El desapego es un mito y a menudo un disfraz para la cobardía. Es mucho más difícil y arriesgado ser auténtico y estar presente, pero también es infinitamente más gratificante. Los Sanadores se sanan a sí mismos al sanar a otros.

Anita se levantó, ofreció su mano y Lilly la tomó.

—Lilly, es obvio que el alejamiento de Adán destrozó a las mujeres, pero también fue un desastre para los hombres. Aun así, algunos de ellos encontraron la manera de salirse de la sombra de Adán. Aunque no lo creas, existen muchos hombres en el mundo que no son como los que has conocido. ¿Vamos a encontrarnos con algunos buenos hombres para ver si prepararon algo de comer? Todas estas emociones me dieron hambre.

Lilly rio y fue una especie de alivio.

—Adelántate, Anita —sugirió—. Necesito tranquilizarme, estaré ahí en un par de minutos. ¿No te importa?

—Por supuesto, querida. —Anita sonrió y la abrazó una vez más—. Gracias por permitirme caminar contigo dentro de tu terreno sagrado.

—Gracias por no dejarme sola. —Lilly tomó por un momento el brazo de la mujer—. Anita, dijiste algo que me recordó a alguien, a un hombre. Recordé su rostro hace unos cuantos días, pero no me acordaba de nada más hasta hoy. Cuando nos embarcaron a mí y a las demás en el *container* que el mar trajo hasta aquí, había un hombre que intentó salvarnos. Estábamos acabadas. Nos sentíamos enfermas, rechazadas; incluso alguien dijo que «ya no éramos buenas para el mercado doméstico». La propia hija de ese hombre estaba desaparecida y pensó que se la habían llevado con nuestro grupo; por esa razón se unió a los traficantes para tratar de encontrarla. Ella no iba con nosotros, pero pienso que yo se la recordaba. Él fue quien me puso en ese compartimento, pero todo sucedió tan rápido que no pude acomodarme bien. Cuando irrumpieron los otros hombres, creo que primero lo balearon. Oí los disparos antes de desmayarme y eso es lo último que recuerdo. Se llamaba Abdul Baith y creo que alguien debería saberlo.

—Cuando regresemos a la superficie —dijo Anita dándole unas palmaditas en el brazo— me aseguraré de que hablemos en su nombre y lo celebremos como es debido. Un día podrás agradecerle tú misma. Es parte de la razón por la que tenemos esperanza.

Al irse Anita, Lilly sacó su diario.

Estoy harta de los secretos. Hoy tuve un día realmente difícil. Descubrí, o más bien recordé finalmente que... Tengo miedo tan sólo de escribirlo porque eso lo haría más real. Me esterilizaron, como si fuera un perro o algo así, y ni siquiera sé quién lo hizo.

Anita me contó que ella tampoco puede tener hijos. Supongo que por eso puedo escribir al respecto. Estoy TAN TRISTE por ella y por mí, y no puedo dejar de llorar. Estoy muy enojada, pero la mayor parte del tiempo no siento nada, estoy como entumecida. Quiero cortarme porque no siento nada. No lo voy a hacer, pero quiero sentir y me asusta este entumecimiento, porque pienso que nunca volveré a sentir de nuevo. Lo que sí siento es el brazo que mordió la serpiente y me duele mucho.

Quizá necesito que se rompa el hielo bajo mis pies para que simplemente pueda caer y desaparecer. Dios mío, aunque esté totalmente loca, ¿vendrías a encontrarme? Realmente quiero que Tú me encuentres y no sólo que los otros lo hagan.

Regresé al lugar donde John almacenó mis pertenencias y fue ahí donde volvieron todos los recuerdos. Bueno, quizá no todos, pero sí muchos y fueron demasiados al mismo tiempo. Y luego le solté toda «la sopa» a Anita.

Pero creo que sé qué es lo que tengo que hacer ahora. Por primera vez lo tengo claro. Simón tiene razón, puedo cambiar el mundo, pero no puedo hacerlo como Lilly. Lilly era una niña que murió hace mucho tiempo, una persona débil, impotente y hecha pedazos que merece que la dejen en paz. Llegó el momento de crear una nueva verdad para mí misma, de darme un nuevo nombre y un nuevo destino. Así que elijo a Lilith, porque Simón cree en ella. La verdad de mí es que soy Lilith.

15

LILITH

Una vez que tomó la decisión, todo se consolidó, incluso la conmoción que había estado agitando su corazón. Cuando llegó al salón, John estaba reclinado en una de las paredes y miraba al océano con su ir y venir hipnótico que agitaba las plantas marinas en una danza constante de mareas y corrientes. En la mesa, esperaba la comida servida.

Lilly acercó su silla de ruedas hacia él y rompió el silencio.

—¿Qué piensas? —preguntó.

—¿Mmm? —No volteó hacia ella y en su ceño fruncido se adivinaba alguna conversación interna—. Has sufrido pérdidas difíciles para alguien tan joven —comentó—. Tal vez nunca entienda por qué el alma humana tiene tan insaciable necesidad de recordar y revivir sus tragedias.

—¿Anita te contó?

John levantó una mano para detenerla y la bajó lentamente cuando ella se quedó en silencio.

—Por mi parte —siguió, con la voz cargada de tristeza—, algunos días siento que mi deber es sumar una carga adicional a tus problemas, avivar tu dolor, y eso es muy desgastante. No me gusta y mi desagrado crece en proporción directa al profundo afecto que siento por ti.

Lilly tomó su brazo en un gesto que nunca antes había mostrado con él.

—¿Te importo?

—Sí —dijo esto de manera desapasionada, sin quitar la vista de las algas que se mecían afuera—. Esta situación ha sido totalmente inesperada para mí. Al parecer esta relación tiene vida propia y no respeta la historia ni los planes ni las necesidades. Es molesto. Pero también es un regalo, incluso una alegría. Como dicen por ahí, es un enigma.

Respiró hondo y dejó salir el aire con lentitud, en un suspiro del alma.

—Así que, en efecto, me importas, y eso oscurece mi razonamiento. —Apretó los labios como para impedir que saliera más información.

—Entonces, deja de preocuparte por mí —propuso ella con cierto sarcasmo—. No estoy acostumbrada a que alguien lo haga, se siente raro. Y como dijiste, eso lo complica todo.

—Si sólo fuera así de fácil. He tratado de impedirlo, de convencerme de que sólo eres una misión que debo cumplir. Pero no hay remedio.

Ella rio con tal facilidad que se sorprendió a sí misma.

—No puedo creerlo. ¿Estás tratando de quererme menos?

John la miró con una vaga sonrisa en los labios.

—Me pareció el camino más seguro.

—Créeme —dijo la chica entre risas—, rara vez los caminos son lo que parecen y son impredecibles. Quizá la *seguridad* dependa más de la compañía que del camino que tomas.

Él la miró de nuevo, asombrado.

—Ésa sí que es sabiduría que no se adquiere fácilmente —reconoció—. Gracias por eso. A todos nos serviría recordarlo.

La joven no sabía bien a bien cómo responder, así que anunció con un tono mordaz:

—Bueno, si te sirve de algo, a mí no me importas particularmente. Eres una curiosidad, pero no siento ni agrado ni desagrado por ti. —No decía la verdad y sospechaba que él lo sabía.

—Mmm. —John miró al techo y, un minuto después, volvió la vista hacia ella—. Eso no me sirve de nada. No ha reducido ni un ápice la profundidad de mis sentimientos por ti.

Ella quitó su brazo al sentir un súbito temor.

—No estás tratando de decirme que estás enamorado de mí, ¿verdad?

—¡No, de ninguna manera! —reaccionó enfático—. ¿Enamorado? ¿Como en ese tipo de atracciones románticas que hacen que te tiemblen las rodillas y te conviertas en un ser humano bastante inútil? ¿Ese tipo de amor? No, para nada.

—¡Qué bueno! —dijo ella con un suspiro—. ¡Eso sí me hubiera desconcertado! No es que nadie pudiera enamorarse de ti, pero no me imagino a ti y a mí en ese plan. Estás viejo… bueno, más o menos. Cuando menos tienes cuarenta o cincuenta, ¿no es cierto? —añadió con una mueca que resaltaba su asco.

—¡Qué horror!, ¿no? —dijo John entre risas—. Me alegra que hayamos aclarado eso —apuntó burlón—, y tienes razón, tengo al menos cuarenta o cincuenta años y tú eres apenas un bebé.

—¡No soy un bebé! —declaró con firmeza—. ¡Soy una mujer joven y fuerte!

—Y necia. —Sonrió de nuevo, luego dirigió la vista al exterior y su expresión se marchitó.

—¿Por qué estás tan triste, John?

—Porque ya lo sabía. Sabía lo que le hicieron a tu cuerpo, pero no encontraba el modo de decírtelo. Sé que te privaron del don de tener hijos mucho antes de la tragedia que te trajo hasta aquí y, a pesar de todas nuestras habilidades, no pudimos remediarlo. Lo siento mucho.

—Yo también —expresó ella—. En este momento sólo me siento adormecida, y tal vez sea lo mejor.

—Quizá —convino John—. La pena es algo muy raro. Al igual que la alegría, nos toma por sorpresa, de soslayo y sin esperarlo. Forma parte del ritmo de esta vida y de nuestra naturaleza humana.

—¿Todo el mundo está destrozado? ¿Todos sufren?

—Es difícil pasar largo tiempo en este mundo sin enfrentar pérdidas. Es lo que todos tenemos en común. Como tu alma, el cosmos está hecho pedazos. Pero escúchame… —John la miró directamente a los ojos y se acuclilló frente a ella—. Lilly, si participas en sanarte a ti misma, abres la posibilidad de que también se restablezca la creación.

—¿Yo? ¿Sanarme? ¿Acaso todo depende de mí?

John parecía sorprendido y se arrodilló a su lado.

—Todo depende de cada uno de nosotros, porque cada uno es importante. A todos se nos creó en Adonai. A través de Él estamos conectados unos con otros, lo reconozcamos o no.

Alguien carraspeó y, cuando Lilly volteó a buscar quién era, encontró a Simón cerca de la puerta. Se preguntó cuánto tiempo había estado ahí y cuánto había escuchado de su conversación. John se puso de pie y lo saludó con una inclinación de cabeza.

—Disculpen —dijo Simón—, sólo vine para saber cómo te sientes. Supe que me perdí algunos sucesos interesantes.

—¡Gracias! Ya me siento mejor —respondió Lilly. Y era cierto. Aunque seguía teniendo un poco de fiebre y la infección, sentía que habían disminuido.

Esperaba que Simón se alegrara al oír esa noticia, pero en lugar de ello pareció turbado. Lilly volvió su atención a John, quien seguía perdido en sus pensamientos.

—¿John? Creo que estoy lista para volver al trabajo, para ser testigo de lo que vine a ver.

El hombre inhaló profundamente y sonrió. La chica odiaba engañar a alguien tan amable, y recordar quién era ella en realidad, una manipuladora y mentirosa, provocó que su estómago diera un vuelco, pero no permitió que su rostro demostrara sus sentimientos.

—No creo que sea buena idea, Lilly —comenzó John—.
Estás un poco mejor, pero sigues agotada. Creo que el cosmos
puede concederte un día adicional de descanso y, si todo explota, pues que explote. Me importas más tú que el destino de
nuestro planeta.

«¡Está completamente engañado!», fue el primer pensamiento que vino a su mente. Las palabras de John chocaron contra
ella como un guijarro que golpea un escudo de metal. «Si supiera
realmente la verdad de quién soy, me desecharía en un segundo».

¿Qué más podía hacer sino acceder y jugar el juego de someterse a sus consejos?

—¿No vas a comer nada? —preguntó.

—Hoy no —respondió John—. Quizá tome un poco de
agua más tarde. Pero tú sí debes comer y descansar un poco.
Tengo una sensación que no puedo quitarme de encima respecto a lo que sucederá mañana; es como un presagio. Estoy
tratando de aclarar de qué se trata, pero tal vez eso también
deba esperar. Anita y Gerald ya llevaron sus alimentos a su habitación. —John se inclinó dándole un abrazo más prolongado
de lo común, casi como si fuera una despedida. La besó en la
frente y se retiró a su habitación.

Aunque no era necesario que lo hiciera, Simón la empujó
en su silla de ruedas hasta la mesa.

—Es un ingenuo o un sentimentaloide, o peor —afirmó
cuando John ya había salido—. Nadie ama de ese modo, a menos que tenga alguna razón. Lilith, ¿no te estás dejando engañar por nada de eso, verdad?

—Claro que no —respondió ella.

—Es repugnante cómo te están utilizando para sus propósitos. Y John es el peor de todos.

—¿Cómo puedes decir eso? Ha dejado todo por mí: su casa,
su vida privada y posiblemente su dinero.

—No ha dejado nada. Este Refugio es su pequeño feudo y
tú eres un peón que ayudará a consolidar su poder. No puedes

ni empezar a imaginarte la autoridad de que gozará cuando tenga en sus manos los registros reales del Principio. ¿No te das cuenta de que todos tienen algo que ganar en esto? Tendrán influencia en todo el mundo y podrán fabricar la mitología que mejor se adapte a sus propósitos. Lilith, están aquí para utilizarte y no debes permitírselo.

Lilly estaba asombrada.

—¿De verdad crees que me está usando para obtener una ganancia personal?

—¿No te parece obvio? —Simón se sentó a su lado y empezó a seleccionar alimentos que fue apilando en el plato de la joven—. ¿No has notado las conversaciones secretas que siempre tiene con los otros? Se callan cuando me acerco a donde están. Están tramando algo y te garantizo que no es a favor de tus intereses.

Lilly comenzó a picotear la comida, aunque perdió el apetito cuando le volvió la sensación de desasosiego.

—¿Qué hay de tus propios intereses? ¿Cuál es tu razón para estar aquí? ¿A ti sí te preocupan mis intereses, Simón?

El hombre se detuvo y la miró, bajando el cuchillo y el tenedor antes de hablar.

—No, Lilith, no me preocupan especialmente tus intereses. Al menos yo lo admito, a diferencia de los demás, que mienten con total descaro.

Simón tomó su mano, que se sentía inesperadamente fría y húmeda, pero de todos modos era agradable contra su piel afiebrada.

—Te deseo el bien, pero confieso que me interesas por mis propias razones.

—¿Cuáles son esas razones?

—Lilith, si realmente eres la Testigo que puede cambiar la historia, quizá puedas regresarme a mi esposa.

—¡Pero, Simón, pensé que habías dicho que está muerta!

—No para mí. Dije que está en un lugar mejor. Está conmigo en todo momento durante el día y también en las noches, dentro de mis sueños. Viene a mí y no puedo abrazarla y ni siquiera tocarla. Era todo en mi vida y había perdido las esperanzas hasta que te conocí. Tú, Lilith, me diste valor para vivir y tener esperanza de nuevo. Tú y yo, juntos, cambiaremos el mundo.

Lilly estaba estupefacta. ¿El afecto de Simón por su esposa era amor verdadero o locura? No podía asegurarlo, pero se sentía atraída por el aspecto romántico y la idea de que algún día alguien pudiera amarla como Simón amaba a su esposa.

—¿Cómo? —preguntó frustrada—. No fui capaz de detener a Adán, se alejó antes de que yo entendiera lo que estaba pasando.

—Estoy de acuerdo —dijo Simón—, pero todavía podemos detenerla a ella.

—¿A ella? ¿A quién? ¿Te refieres a Eva? ¿Detenerla de qué?

Simón se levantó de su asiento y empezó a pasearse por la habitación, apretando y soltando sus manos.

—Ya dije demasiado. Ella tiene que tomar una verdadera decisión para que esto funcione pero, si digo demasiado, podría estar forzándola y no ocurrirá ningún cambio. —No se dirigía a Lilly, más bien estaba soltando ideas inconexas como si estuviera haciendo cálculos en su cabeza—. Pero quizá ya dije suficiente, el resto se dará por añadidura. ¡Eso es! —Entonces se apresuró a regresar a su lado y se dejó caer en su asiento—. ¡Debes volver esta noche! —declaró, colocando su mano sobre el brazo de Lilly, quien hizo un gesto de dolor y se replegó en su silla, como protegiéndose. La extraña conducta de Simón la tomó desprevenida y tenía miedo.

—¿Volver a dónde?

—Al jardín. Debes atestiguar esta misma noche.

—Pero…

—Todos están en sus habitaciones. ¡Podemos lograrlo!

—¿Lograr qué? No me has dicho...

—Espera, hay otra cosa que debes hacer primero.

—¿Qué? —Casi temía preguntar.

—Debes mirar de nuevo en el espejo. Es la única forma.

—No puedo, Simón, no me obligues a hacerlo, por favor.

—Lilith. —Simón se arrodilló frente a su silla y colocó las manos sobre sus rodillas—. ¿No lo ves? Es la única forma. El espejo no sólo reforzará la verdad de quién eres y de por qué estás aquí, te dará el poder para materializarte en el jardín. Te dará la capacidad de participar, ¡de *hacer* algo! El espejo es lo que te da la posibilidad de cambiar las cosas, de cambiar la historia. Debes confiar en él y en lo que ahí veas. ¡Por favor!

Era una locura, pero a la vez Simón tenía razón. Había tenido una presencia más tangible en el Edén después de que el espejo la había cortado.

Pero, un momento, ¿fue el espejo o la mordedura de la serpiente lo que causó eso? ¿Qué le había dado ese poder? No recordaba con exactitud las palabras de Simón pero, en cualquier caso, el espejo y la serpiente parecían estar conectados, así que tal vez no importaba. Lo esencial era que ella había tomado la decisión de asumir el control de su destino como Lilith, y Simón estaba presentándole la manera de lograr precisamente eso.

—Muy bien, el espejo sigue en la cómoda de mi cuarto, pero no voy a meter la mano ahí.

—Yo lo sacaré.

Mientras la llevaba hacia su habitación, surgió otra pregunta.

—Simón, ¿te llevaste el anillo y la llave?

—¡No! No necesito nada de eso, apenas los vi. —Sonaba convincente y Lilly le creyó.

Simón encontró de inmediato el espejo, que aún seguía oculto en su bolsa, y se lo entregó a Lilly.

—¿Cuántas veces has tocado la gema? —preguntó.

—Dos veces —respondió ella— y con eso bastó.

—Muy bien, esta noche tendrás que tocarla tres veces más, pero no cuatro ni menos de tres veces.

—¡Tres veces! —exclamó Lilly, y Simón indicó con un gesto que bajara la voz—. ¿Tres veces? —susurró ella—. Esa cosa lastima.

—Cualquier cosa que en verdad valga la pena causará dolor —declaró.

—¡Súper! —expresó—. Si eso es verdad, toda mi vida ha valido la pena.

—Tres veces. Cuatro es demasiado.

—Simón, ¿cómo sabes todo esto? ¿Cómo sabes que debo mirar en el espejo para cambiar la historia? ¿Cómo estás enterado siquiera de que tocarlo cuatro veces es demasiado?

Él dudó un momento y luego respondió:

—Mi esposa, Karyn, lo tocó seis veces.

Lilly dejó caer el espejo sobre su regazo.

—¿Esta cosa mató a tu esposa? ¿Y tú quieres que lo toque? ¿Estás loco?

—No, no, estás entendiendo mal. El espejo no la mató, pero estaba con ella la última vez que la vi. Cuando la encontramos, sólo era un cuerpo que no tenía nada adentro. La verdadera Karyn se había ido y no regresó. Tocó la gema seis veces.

—Y esperas que yo…

—Lo que pasó con Karyn nada tiene que ver contigo. Se lo advertí, el espejo no era para ella. Ella no era una Testigo. ¡Este espejo es para *ti*! Pero ahora el sacrificio de Karyn tiene un valor. Es por ella que ahora tengo las respuestas para ti. Tú eres la Testigo que cambiará las cosas.

Lilly extrajo lentamente el espejo de su funda y lo miró. Como antes, en él se veía una masa gris de nubes turbulentas, en movimiento constante pero sin mostrar figura alguna.

—Dices que Karyn fue a un lugar mejor.

—No sé exactamente dónde es eso. Cuando la veo en mis sueños, no me conoce, pero parece feliz.

Lilly colocó el pulgar izquierdo sobre la piedra roja.

—¡Espera! —ordenó Simón y, aliviada, retiró la mano—. Recuerda que deben ser tres veces, no cuatro. Pero si entiendo bien cómo funciona esto, tres veces serán suficientes para darte la autoridad de permanecer donde tú elijas.

—¿Y si elijo quedarme en el Edén?

—Entonces, permanecerás ahí por el tiempo que quieras y no regresarás. Así es como te integrarás a la historia y cambiarás al mundo.

La magnitud de lo que dijo la dejó sin aliento. Lilly no quería ese tipo de poder, pero Lilith sí. Sin embargo, fue Lilly quien habló.

—¿No deberíamos decirle a John y a los demás?

—No podemos. Nunca te permitirían asumir ese riesgo. Están aquí para obtener lo que necesitan de ti.

—¿Y tú, Simón? Dime, ¿tú qué has venido a obtener?

—Estoy aquí para servirte y, de ser posible, para encontrar a Karyn.

Sin mediar palabra, Lilith presionó el pulgar contra la piedra. El dolor recorrió su brazo hasta el hombro, como si hubiera tocado un carbón encendido. La gema absorbió su sangre y la superficie del espejo empezó a cambiar. Presionó su dedo una segunda vez y el dolor llegó más lejos, hasta su otro brazo, y descendió hacia sus piernas. Lilly jadeó, pero controló sus reacciones. Por tercera vez presionó la piedra y, en esta ocasión, el dolor fue tan intenso que sintió estar a punto de perder el control. El fuego la arrasaba por completo, desde los pies hasta cada uno de sus cabellos, causando una agonía en cada fibra nerviosa y en cada neurona, con tal ímpetu que ni siquiera era capaz de gritar.

Incapaz de resistirse, miró al espejo. Ahí estaba el ser más espantoso que pudiera imaginarse. Con un rostro putrefacto y ojos amarillentos que rezumaban, emitía silenciosas maldiciones. Lilly tenía frente a sí todo lo que más temía, un asqueroso desecho humano que se vendía al mayor postor. Pero detrás de la fealdad se adivinaba la verdad: nunca había merecido el verdadero amor; era un error, un accidente, un trozo gastado de basura. No era bastante buena ni inteligente ni bella; ni siquiera era una mujer. Extrañamente, ese rostro ocioso y lleno de vergüenza también otorgaba poder.

Ella no tenía nada que perder porque, en primer lugar, no era nada.

Después de meter el espejo dentro de su bolsa, se lo entregó a Simón, quien lo guardó de inmediato.

—Soy Lilith y estoy lista —anunció—. No volveré.

16

LA CAÍDA

—¿Dónde estamos? —susurró Lilith a Han-el, aunque nadie más podía oírlos.

—Dentro del Edén, cerca del centro. Mira. —El Cantor señaló hacia tres figuras que avanzaban por el pastizal—. Se acerca quien ahora se ha vuelto dos y con ellos viene la serpiente.

—¿Qué está haciendo aquí la serpiente? —preguntó, pero se dio cuenta de cuál era la respuesta—. ¿Adán la invitó?

Han-el no tuvo que contestar. Al aproximarse, Lilith los observó más de cerca, en especial a Eva. La joven caminaba confiada al lado de Adán; era ligeramente más alta y morena que él, delgada y de rasgos delicados, y con un porte elegante. También iba desnuda, excepto por la luz transparente, que era más como una brisa resplandeciente que la rodeaba y cubría como una cascada nebulosa: Caminaba atenta a cada uno de los pasos y movimientos de él. El hombre apenas parecía mayor, pero su expresión carecía de presencia. Aun al sonreír, un tinte de tristeza se percibía en su mirada. Lilith había visto esa misma mirada en los ojos de John, pero John no era Adán.

—Han-el, algún día serás un Guardián.

—Sería un honor que va más allá de todo lo imaginable. Espero que seas tú a quien sirva.

—No será a mí, sino a alguien que… ¡será digno! —Ella misma se sorprendió al referirse a John de ese modo, pero en el momento lo creyó cierto, a pesar de las afirmaciones de Simón.

Adán no respondía a las atenciones de la joven mujer, quien obviamente lo adoraba. Eva había hecho una pregunta, pero Adán no la escuchó o la ignoró adrede. Repitió la pregunta, pero no pudo conseguir que respondiera hasta tocarle el hombro.

La serpiente parecía más grande y se deslizaba por el suelo del jardín como si no lo tocara. De pronto se detuvo y, veloz como un rayo, desapareció entre los matorrales. Un momento después reapareció directamente frente a Lilith.

Han-el se adelantó, pero ella lo detuvo y se mantuvo firme a medida que la criatura se acercaba. Portaba una corona que no había visto antes, en la que al parecer estaban engarzadas doce gemas, pero Lilith se dio cuenta de que faltaban tres de ellas.

—¿Y esa corona? —preguntó—. No te va.

—Es un regalo de Adán, por servirle en su dominio.

La serpiente se mecía en el aire a unos centímetros de distancia y la miró, explorándola de pies a cabeza. El veneno que la quemaba por dentro respondió a su presencia, punzando bajo su piel. Entonces el reptil habló.

—No perteneces a este sitio —siseó.

—Tú tampoco —respondió desafiante.

—Estoy aquí por invitación de Adán, que es el rey de la creación y el hijo de Dios. Tú perteneces a la especie de Adán y estás en el lugar correcto, pero en un tiempo que no es el tuyo. ¿Quién eres y por qué estás aquí?

—Me llamo Lilith, pero no soy nadie; nadie está aquí para detenerte.

—¿Acertijos? —contestó la serpiente manteniéndose a la zaga, para luego lanzarse erguida hacia ella—. Escucha, pequeña, ten cuidado de dónde pisas y no interfieras.

—¿Me estás amenazando? —Avanzó un paso hacia la serpiente.

—No a ti. No importas en absoluto.

—No tengo nada que perder —replicó Lilith—. ¿Qué me puedes quitar que no me hayan quitado ya?

—Eso no me concierne. No tengo necesidad de nada de ti. Tú no eres nada ni nadie. —Con esas palabras, la criatura se alejó como flecha, apareciendo una vez más detrás de Adán y Eva. Los dos se habían detenido al borde de una pradera.

—Llévame ahí —pidió a Han-el—. Necesito oír lo que están diciendo.

Al instante, estaba a unos cuantos metros de distancia de los tres, que miraban a una higuera cargada de frutos. La serpiente observó directamente a Lilith, pero se dirigió a Eva.

—Isha, ¿Dios te habló directamente y te dijo: «No comerás de ninguno de los árboles del jardín»?

La pregunta sorprendió a Eva, quien volteó hacia Adán. Por la lectura de John, Lilith sabía que Dios no había conversado con Eva sino con Adán. Un ademán del hombre indicó que debía responder.

—Podemos comer el fruto de todos los árboles, menos de aquel que está en medio del jardín —e inclinó la cabeza hacia la higuera—. De éste, Dios ha dicho: «No comerás de él ni lo tocarás, o morirás».

Adán asintió con la cabeza, sin decir palabra. Ella también sonrió, totalmente satisfecha con su respuesta. Después de todo, era justo lo que Adán le había enseñado.

—¡Seguramente no morirán! —declaró la serpiente.

Los ojos de Eva se abrieron como platos.

«Qué cosa más asombrosa se atrevió a decir», pensó Lilith. La bestia no estaba haciendo una insinuación oculta, sino una acusación explícita y atrevida contra la bondad de Dios. ¿Esa cosa estaba diciendo que Dios era un mentiroso?

Eva miró de nuevo a Adán, esta vez confundida y preocupada, como si esperara que él corrigiera a la serpiente. Pero no lo hizo, en vez de ello, se quedó callado. Eva se quedó mirando al piso y, al hacerlo, no se percató del gesto de asentimiento entre Adán y la serpiente.

La serpiente expresó de viva voz la oscuridad que Adán había estado ocultando.

—Porque Dios sabe que el día que coman de él, sus ojos se abrirán y serán como Dios, determinando el bien y el mal.

¿Era cierto eso? Lilith no estaba segura. No era lo que recordaba de las Escrituras que John había leído, pero tal vez no había entendido.

De nuevo, Adán se quedó en silencio e inmóvil, esperando la respuesta de Eva. Ella los miró a los dos y luego al árbol, que estaba pleno de frutos.

Cuando estaba a punto de detener a Eva, Lilith sintió la mano de Han-el sobre su hombro.

—Estás aquí para atestiguar —cantó en voz baja con tonos de clave menor.

Lilith se retrajo confundida y se quedó mirándolos con impotencia. Mientras caminaba lentamente hacia el árbol, Eva también titubeó, como si luchara con un desacuerdo interno entre la advertencia y el deseo, y Lilith podía sentir la guerra que se libraba dentro de ella.

«¿Dios no había hecho que todos los árboles fueran agradables para la vista? ¿No había declarado que eran buenos para comer? Quizá todos habían malentendido».

Adán venía detrás de Eva y, alentada por ello, siguió adelante. El árbol era encantador y atrayente, ofrecía la promesa de su dulce sabor y, aún más, parecía como un camino más corto hacia los anhelos y buenos deseos.

Lilith lo sentía. ¿Cómo era posible que la pasión por ser como Dios no fuera buena? ¿No era éste su destino: determinar el bien y el mal, ser poderosos y sabios? Era una manera fácil de probar su valía, de cumplir con los propósitos de Dios y asumir el dominio que por derecho tenían sobre *toda* la creación.

Qué bello era este profundo deseo de ser como Dios.

Dudosa, Eva extendió los dedos hasta apenas acariciar la superficie de la fruta, luego los retiró de inmediato. No pasó nada. La serpiente había dicho la verdad. No había muerto por tocarla.

De nuevo estiró la mano, pero esta vez tomó con firmeza el higo y lo desprendió de la rama. Lilith olió la potente dulzura de la deliciosa fruta cuando Eva la abrió con sus manos. Se la ofreció a Adán, pero éste la rechazó, para que ella fuera la primera en probarla. La llevó lentamente hasta su boca para darle un mordisco, que masticó y tragó. Luego sostuvo la otra mitad para Adán, quien también la comió.

Feliz, Eva reía mientras la jugosa pulpa empezó a derramarse por su mentón, pero un momento después se puso la mano en el estómago. Sus ojos se nublaron por el temor. Adán hizo lo mismo con una mueca de dolor. Aquello que había sido dulce para su boca era amargo para su vientre.

Habían comido del fruto prohibido. En lugar de confiar, habían desobedecido, y la muerte era la consecuencia de su elección.

También parecían saberlo. Se desvaneció la luz transparente que los cubría y ambos quedaron completamente al descubierto. Por el rostro de Eva corrían grandes lágrimas a la vez que se desplomaba en el suelo. Adán puso una mano sobre su hombro y ella se retrajo. Él se inclinó y rogó:

—Isha, ¿no te das cuenta? Está hecho y nuestro dominio ha comenzado. Hemos cortado los lazos que nos ataban a la ignorancia y la dependencia. ¿Cómo podríamos dominar sin tener el conocimiento del bien y del mal? Ahora somos como Dios y esta libertad es buena.

Mientras Eva apartaba su vista de él, furiosa y avergonzada, Lilith se cubrió la boca con una insoportable sensación de pena. Todo era erróneo y sin esperanza.

—No está bien que estemos descubiertos y sin protección —declaró Adán, dejando a Eva que gemía sobre el suelo.

Pronto regresó con su daga. Cuando Lilith vio a *Machiara*, lanzó un grito ahogado y Eva retrocedió temerosa. Adán la ignoró y comenzó a cortar las ramas bajas entregándoselas a ella. Sin mediar palabra, Eva empezó a cortar las hojas y a entretejerlas. Las lágrimas corrían por su rostro como si al unirse formaran una máscara que ocultara su vergüenza.

—Quizá nos hayan abandonado, pero ya no somos unos ingenuos —dijo finalmente Adán.

Eva no respondió. Por un momento se sentaron en silencio contra un árbol, mirando la tierra. Adán daba vueltas a la daga entre sus manos y fruncía el ceño.

—Espera aquí —declaró y se puso de pie—. Regreso en un momento. —Cruzó el claro y desapareció entre los bosques; Eva no vio hacia dónde se dirigía.

Cuando Lilith se adelantó para consolar a la joven, la serpiente siseó como advertencia y Han-el se interpuso entre ambos. El veneno corría por su cuerpo recordándole su potencia, y Lilith cedió.

Después de un largo rato regresó Adán y se derrumbó junto a Eva. Jadeaba intensamente y estaba sudoroso y cubierto de lo que parecía ser sangre, lo cual hizo a Eva dar un salto de preocupación.

—¿Qué pasó?

—Intenté corregir las cosas, Isha. —Su pecho y sus brazos tenían cortes y en una mano tenía aún la daga, que estaba cubierta de sangre hasta la empuñadura.

—¿Intentaste corregir las cosas? ¿A dónde fuiste? ¿Ésta es tu sangre?

—¡No! —exclamó aún jadeante—. No es mi sangre. Fui a destruir ese pequeño Árbol de la Vida.

—¿Has perdido por completo la cordura? ¿Por qué hiciste eso? —Eva estaba indignada.

—Isha, es una tentación. No necesitamos de ese débil y frágil Árbol de la Vida, ni de ninguno de los frutos que produce. Traté de arrancarlo de raíz, pero no pude. —Explotó en un arranque de ira. Una amarga resignación asomaba en su voz—. Así que corté todas las hojas y los racimos de frutas. Lo dejé desnudo, con dos raquíticas ramas, una de cada lado.

—¿Qué te impulsó a hacer eso? ¡Es el Árbol de la Vida! Si existe alguna esperanza para nosotros...

—Éste —dijo Adán golpeando con frustración la cabeza contra el tronco de la higuera— es nuestro Árbol de la Vida, nuestra esperanza, que es demasiado enorme como para que lo destruyan. Su fruto y sus semillas están plantados muy adentro de nosotros.

Eva cerró los ojos y jadeó, como esforzándose en respirar, y se puso la mano en la garganta. Por último, encontró las palabras.

—Adán, ¿qué es esta sangre?

—Ese inútil árbol pertenece a Dios, que vendrá pronto a matarnos. Pensé que al ofrecerle al Árbol de la Vida otra muerte para sustituir la nuestra, su sangre ocultaría nuestra desobediencia —confesó Adán.

—¿Qué hiciste? —gritó—. ¿De quién es esta sangre?

Él tapó su boca con la mano para callarla.

—¡Guarda silencio! —ordenó con mirada atribulada—. ¡Escucha!

Lilith también pudo oír el sonido que se acercaba y la invadió una sensación de pavor.

Adonai y Elohim caminaban hacia ellos envueltos en Ruach. Aquello que apenas hacía poco tiempo había sido una ráfaga

de afecto ahora sonaba como una feroz tempestad. Aterroriza-
dos, Adán y Eva se subieron al árbol.

—Ocultan su desobediencia porque sienten vergüenza de
que los descubran —dijo Han-el en un canto de pena—. Intentan desaparecer mezclándose entre el bien y el mal.

Pero no era el terror lo que los perseguía, era un corazón
destrozado. Y no había furia ni indignación en el Viento, sino
una melodía lastimera. De pie, al borde del claro, Elohim y
Adonai llamaron desde el interior del viento de Ruach:

—¡Adán! ¿Dónde estás?

EL GRITO VINO DESDE la Bóveda, haciendo que John saltara de
la cama.

—Hay un problema con la Testigo. ¡Auxilio!

John recobró de inmediato el sentido de orientación, se
vistió y salió a toda prisa a la Bóveda, donde quedó atónito
ante la escena que tenía enfrente. En la Cámara del Testimonio, Lilly se estremecía con convulsiones que agitaban todo
su cuerpo. Su silla vacía, reclinada como una cama, estaba
contra el sofá, como si ella hubiera ido sola hasta ahí. Al voltear de costado a la joven, John usó su dedo para limpiar con
gran cuidado sus vías respiratorias retirando la saliva y el vó-
mito. Gerald y Anita entraron apresuradamente un momento
después.

Simón caminaba de un lado a otro.

—Vine a revisar algo en el Estudio, escuché ruidos y así es
como la encontré. No sabía qué hacer. No estoy capacitado
para lidiar con algo como esto.

—Calla, Simón —exclamó Anita—. Gracias a Dios que
estabas cerca como para oírla. Otro minuto más y… bueno, no
hubiera estado nada bien.

—Está ardiendo en calentura —musitó John mientras Simón se alejaba al otro extremo del salón. El enojo y el temor se agitaban dentro de su pecho—. ¿En qué estaba pensando para venir sola aquí?

—¿Crees que deberíamos moverla? —preguntó Anita—, porque necesitará atención de un experto, de alguien en quien confíes como para que entre a la Bóveda.

—El medio más rápido de conseguir ayuda sería transportarla a la superficie a través del Salón de los Mapas —afirmó él—. Tenemos que hacer algo, o Lilly no podrá sobrevivir a esto.

Se tomó la decisión de regresarla a su cama e ir a toda prisa al Salón de los Mapas. John gritaba órdenes a los demás.

—Anita, Gerald, por favor recojan nuestras cosas antes de volver a la superficie, incluyendo las de Lilly, las mías y las de Simón.

—Yo puedo hacerlo —se ofreció Simón—. Me aterra ser trasladado a otro lugar.

—No, quiero que estés conmigo, es posible que necesite de tu juventud y tu fuerza. Según sabemos, se ha violado la seguridad del Refugio, pero todavía no tenemos idea de qué significa.

El asunto quedó decidido, aunque Simón no se veía contento.

—Gerald, cuando estén listos, tú y Anita tomen nuestras cosas y que cada uno elija uno de estos triángulos. Después, colóquenlos contra este punto del mapa. No se preocupen de encontrar un receptáculo, los triángulos regresarán por sí solos después de diez minutos. De todos modos, ninguno de nosotros va a regresar pronto.

Corrieron a toda prisa y John se acercó a una consola que estaba al lado del mapa, donde comenzó a ingresar información en la pantalla.

—¿Qué haces? —imploró Simón—. ¡No tenemos tiempo y necesitamos irnos ahora!

—Terminaré en un instante. Estoy notificando a los Sanadores y cambiando los códigos de acceso a la Bóveda. Debemos ser muy cautelosos, ¿no es cierto?

El hecho de que Simón hubiera encontrado a Lilly, así como su renuencia a irse incomodaban a John, pero no alcanzaba a determinar con exactitud de qué se trataba.

—Tú ve primero, Simón. Iremos detrás de ti.

Simón tomó un triángulo.

—Colócalo aquí —indicó John y, cuando así lo hizo, el Erudito desapareció.

—Preferiría haberte mandado a otro planeta —dijo John entre dientes, mientras colocaba un triángulo en la mano de Lilly y tocaba la superficie del mapa tanto con su triángulo como con el de la chica.

En un parpadeo estaban de regreso en la superficie, en el cuarto donde Lilly había pasado tantos meses en rehabilitación. Letty ya estaba ahí con los Sanadores y Curadores. No quedaba más que pudieran hacer los dos hombres, así que Simón anunció que se retiraba y John lo vio alejarse. Antes de irse, John rezó por Lilly y también oró pidiendo que se iluminara su entendimiento.

Un escalofrío recorrió el cuerpo de Lilith desde su interior, pero lo ignoró.

—Adán, ¿dónde estás? —Ese llamado era al mismo tiempo un grito desolado y una invitación, pero incluso Lilith pudo darse cuenta de que sonaba como la ruina inminente para el hombre y la mujer humillados. El viento empezó a agitar las ramas del árbol de Adán y atravesó las hojas que lo cubrían. Entonces Lilith supo, igual que ellos dos, que nadie podía ocultarse de este Dios.

Adán descendió del árbol, eligiendo colocarse al lado de la

serpiente, como si ésta ofreciera protección. Eva también apareció, cayó de rodillas y se inclinó gloriosa a pesar de su quebranto, mientras las lágrimas de confusión y duelo seguían escurriendo por su cara como un río.

Adán se apresuró a desentenderse de sus decisiones, pero hasta en su respuesta había cierta insinuación.

—Me oculté porque oí el sonido de Tus pasos en el jardín. Estaba desnudo y desprotegido y temí Tu presencia, por eso me oculté.

El Hombre Eterno habló; Su pregunta denotaba la ternura del amor paterno.

—¿Quién te dijo que estás desnudo? —Trató de tocarlo, pero Adán se alejó.

Ésta era otra invitación para acercarlo al Amor, pero Adán eligió refugiarse en el silencio.

—Adán, ¿comiste del árbol del que te dijimos que no comieras? —De nuevo la voz era amorosa y receptiva, con un ofrecimiento de relación y reconciliación. Pero Adán reaccionó con indignación como defensa.

Apuntó el dedo al rostro de Adonai.

—Fue la mujer que *Tú* pusiste aquí conmigo. ¡Ella me dio a comer del árbol! ¡Comí!

La magnitud de la acusación pendió en el aire. El hombre se había convertido en juez de Dios; había declarado que el mal regía las acciones e intenciones de Dios. Esta descarada acusación también desenmascaraba finalmente la oscuridad del alejamiento de Adán y ponía al descubierto que se expresaba a través de la serpiente. Así quedaba expuesta su rebelión, que justificaba con su propio orgullo.

Y en su acusación contra Dios, la mujer también se dio por aludida: era la misma voz acusatoria de la serpiente que había sido el origen de su confusión. Eva entendió: la habían traicionado, y ahora Adán la culpaba de aquello que él mismo había concebido en su propio corazón.

Lilith estaba furiosa, pero se quedó paralizada, incapaz de hacer otra cosa que escuchar y hervir de rabia. ¿Cómo era posible que Eva hubiera sido tan ingenua como para confiarle su corazón a Adán? ¿Y cómo era posible que Adán volviera la espalda a su mayor dicha y la convirtiera en principal culpable de la caída?

Dios no respondió del mismo modo. Adonai no expresó acusación ni condena. En lugar de ello, se volvió hacia Eva ofreciéndole sus manos.

—¿Qué es lo que hiciste? —preguntó sin recriminarla.

Ella miró a Adán con el rostro encendido por la furia, mientras él permanecía con los brazos cruzados junto a su serpiente guardiana. Eva giró su rostro hacia Dios, estiró las manos y aceptó las Suyas, atrajo las palmas de las manos de Dios hacia su cara y, entre lágrimas, las besó. Con la mirada puesta en los ojos de Adonai, declaró la devastadora verdad:

—¡La serpiente me engañó y comí!

Dios besó su frente, aceptando su confesión, y luego confrontó a la serpiente. Ésta retrocedió, sus escamas reflejaban el Fuego y el Viento de la presencia de Dios, mientras las nueve piedras preciosas de su corona también destellaban con la brillante luz.

A unos centímetros de la cabeza del reptil, el Hombre Eterno hizo una declaración que no sólo dirigía a esa criatura, sino a todas las fuerzas oscuras del alejamiento de Adán, a las que esta serpiente incitaba y confería poder.

—Por lo que has hecho a esta mujer, te confino y someto como a ninguna otra bestia de la creación. Limitarás tu existencia a doblegarte sobre tu vientre mientras te alimentas del polvo de la muerte, del polvo del alejamiento de este hombre.

La serpiente se contrajo visiblemente y luego cayó, golpeando contra la tierra. Su corona rodó hacia un lado hasta que Adonai la detuvo con uno de Sus pies.

—Además —manifestó el Hombre Eterno—, estableceré una hostilidad abierta entre tú y la mujer, entre tu simiente y la suya, y él, su descendencia, te aplastará la cabeza aunque hieras su talón.

Lilith sintió que se había declarado una guerra, se habían marcado los límites y establecido los bandos. La mujer tomó partido con Dios contra Adán y la serpiente, pero Lilith aún no había decidido.

Dios volvió Su rostro hacia la mujer y habló dulcemente, aunque con palabras llenas de dolor.

—Esta insidia y esta traición aumentarán tus penas y suspiros. Con turbación y espíritu afligido parirás a tus hijos, y cuando tu alejamiento te lleve hacia el hombre, él te dominará.

Otro escalofrío recorrió el cuerpo de Lilith, esta vez hasta lo más profundo de su ser. Estaba tiritando. Lo que Adonai dijo seguramente era absurdo. ¿Cómo era posible que Eva volviera con Adán después de lo que le había hecho? Pero también, en ese instante, Lilith vio una posibilidad: por fin se abría una ruta clara para que cambiara la historia. A pesar de no haber sido capaz de impedir que Adán se alejara, sí podía encontrar una forma de detener a Eva de hacer lo mismo.

Adonai dejó que la mujer asimilara Sus Palabras y sólo hasta entonces se dirigió a Adán. Se acercó a Su hijo con las manos extendidas como había hecho con la mujer. De Sus palabras brotaba el misericordioso amor y la ternura de Su afecto, mientras que de Sus ojos fluían lágrimas.

Adán volvió su rostro hacia otro lado y mantuvo las manos en los costados.

—Hijo mío, porque escuchaste la voz de la mujer y no la Mía, y porque comiste del árbol que te dije que no comieras, por tu causa he confinado y sometido a la tierra. No sólo has desobedecido, sino que has ocultado la iniquidad en tu corazón. Con turbación y espíritu afligido, tratarás de obtener el pan de la vida de la misma tierra que saliste, pero ésta se te opondrá con cardos y espinas. Con el sudor de tu rostro caído abandonarás mi Reposo para comer de tu trabajo hasta que el suelo mismo te consuma. Del polvo se te creó y al polvo volverás.

Conforme Dios declaraba tanto la promesa como la consecuencia, Lilith sentía que toda la creación gemía de aflicción y se transformaba.

Dudoso, Adán se acercó a Eva. Los ojos de la mujer ardían de pena y rabia, y él no pudo sostenerle la mirada. Pidió perdón colocando las palmas de las manos hacia arriba, pero ella se negó a tocarlo.

—Reconozco ante la creación —dijo finalmente con los ojos fijos en el suelo— que tu nombre no es Isha. Ahora estoy muerto, pero tú eres Eva, porque eres la Madre de los Vivos.

Su humildad no mitigó la intensidad de la ira de Eva. No podía ni empezar a cerrar la brecha que se había abierto entre ellos.

—Éstas son para ustedes dos. —Era Adonai entregándoles vestimentas de piel animal—. Es mejor que se cubran con ellas, en vez de ocultarse en la protección que creen que este árbol brinda.

Adán dudó un momento, pero tomó lo que Dios estaba ofreciendo.

—¿De dónde vinieron? —preguntó, aunque lo sabía.

—Adán, estas pieles son de los animales que maldijiste y sacrificaste y atravesaste con ramas del Árbol de la Vida. Ya estás manchado con su sangre, así que deja que te cubran.

—Tenía miedo y estaba avergonzado —intentó explicar Adán—. No sabía qué hacer. Pensé que la sangre derramada sería una vida que supliría mi muerte y te aplacaría. ¿Una muerte a cambio de una vida? —Su tono era severo, aún teñido de acusaciones, pero dentro de sus palabras también había un ruego.

—No somos Nosotros, sino tú, quien necesita un sacrificio —respondió Adonai con una voz tan tranquila como una brisa vespertina—. Adán, lo que tú has comenzado, algún día Yo lo terminaré.

Entonces Adonai levantó su mano e hizo otra declaración.

—Contemplen, Adán se ha vuelto como uno de Nosotros, distinguiendo el Bien y el Mal, pero no tomará ni comerá del Árbol de la Vida, porque mezclaría la luz con la oscuridad, la vida con la muerte, la libertad con la rebelión… Y permanecería muerto para siempre.

Dirigiéndose de nuevo a Adán, Dios dijo de manera bondadosa:

—Hijo mío, no puedes morar dichoso en la presencia de Aquél a quien ya no amas y en quien no confías. La oscuridad de tu alejamiento se opone a todo lo que irradia luz. Para regresar, debes irte, pero prometo que no te abandonaré.

El Viento empezó a arremolinarse alrededor del gran árbol. Lilith se alejó unos pasos y observó asombrada que la gentil brisa de Ruach se convertía en un potente tornado. Con un bramido estruendoso, envolvió el tronco y lo arrancó por completo con todas sus raíces, frutos y hojas. Lo extirpó como a una mala hierba y lo transportó al límite occidental del jardín.

—Adán —explicó Adonai—, en tu dominio elegiste este árbol, así que te pertenece. El Árbol de la Vida crecerá por siempre dentro del Edén y será el árbol para que sanen las naciones.

Adán entendió y preguntó:

—¿Qué haré?

—Con angustioso esfuerzo, labrarás la tierra de la cual se te sacó. La verás como tu vida y tu origen. La requerirás para darte todo lo que sólo puedes encontrar frente a frente con Nosotros. Y tú y tu especie lucharán por su posesión hasta el día en que retornes.

Adán, Eva y Dios caminaron lentamente hasta la frontera occidental del Edén, mientras Lilith los seguía, junto con la serpiente como muda compañía. De nuevo, el Hombre Eterno intentó tomar la mano de Su hijo, pero otra vez Adán la retiró.

—Debiste haberme detenido —murmuró—. Sería mejor que nunca hubiera vivido a continuar existiendo en la muerte y solo.

—No estás solo, hijo mío. Nunca te dejaremos ni te abandonaremos. Pero, Adán, la oscuridad de tu alejamiento te ocultará Nuestro rostro.

Adán casi se desmoronó, pero mantuvo su orgullo mientras seguían caminando. Finalmente preguntó:

—¿Y esta serpiente?

—La bestia se va contigo, no hay sitio en el Edén para quienes acusan o enemistan. Al creer en tus propias mentiras, has desatado y conferido poderes a un terror de violencia y mentira. La has elegido como compañera y sostén. Creará para ti bestias destructivas de un poder devastador. A cambio de sus promesas de seguridad y control, le rendirás tributo y obediencia. Adán, Nuestro Amor no impedirá que enfrentes las consecuencias de tus decisiones. Te honramos y respetamos, así que accedemos y nos sometemos a ti. No obstante, también revelaremos un propósito viviente y amoroso en tu alejamiento y en el polvo de la muerte. Un día redimiremos tu ruina y la serpiente dentro de ti quedará completamente destruida.

Al llegar a la imponente conmoción del torrente de luz que rugía como una cascada, pasaron fácilmente a través de los límites. Pero Eva y Lilith permanecieron del otro lado y los observaron, resguardadas en la dignidad del Edén.

—¿Eva? —la llamó Adán. Su nombre se transformó en un lamento. En ese momento, Lilith se percató de que Adán había entendido. La mujer había sido el Amor de Dios en carne y hueso, pero él había elegido estar solo. Ese Amor, traicionado y deshecho por su alejamiento independiente, significaba una de sus mayores pérdidas.

—Prometiste que la semilla de Eva aplastará la cabeza de la serpiente —dijo entre lágrimas—. ¿Cómo?

—Eso, hijo Mío, es un misterio que está aún por revelarse.

Dos poderosos Querubines aparecieron y, sacando sus espadas, tocaron el muro fronterizo. Lo que antes parecía agua, se convirtió en ardiente fuego y los dos Ángeles asumieron su puesto como centinelas.

—Del interior puedes atravesar como si fuera por agua, pero el regreso al Edén será a través del fuego —declaró Adonai—. Adán, ésta es otra promesa. Estos Guardianes impiden el paso al Árbol de la Vida.

El Hombre Eterno levantó una vez más Su mano para colocarla sobre el hombro de Adán, y esta vez Su hijo no se retrajo ni se alejó. Pero tampoco volvió su rostro hacia Ellos.

—Desde antes de tu creación te amábamos. Con el tiempo lo olvidarás, pero todas tus decisiones no lo harán menos cierto. Te amaremos ahora y siempre, y seremos el camino de regreso a casa.

Cuando Adán intentó tocar la mano, se había ido. Gimió y se derrumbó en la tierra; entretanto, la serpiente se mantuvo alejada.

Dentro del Edén, Adonai tomó la corona de la serpiente y, una a una, retiró las nueve gemas de sus engarces. Del interior de Su propia luz extrajo otra piedra más, la décima. Elohim generó otra y Ruach, cabalgando como el Viento, presentó la doceava. Entonces Adonai cantó al cielo y giró sobre sí mismo hasta desdibujarse. Doce piedras preciosas de colores brillantes explotaron en su interior, tres por cada uno de los puntos cardinales. Al chocar contra los muros del Edén, penetraron profundamente, después estallaron en un arcoíris de colorida música en una sinfonía resplandeciente.

De frente a la pared de fuego, Adán permaneció de pie y empezó a gritar.

—¡Eva! —gritó y gritó hasta perder la voz—. Si alguna vez fuera posible —susurró—, por favor, ¿me perdonarías?

Eva y Dios, y Lilith que estaba a su lado, escucharon los gritos desgarradores. Agotado, Adán dio la espalda al Edén y enfrentó su desolación.

17

REMORDIMIENTO

—¿Alguien ha visto a Simón? —preguntó Anita al entrar en la habitación donde Lilly permanecía inconsciente, rodeada de gran cantidad de sondas y bandejas.

—Estaba aquí cuando llegamos con Lilly, pero no lo he visto desde entonces —declaró John con el asomo de una sonrisa. Anita se dio cuenta.

—John, ¿qué hiciste?

—En realidad, sólo simples precauciones de seguridad que son la norma.

—¿Me vas a decir?

—Consideré que no habría razón alguna para que cualquiera de nosotros intentara volver a la Bóveda, a menos que esa persona estuviera ocultando algo, así que quizá se reajustaron las coordenadas de regreso en el triángulo de Simón, pero no puedo confirmarlo.

—¿Lo enviaste a otra parte?

—Todos los triángulos desaparecieron como debían hacerlo y Simón también parece estar perdido. ¿Es todo un misterio? —terminó, encogiéndose de hombros.

—¿Quieres decir que él está detrás de todo esto? —Anita miró a Lilly—. Me preocupa el estado mental de Simón desde la crisis con Karyn.

—Creo que ha estado ocultándonos secretos. Y hasta que yo entienda más de esta situación, me gustaría asegurarme de que no interfiera.

—¡Qué astuta medida! —exclamó Anita—. ¿Y puedo preguntar a dónde podría haber ido Simón?

—A una comunidad de apoyo a cientos de kilómetros al sur. Tardará meses en regresar. En cuanto pueda, volveré a la Bóveda para ver si logro descubrir sus verdaderas intenciones.

En ese momento, entró Gerald al cuarto.

—¿Cómo está Lilly?

—Apenas estable —respondió John—. Está flotando… Creo que Lilly lo llamó estar en coma. Hay algo en su sistema que todavía no identificamos y creo que se infectó en la Bóveda. ¿Me ayudarían a investigar? La buena noticia es que el Vigilante no ha venido aún por Lilly, lo cual significa que tenemos tiempo.

Gerald asintió.

—Yo me quedo con ella —anunció Anita—. Quiero que uno de nosotros esté a su lado si despierta.

—¡Coincido contigo y gracias! Gerald, reunamos algunos alimentos y agua para nuestro viaje de descenso.

Ambos salieron de la habitación.

—¿Qué estamos buscando? —preguntó Gerald.

—Lo sabremos al encontrarlo.

DURANTE TRES DÍAS, LILITH había estado sintiendo cómo crecía su presencia en el Edén, junto con su capacidad para interactuar con su entorno a medida que iba materializándose. Podía comer fruta y beber agua; podía dormir y cada noche lo hacía más profundamente. Han-el estaba siempre junto a ella y eso empezaba a fastidiarla. La mayor parte del tiempo se quedaba cerca de Eva, quien todavía no podía verla y, aunque hubiera sido capaz de ello, no habría podido prestarle atención a causa de su pena. Pero la ansiedad de Lilith también iba en aumento; necesitaba actuar y pronto.

Todos los días, cuando el sol vespertino empezaba a ocultarse en el horizonte, Adán salía de los bosques para pararse lo más cerca del muro que se atrevía para rogarle a Eva que se fuera con él. Desde el lado del Edén no había problemas para ver al exterior, y Lilith podía observarlo arrodillado, tirando de su pelo y gritando con gran angustia. Sin embargo, él no podía ver hacia el interior, lo cual echaba aún más sal a su herida.

Al tercer día, Eva apoyó las manos contra el velo vaporoso de la pared divisoria y observó que Adán descendía hasta un estanque cercano. Lilith estaba suficientemente cerca para ver y escuchar la escena de cómo Eva hundía su rostro en el hombro de Adonai, y empezaba a gemir y a golpearlo. Él la sostuvo en Sus fuertes brazos hasta que se tranquilizó.

—¡Lo odio! —gritó—. ¡Lo odio!

—Odias en lo que se ha convertido —señaló Adonai—. Pero él no es la persona en que se convirtió. Aquello que es totalmente Bueno siempre será más profundo que su alejamiento.

—¿También lo siguen amando?

—Eso nunca ha sido una duda para Nosotros, igual que para ti; siempre supimos que esto ocurriría, sin embargo, lo seguimos amando.

—Si lo sabían, ¿por qué lo permitieron?

—El verdadero amor requiere abrir las manos. Sin la posibilidad de decir que no, el amor nunca sería real, sino mera ilusión.

—¿Y de todos modos crearon?

—Eva, eres una maravilla asombrosa, hecha a Nuestra propia imagen. Esta creación es la mejor y el Hombre es la maravilla de maravillas. Creamos para compartir contigo el Amor y la Vida que siempre hemos conocido. Pero siempre supimos que ante Nuestra afirmación, ustedes darían una negativa.

—Pero ¿por qué si lo sabían, siquiera se tomaron la molestia de crear?

Adonai la abrazó con fuerza.

—Eva, algún día serás madre y entenderás mejor. El verdadero amor no se refiere a las decisiones del otro, sino a lo que tú sabes que el otro es. Pero como verás, las decisiones del otro afectan de manera indeleble la relación.

—¿Me estoy traicionando a mí misma? Yo le hice esto a él. Pude haberlo impedido. Pude haberte preguntado, pero no lo hice. En lugar de ello, quise ser más de lo que ya era, por él y por Ti. Quería ser como Tú.

Tocó de nuevo la frontera y supo que si así lo decidía, podría atravesarla.

—Adán —susurró Eva; Lilith sabía que él no podía escucharla—. Por favor, perdóname también. Dios, ¡estoy tan enojada! Él me crio, cuidó de mí y luego me traicionó. Me estoy rompiendo a pedazos. —Después, la siguiente emoción se manifestó en sus palabras—: No puedo soportar que esté allá, solo y sin mí.

—Está sin ti —admitió Adonai—, pero nunca estará solo. No es tan poderoso.

Eva sonrió débilmente.

—Eso es un consuelo para mí, no para él. ¿Qué va a hacer?

—Adán trabajará con sus manos y con el sudor de su frente para extender el Edén sin Nuestra presencia ni Nuestro verbo. Se volverá hacia la tierra para encontrar seguridad y mérito, identidad y significado, aunque la tierra no pueda dárselos, pues no los tiene.

—Pero Tú dijiste que yo tendría una semilla, un hombre niño. Cómo será posible si… —Entonces miró hacia la barrera entre ella y Adán.

Dios sonrió.

—En cuanto a eso, debes confiar en Mí. Te confeccioné del costado de Adán y a él lo hice del polvo de la creación. Mi promesa y Mi palabra son una. Te sorprenderé.

—Dijiste que algún día me volvería hacia él. No creo que pueda ni quiera. ¿Debería hacerlo?

—Al volverte hacia el hombre, como Adán lo ha hecho hacia la tierra, y al demandar de él lo que no puede darte, lo atraparías en su vergüenza. Por no saber quién es, huirá o ejercerá su dominio sobre ti. A tu vez, ésa será la consecuencia de tu decisión.

—¿Por qué elegiría un camino tan espantoso?

—Tendrías tus razones. Tienes la libertad de confiar y la libertad de alejarte. Ése es el profundo y a veces doloroso misterio de la comunidad y el amor.

—¿Siempre tendré esta horrible libertad?

—¡Siempre! Eso es el Amor.

En ese momento, Lilith amó a Eva y sintió más compasión por ella de la que nunca había sentido por nadie más. Tenía que salvarla del destino de Adán. Eva no debía dejar el Edén. Si Lilith podía cambiar el destino de Eva, entonces cambiaría la historia, incluso la suya propia. Podría salvar a la esposa de Simón y a un número incontable de otras jóvenes. Quizás era posible ser algo más que una persona despreciable y había llegado el momento de hacerlo.

—¡Quédate aquí! —ordenó a Han-el—. No vengas conmigo. —El Ángel se inclinó ante ella y se quedó quieto. Lilith se deslizó con facilidad al otro lado del muro del Edén, sabiendo que tampoco regresaría.

—¡Lo encontramos! —exclamó Gerald con gran emoción—. Lo que Simón ocultaba, ¡lo encontramos! —Ambos hombres sobresaltaron a Anita en medio de un bocado de la cena. Luego de recuperarse, los miró confundida, ya que John tenía un puño levantado como para mostrarle algo, pero no tenía nada en la mano.

—¡Felicidades! —dijo girando los ojos al techo y limpiándose la boca—. Envié unos hombres a encontrar algo y regresan muy emocionados con nada.

—Corazón de mi vida —suplicó Gerald—, es una bolsa de mimetización. Absorbe la luz para volverse prácticamente invisible, por esa razón no la vimos antes. Pero esta vez, cuando revisamos la habitación de Lilly, estaba oculta con su diario.

Anita bajó la cuchara, mientras la expresión de su cara pasaba del enfado al asombro.

—Bueno y ¿qué hay en ella? ¿Encontraron el anillo y la llave?

—No —añadió Gerald—. Encontramos algo siniestro: un antiguo espejo con un jaspe sanguíneo.

John usó sólo dos dedos para tomar el mango y extraer con cuidado el espejo de su funda, hasta mostrarlo por completo. Lo colocó sobre la mesa y los tres lo rodearon para verlo.

—He estudiado estos espejos —dijo Gerald—. Son muy raros y favoritos de las ciencias ocultas; son espejos que te mienten.

—En lo personal, me parece que eso se aplica a casi todos los espejos —añadió Anita entre risas.

—No en este caso —prosiguió Gerald—. ¿Ves que no tiene imagen en la superficie?, sólo una neblina gris y justo aquí —señaló la piedra manteniendo su dedo a distancia— está el jaspe sanguíneo, que tiene forma de diamante. No debes tocarlo, porque te sacará sangre. Si miras más de cerca, podrás ver que hay sangre seca aquí y acá. Sospecho que es sangre de Lilly, pero la examinaremos. Se dice que esta piedra absorbe tu vida y luego refleja las verdades más profundas de tu ser y de quién eres en la esencia misma de tu alma.

—¿Puede hacer eso? —preguntó Anita asombrada.

—Por supuesto que no —aseguró Gerald—, son patrañas. El propósito es entrar en contacto con su sangre, pero eso sólo es un engaño. En realidad lo que hace es inyectar un veneno que puede ser de muchos tipos: una droga o una neurotoxina o una combinación de ambas, que hace que un individuo se vuelva sumamente sugestionable. Se aprovecha de los peores temores y del desprecio que sientes hacia ti mismo.

—Lo llevaré de inmediato con los Científicos —indicó John, regresando el espejo a su bolsa y colocando ambos dentro de una caja—. No podemos determinar qué vio Lilly, pero con toda seguridad no fue nada bueno.

LILITH NO TUVO QUE buscar a la serpiente. Ésta la encontró poco después de que abandonara el santuario del Edén.

—Dime qué te propones —demandó, y Lilith simplemente sonrió. La serpiente apenas podía elevar la cabeza por encima del suelo y la chica la superaba con mucho en estatura.

—Un plan donde todos saldremos ganando —declaró. Lilith tenía intención de ir directamente con Adán, pero la alianza con la bestia podía ser útil, en caso de que se necesitara persuadir a Adán.

—Te escucho —respondió la criatura.

—Oí la promesa que hizo Adonai a Eva, que algún día su hijo te aplastaría la cabeza.

—Bueno, he tenido mejores días. ¿Qué propones?

—Mientras Eva permanezca en el Edén, no puede procrear. ¿Alguien que tenga el poder de aplastarte la cabeza podría nacer sin la participación de Adán? Si se mantienen separados, ¿no tendrías asegurado tu futuro?

La serpiente permaneció en silencio por largo tiempo; finalmente dijo:

—Adán está inconsolable y busca cualquier medio para traerla aquí.

—Se alejó de Dios y de su semejante. Está solo, pero podemos aliviar su soledad.

La bestia entendió.

—¿Te refieres a ti? ¿Te ofrecerías a él? ¿Por qué?

—Para mantener a salvo a la Madre Eva y a muchas otras.

—Ah, tú eres la hija de Eva. Pero eso te hace aún más peligrosa, tanto para Adán como para mí. Adonai dijo que la semilla de Eva aplastaría mi cabeza, pero esa semilla podrías ser tú.

Lilith estaba lista.

—¡No! Eva dijo que sería un hombre niño. Estando conmigo, eso no podría pasar. No puedo tener hijos y nunca seré una amenaza. Puedo cumplir con un propósito tanto para Adán como para Eva.

—¿Y qué razón tendría Adán para querer a alguien como tú, que eres una nada miserable tan dispuesta a venderse para este propósito?

La serpiente decía algo muy cierto. Lilith se detuvo en seco y la increpó:

—¿Crees que soy una puta? Y en todo caso, ¿importaría que lo fuera? No. Lo único que importa es que todos consigamos justo lo que queremos.

La serpiente se enroscó como si estuviera a punto de atacar, pero en seguida bajó la cabeza al suelo.

—La oscuridad de Adán está madurando, pero no puede compararse con la tuya. O bien no tienes idea de quién eres o ya no te importa. Encontraré a Adán.

La serpiente se alejó arrastrándose y Lilith se quedó temblando en el frescor de las últimas horas de la tarde. Se sentó en una piedra mirando sus manos y piernas sucias, su vestido destrozado por los cardos y las espinas. Cerca había un arroyo y un estanque que entonaban su canción de inocencia, donde Lilith lavó sus manos y su cara; los últimos rayos del sol se reflejaron en su brillante superficie y Lilith vio el rostro de una muchacha fuerte y llena de posibilidades. Con su mano rompió la continuidad de la imagen, que se desvaneció en pequeñas ondas. Era una mentira que no reflejaba la verdad subyacente.

Poco después escuchó que Adán se acercaba conversando acaloradamente pero, en cuanto la vio, se detuvo en seco y la miró fijamente, hasta que Lilith se sintió incómoda.

—¿Quién te envió aquí?

—Eva. Ella te ama y tu soledad la entristece. —No era una total mentira, pero tal vez era estirar la verdad hasta casi romperla—. Adán, seré tu compañera. Deja que Eva se quede con Dios en el Edén. Está mejor ahí. Conmigo no te sentirás solo porque puedo satisfacerte. Te ruego que la dejes con Dios.

Adán levantó una mano para callarla y poder pensar.

—Tienes razón —dijo finalmente—. Sólo he pensado en mí mismo y en las cosas que perdí. Lo entiendo claramente y ya no iré todos los días a rogarle que salga para venir conmigo. Está en un lugar mejor, donde el esfuerzo no marcará su existencia y donde tiene el abrazo del Amor de Dios.

Se sentó en el suelo y empezó a arrojar tierra sobre su cabeza y a gemir.

—La extraño con toda mi alma. Todos los días encuentro menos razones para seguir vivo.

Lilith se sentó a su lado, aunque cuidando de no tocarlo. Las lágrimas de Adán se mezclaban con la tierra y el lodo lo cubrió como un sudario. Sin mirarla, levantó la mano para tomar la suya.

—La serpiente me dijo que eres la hija de Eva. ¿Es verdad?

—Lo soy.

—¿Y harías esto por tu madre? ¿Convertirte en mi esposa?

—Sí, por mi propia decisión.

—¿Puedes prometerme un hijo?

Ante esa pregunta, Lilith estaba atrapada. ¿Se enteraría Adán? ¿La serpiente le había dicho? Si mentía y él lo sabía, sería el fin de sus planes; pero si decía la verdad, también podría terminar con todo.

—Algunas cosas toman tiempo y…

—Lilith —Adán apretó su mano—, ¿puedes prometerme un hijo?

La desesperación la cubrió como un manto y estrujó su corazón, volviéndola casi incapaz de articular palabra.

—No, Adán, no puedo.

—Mírame —dijo él con ternura. Por difícil que fuera, levantó la cabeza para mirarlo directamente a sus ojos oscuros salpicados de chispas doradas, y a su rostro, que era un revoltijo de lodo y lágrimas y que mostraba una sonrisa de cansancio grabada en la boca—. Aunque pudieras prometerme un hijo, te diría que no. Eva es mi amada y aprenderé a vivir sin ella, no la traicionaré una segunda vez. Lilith, Eva no tiene sustituta y tampoco la tienes tú. Percibo en ti una oscuridad engañosa que te lleva a venderte a cambio de algo que tiene menos valor que el amor, y sé que soy el origen de eso. Quizás algún día encuentres un lugar en tu corazón para perdonarme, porque seguramente soy tu padre.

Lilith perdió el control. La había rechazado, y su furia hacia los hombres que la habían convertido en un objeto dañado alimentaba ahora el desprecio que sentía por sí misma. Se desprendió de Adán y se puso de pie.

—¡Te odio! —rezongó con ira y, dándole la espalda, corrió hacia la oscuridad del bosque. Adán la dejó ir. Lo único que quedaba para Lilith era encontrar un lugar donde morir.

JOHN ENTRÓ A TODA prisa en el salón donde Gerald y Anita se concentraban en una serie de libros.

—Lilly está empeorando —anunció.

—¿Quién la está cuidando? —espetó Anita con la furia de una mamá gallina.

—Letty está con ella —respondió John.

—Ya me lo temía —dijo Gerald con un gemido, azotando sobre la mesa el volumen que leía; lo levantó y volvió a azotarlo—. No puedo encontrar qué está catalizando el veneno. Sabemos su composición química, conocemos las plantas de las que se derivó, administramos toda variedad de antídotos, antitoxinas y antitodo, pero se está muriendo y me siento totalmente impotente. También he rezado, en caso de que lo duden… no he dejado de rezar.

—¡Yo también, Gerald, yo también! —susurró Anita.

Rodeó a su esposo con sus brazos y él no hizo intentos por soltarse, sollozando para aliviar aunque fuera un poco su frustración acumulada.

—Quizá no exista cura —sugirió John.

—¿A qué te refieres? —preguntó Anita—. Tiene que haberla.

—No si el veneno no tiene un origen biológico, químico o neurológico. ¿Qué pasa si lo que Lilly vio en el espejo acabó con su esperanza? ¿O su sensación de valía?

—O de trascendencia o de amor —añadió Anita—. Eso parece lógico. Sin esperanza, incluso una persona sana puede morir. Y Lilly apenas empezaba a sanar en sentido físico, aunque mucho menos emocionalmente.

—Si eso es cierto —señaló Gerald—, ¿qué podemos hacer?

—Gerald, lo acabas de decir —indicó John—. Haremos lo único que sabemos y dejaremos el resto a Dios. Rezaremos y cantaremos y hablaremos y la ungiremos con aceites. ¿Acaso no somos los decanos?

En ese momento, Letty asomó la cabeza.

—Perdonen que los interrumpa, pero tengo noticias. No me mires de ese modo, Anita. Lilly nunca se queda sola. El Vigilante vendrá mañana, pero no sabemos por quién viene. Tal vez por Lilly.

Ése era un golpe inesperado y John fue el primero en recuperarse.

—Entonces, será mejor ocuparnos de los rezos y las unciones, ¿no creen? Sé que la oración no es magia ni ningún otro ardid, pero en este momento estoy dispuesto a negociar con mi propia vida.

LA ÚLTIMA ESPERANZA DE Lilith era que la muerte llegara con rapidez y sin dolor. Se acurrucó bajo un antiguo y enorme árbol. No logró evadir la ironía de tratar de conservar el calor mientras intentaba morir, pero a veces los mecanismos de supervivencia parecían más un obstáculo.

Sentía cómo su alma se escapaba lentamente de su vida fracturada y llena de huecos que ni siquiera las mentiras podían sellar. Las últimas palabras que había gritado a Adán eran la prueba final de una vida desperdiciada. En ese momento estaba siendo despiadadamente franca: odiaba todo.

—¡Maldito seas, Adán! ¡Maldito seas, Dios! ¡Maldita sea yo misma! ¡Malditos todos! —murmuró.

Pero ¿quién era ella para hacer tales pronunciamientos devastadores? No era nada ni nadie.

Era como si alguien hubiera capturado toda su vida en una serie de fotografías. Mientras yacía ahí, al borde de la muerte, se vio obligada a mirar cada una de ellas. Cada imagen de un recuerdo era una acusación más y señalaba que no había nada bueno en ella.

Ya fuera en sueños o en sus delirios, bailaba en harapos, rodeada de juguetes rotos y de los chasquidos de puertas que se cerraban. Entre la mezcla de colores brillantes y música que se iba desvaneciendo, pensó haber vislumbrado la presencia de Adonai, pero luego miró hacia otro lado. La cubrió una sensación de paz y se entusiasmó por morir. Al fin podría encontrar el descanso que borraría todas sus angustias. El cielo no era una opción, aunque el infierno no podía ser peor que la vida que había conocido.

Pero Él estaba ahí de nuevo, ofreciéndole una sonrisa, una mirada amorosa, una caricia breve, mientras ella, una vez más, se alejó dándole la espalda.

Las ramas frondosas que había reunido para formar su último lecho parecían ahora como un almohadón viviente que eliminaba el peso de su existencia al envolverla con piadosa misericordia. Su último pensamiento cuando la oscuridad de la inconsciencia cayó sobre ella fue: «Si morir es así de fácil, debí haberlo hecho antes».

18

FRENTE A FRENTE

Lo que la sostenía no eran suaves ramas, sino los fuertes y amorosos brazos de Adonai, que se sentó bajo el añoso árbol y entonó antiguos cantos sobre las estrellas y el Principio, la dicha y la esperanza, y todo lo relacionado con el Amor en el que nada es amargo. Era el pacífico canto de la recuperación y el descanso. Convocaba los más profundos anhelos y la recibía de regreso a un hogar como siempre debió haber sido.

Lilly respiró profundamente y abrió poco a poco los ojos. En otro lugar y otro tiempo habría negado la presencia de Adonai, pero aquí y ahora sentía como si nunca nada hubiera sido realidad. Estaba harta de huir, había caído y se había estrellado contra el piso, hasta que por fin encontró un sitio donde descansar. Así que hizo lo que cualquier niño haría. Volvió la cara y la hundió en el pecho de Adonai, desahogándose entre lágrimas y sollozos, mientras Él la abrazaba con Su paz y Su amor.

Toda su vida había esperado esto. Conocía y era conocida de un modo que iba más allá del entendimiento, captaba el profundísimo misterio de por qué la música invade, enciende y entonces mora en el alma, encontrando ahí su eterna residencia. No había más que pudiera desear que ser hallada por completo dentro de este Hombre Eterno, para que fuera escuchada, vista y celebrada.

—Lilly, eres tú a quien amo —dijo esa voz que la bañó como aguas curativas. Las palabras mismas estaban vivas y la dejaban desarmada. Sintió que nunca tendría que escuchar más sonidos ni más sílabas. Ésos eran suficientes y, en ese abrazo firme y eterno, todo lo que estaba destrozado o perdido se podía encontrar, restablecer y celebrar.

—Lilly, ¿confías en Mí? —Era una pregunta que no se refería a una creencia sino a la persona, el carácter y la relación, y que sólo pedía ese momento solitario, suspendido en la trama del tiempo universal. No requería justificación, ni de razón o defensa. Era simple y pura, y así lo fue también la respuesta inmediata, que iba envuelta en un llanto incontrolable.

—Sí confío. —Era verdad pero, incluso al decirlo, sintió resistirse. Internamente, Lilly se retrajo un poco—. Bueno, realmente quiero hacerlo.

El abrazo la estrechó un poco más fuerte y Adonai habló:

—Lilly, siempre has sido digna de que se te ame y siempre te he amado. Eso ha sido cierto desde toda la eternidad, pero no lo sabías.

Si existía algo profundo que debiera rectificarse, cualquier mentira, insinuaciones o acusaciones que estuvieran afianzadas en la base de su conciencia, no podía imaginarlas. Permitió que las olas la devoraran y volvieran a constituirla; la feroz llama del afecto de Adonai desintegró todo lo que no se refería al Amor. Por un momento sintió como si no quedara nada de ella, pero la misma idea se volvió cenizas en el aire y ya no importaba, porque en ese preciso instante confiaba.

Cuando la conmoción y la marea se tranquilizaron, Lilly se dio cuenta de que estaba acurrucada en el seno de Adonai, mientras Él se reclinaba contra el árbol.

—Lilly —la voz del Hombre Eterno era serena—, la confianza se refiere a la relación, no al poder. Cuando dos bailan, cada uno sigue respetuosamente al otro. Existe una cadencia en la relación y ahí es donde participa Ruach.

—¿Y tú confías en el Espíritu Santo?

—Lo hago, bueno, realmente quiero hacerlo —Adonai rio.

Ahora era Lilly quien reía, reconociendo sus propias palabras.

—La confianza es una cosa que nunca ha sido fácil para mí —dijo ella con un suspiro.

—Pero no es una cosa en absoluto. Es entregar tu esencia al otro, ser débil y quedar desnudo y sin vergüenza. Tienes una historia y una experiencia que te dicen que la confianza es una montaña imposible de remontar, pero puedes hacerlo y lo harás.

—¿Lo haré, Adonai? ¿Alguna vez podré remontar esa montaña?

—Sí, querida mía, ya lo estás haciendo un paso a la vez, y no estás sola.

Se reclinó de nuevo contra Su pecho y cerró los ojos, dejando que el sol acariciara su cara y los sonidos de la actividad de los insectos ocuparan toda su atención.

—¿Cómo me encontraste? Estaba convencida de que moriría. Parecía lo más sencillo para todos, en especial para mí.

—Tú nunca has estado perdida para Mí. Te perdiste para ti misma, pero no para Mí.

Eso hizo que Lilly sonriera, reconfortada y segura.

—¿Y ahora qué? ¿Nos podemos quedar así para siempre?

—Ven —indicó mientras se levantaba y la ponía también de pie—. Lilly, ¿confías en Mí?

—¡Sí, confío! —Caminaron tomados de la mano hasta que rodearon un arroyo y ella vio el fuego de los límites del Edén.

—¿Qué estamos haciendo aquí? —inquirió, perpleja y ansiosa.

—Estoy aquí para llevarte de nuevo adentro. Lilly, ¿confías en Mí?

—No puedo entrar ahí —dijo con voz entrecortada—. No pertenezco ahí.

—En parte tienes razón. Lilith no puede atravesar el fuego, pero Lilly sí, y es Lilly quien siempre ha pertenecido a este lugar.

Estaba frente a otra decisión, otra encrucijada. Atreverse a pasar por ese muro significaría que las mentiras se quemarían hasta desaparecer. ¿Podía dejar atrás a Lilith? Sentía que en su interior se libraba una batalla, como si Lilith estuviera rogándole.

—Lilly, levanta la mirada y observa Mi rostro —indicó Adonai—. Estoy aquí y nunca te dejaré. En cualquier baile, a veces marcas el paso, pero también debes someterte. Así que, mi querida Lilly, debes elegir y Yo me someto a ti.

El Hombre Eterno estiró ambas manos y entró de espaldas al fuego. Mientras lo hacía, Sus ojos se encendieron en llamas, Su túnica se transformó en una cascada de luz brillante y Sus pies brillaron como metal bruñido.

Tres veces le había pedido que confiara y, por tercera vez, ella llegó a una decisión. Tomó sus manos y Él la condujo lentamente al interior del muro, donde los envolvió la llamarada. El dolor del juicio divino la cubrió como un furioso torrente y ella se entregó a él, permitiendo que arrancara las mentiras que habían poblado su espíritu, su alma y su cuerpo.

Cuando parecía que todo estaba destruido y no quedaba nada más, la Voz Todopoderosa del Amor impetuoso hizo una última declaración.

—Lo que está vivo nunca morirá, y lo que está muerto se consumirá por completo.

Lilly cruzó y abrió los ojos.

—¿Letty? —carraspeó Lilly—. ¿Qué haces aquí?

—Estoy tejiendo, ¿no lo ves? ¡Tejo! —Como si nada hubiera pasado, la pequeña mujer regresó a su conocido y agradable tarareo y a su tejido.

—¿Dónde estamos?

—En tu cuarto del Refugio. Los demás fueron a dormir un rato, los mantuviste despiertos por mucho tiempo. Hace poco por fin te bajó la fiebre y ya estás mejorando rápidamente. Alabado sea Dios, pensamos que estabas en las últimas.

—¿En las últimas? —preguntó riendo—. ¿De veras? ¿Entonces, te tocó el turno de la noche? ¿Perdiste al lanzar la moneda?

—Me ofrecí a hacerlo, no necesito del sueño como los otros. —Letty bajó sus agujas por un momento y se inclinó hacia el rostro de Lilly—. ¿Qué pasó? ¿Qué te hizo volver? Pensamos que habías perdido toda esperanza y no sabíamos cómo establecer contacto contigo.

—¡Fue Adonai! —dijo Lilly aclarándose la garganta—. Adonai fue Quien cambió las cosas. Vino a buscarme y me sanó dentro del fuego.

—¡Ah, sí! —Letty sonrió—. Corazón, todos atraviesan por el fuego, pero la llama de Su Afecto es *a tu favor* y no *en tu contra*. Te purifica de todo lo que no sea Amor.

—¿Es permanente?

Eso provocó la risa de Letty.

—Ja, querida mía, la verdad siempre es permanente, pero tendrás que esforzarte en tu nueva vida con temor y temblor, ya que estás muy frágil y desnuda.

—Se nos creó de ese modo, ¿no es cierto? ¿Desnudos y sin vergüenza?

—Así es. —La pequeña mujer asintió, concentrándose de nuevo en su tejido.

—Letty, ¿qué haces? —preguntó curiosa—. No parece que nadie de por aquí se dedique al tejido.

—De hecho no tengo idea, pero me ayuda a pensar y a orar. Tengo docenas de estas… estas *cosas* que no tienen ni pies ni cabeza. Algún día las juntaré y veré si puedo darles algún orden.

—Eres la mejor —rio Lilly, dejando que el silencio de la noche las estrechara. Después de unos minutos, Letty bajó las agujas y habló en un tono completamente diferente.

—Lilly, tengo que confesarte algo.

—¿Hiciste algo malo?

—No, no es ese tipo de confesión. Se refiere más a decir en voz alta algo que mantuve guardado.

—Vaya, más secretos. Estoy harta de los secretos.

—No, tampoco es un secreto. Es una sorpresa agradable que ha estado esperando el momento adecuado.

—Entonces, ¿llegó ese momento?

—Así es. Lilly, es que no soy precisamente, bueno, no sé cómo decirlo, pero no soy humana.

—¿En serio? —Lilly rio como si fuera extraordinario—. ¿Ésa es tu sorpresa? Letty, nunca estuve segura de saber qué eras, pero jamás creí que fueras humana. Entonces, si no eres humana, ¿qué eres?

—Bueno. —Soltó una risita. Estaba disfrutando de ello, pero la risita ahogada condujo a una risa nerviosa que la llevó a resoplar por la nariz, lo cual provocó la carcajada de ambas.

—Bueno, ya dime —insistió, todavía riendo.

Cuando Letty por fin se tranquilizó lo suficiente, se inclinó hacia ella reanudando el movimiento de las agujas.

—¿Sabes que Han-el es el Guardián de John? —Lilly asintió y la mujer esperó un momento—. Pues bien, yo soy la tuya.

—¿La mía? —Lilly estaba totalmente sorprendida—. ¿Te refieres a mi Ángel Guardián?

—Ni te lo imaginabas, ¿verdad?

Lilly se reclinó en su cama, boquiabierta.

—¿Pero no eres como la alcaldesa del pueblo o algo por el estilo, o miembro del consejo o quién sabe qué más?

—Soy versátil.

—¿Siempre has sido mi Guardiana?

—Sí, siempre.

—Pero pensé que los Guardianes, ya sabes…, guardan, protegen.

Letty suspendió su tejido.

—¿Alguien te dijo que soy buena en eso? —y soltó su clásica risita aguda—. Lilly, nuestra labor sería más sencilla si los humanos no fueran tan complicados. La mayoría de ustedes tiene tan mala opinión de sí mismo que ni siquiera empieza a darse cuenta del poder que tienen sus decisiones y su dominio. Incluso las decisiones que vienen del mal sombrío deben tratarse con respeto, porque quienes las toman son seres humanos. Así que vigilamos y atendemos y, cuando está permitido, interferimos, que es mi parte favorita. Es una de las razones por las que sus oraciones son tan poderosas. Nos permiten meternos en sus asuntos.

Entonces escucharon que John se acercaba, silbando la melancólica canción de siempre.

—¿Y él lo sabe? —preguntó Lilly.

—No. —Letty sonrió—. Simplemente cree que soy vieja y muy rara. Creo que dice que soy una Cascarrabias.

John entró, echó una mirada a Lilly y pareció tan aliviado que la chica pensó que se pondría a llorar.

—¡Lilly! —exclamó dándole un abrazo, que ella correspondió. Algo había cambiado dentro de ella, ya no sentía las dudas o la cautela de antes—. Encontrarte despierta y con tan buen semblante es el mejor regalo que puedo imaginar. Veo que se están poniendo al corriente.

—Un poco —reconoció Lilly—, pero sigo teniendo montones de preguntas. Supongo que sabes sobre Simón y el espejo,

¿no es así? —Se sintió bien de ya no tener secretos que ocultar y estaba decidida a mantener las cosas así.

—Sí, lo sabemos —respondió John—. Simón tenía el mal sombrío desde el primer día que llegó aquí con Anita y Gerald.

—¿Lo sabían y no me dijeron? —Lilly se resintió.

—¿Nos hubieras creído?

—Tal vez no —aceptó—. ¿Por qué no lo detuvieron?

—Necesitábamos tiempo para determinar qué se proponía. Decírtelo sin tener pruebas te hubiera lanzado más profundamente a la oscuridad contra la que luchabas.

—Bueno, pues él dijo cosas bastante horribles de ti y de los demás.

—De la manera más educada posible, me supongo —refunfuñó John—. Eso sí, tienes que reconocerle el esfuerzo.

—¿Y dónde está?

—Puse una trampa en la que cayó por su propio pie. En este preciso momento está a bastantes kilómetros al sur recibiendo ayuda, igual que Karyn lo está haciendo al norte. Tienen que descubrir que no están solos, antes de que puedan estar juntos.

—¿Karyn? ¿Su esposa? Pero pensé que estaba...

—Karyn fue la Erudita a quien dio el mal sombrío antes de que llegaran aquí. Es probable que ese espejo, que era suyo, haya tenido mucho que ver con ello. Es un instrumento terrible. De cualquier modo, nuestra esperanza es que después de que sanen como individuos, vuelvan a encontrarse, avergonzados pero en mejor estado.

—Pero ¿por qué quería que yo usara el espejo?

—Cuando lo confronté, dijo que realmente creía que podías usar el espejo para cambiar la historia y regresarle a su esposa.

—¿Dónde está ahora el espejo?

—Guardado bajo llave en un sitio profundo del Refugio. Los Eruditos intentarán descubrir sus secretos, como medida

preventiva. —John palmoteó como para poner fin a la discusión—. Entonces, Lilly, la de las últimas preguntas, ¿hay otra
cosa que quieras saber antes de que te llevemos a la cocina
para darte algo de comer? Ah, y por cierto, sólo vine para ver
si los Sanadores tenían razón. Me dijeron que estás progresando
notablemente. De hecho, creo que el término que usaron fue
sin precedentes, que es un concepto ambicioso para los expertos; dijeron incluso que podrías tratar de caminar si te sientes
con fuerzas. Pero muy despacio y con mucha ayuda.

Lilly estaba entusiasmada. Primero John la ayudó a sentarse en el borde de la cama, luego bajaron hasta que pudo
tocar el piso con los pies. Con gran cuidado, se incorporó por
primera vez desde su llegada. Fue una sensación liberadora,
como un pequeño éxito, pero el esfuerzo la mareó y después de
un par de pasos vacilantes regresó a su cama, ahora convertida
en silla de ruedas.

—Asombroso —declaró John, y Letty sonrió de oreja a
oreja—. Trabajaremos con eso y otras cosas más. ¿Qué piensas
que produjo tal recuperación *sin precedentes*?

—Adonai —respondió Lilly.

—Por supuesto —afirmó John—, Adonai y el momento
oportuno. Eso es algo que nunca entenderé del todo, ¡pero que
agradezco! —dijo esto último al aire, como si hablara con Alguien invisible.

Letty se adelantó mientras John sacaba a Lilly en su silla.
Para Lilly todo era diferente, casi nuevo, ya que sus sentidos
estaban agudizados. También estaba agradecida y susurró en
silencio ese agradecimiento hacia Quien fuera que la estuviera
escuchando.

Al llegar al área del comedor, Gerald y Anita se apuraron
a darle un abrazo que, de nuevo, ella devolvió con facilidad y
honestamente.

Apenas se habían sentado cuando Lilly soltó:

—Mi corazón agradecido es mi mejor ofrenda. —Los demás la miraron perplejos—. Bueno, pensé que si alguna vez quería aprender a rezar, éste sería un buen comienzo.

Después de una comida reconfortante de huevos pasados por agua y pan con mantequilla, que sabían mejor que cualquier cosa que Lilly hubiera probado en su vida, cada uno contó su versión sobre los últimos días, con muchas risas y un par de lágrimas ocasionales.

—¿Me porté muy mal con ustedes? —preguntó Lilly—. Así fue, ¿verdad? Lo siento tanto.

—No te preocupes, mi amor —indicó Anita—. Todos éramos conscientes de que tras bastidores estaban sucediendo muchas más cosas que no podíamos ver.

—¡Oh! —exclamó Lilly—. Fue mucho peor de lo que podrían haber imaginado. Simón y el espejo me convencieron de que yo era Lilith.

—¿Lilith? ¿En serio? —profirió Gerald, obviamente molesto con la mera sugerencia—. ¡Son puras mentiras! Es un mito que no tiene base histórica.

—Recordé lo que pensabas de ella, pero no me importó. El espejo y su veneno reflejaron las mentiras que creía de mí misma. Que era una mujer despreciable y fea, y que podría redimirme haciendo algo bueno: salvar al mundo al impedir que la Madre Eva se alejara.

—¡Vaya! —declaró John, sorprendido—. ¿Y cómo se supone que lograrías eso?

—Me da pena decirlo —declaró Lilly pausadamente—. Pensé que si me entregaba a Adán para sustituir a Eva, él dejaría de tratar de conseguir que abandonara el jardín para unírsele, y entonces el mundo cambiaría.

—No sabía eso —admitió Anita—, pero no creo que nada haya cambiado. —Miró a Lilly y añadió—: ¿Cambiaron las cosas?

—No lo creo —respondió la joven, que ahora tampoco estaba del todo segura.

—¿Qué sucedió? —preguntó John.

—Adán me rechazó, o más bien rechazó a Lilith. Eligió a Eva. Ahí fue cuando pensé que moriría y Adonai llegó y me encontró.

—Entonces, si nada ha cambiado —conjeturó Gerald—, en algún momento Eva debe de haber dejado el jardín.

—No lo sé —afirmó Lilly con tristeza—. Suena lógico. Y al parecer Adonai pensaba que debía hacerlo. ¿Por qué lo haría?

Nadie tenía una explicación que se ajustara con lo que Lilly sabía de Eva.

A medida que seguía la conversación, la chica se percató de que Anita y Gerald parecían dudosos de terminar con su comida, como si estuvieran ocultando algo. Finalmente preguntó:

—¿Y qué pasa con ustedes dos?

Anita apretó la mandíbula y no pudo hablar, así que Gerald hizo el intento de explicarse, pero sus palabras se ahogaron en un río de lágrimas.

—Nos convocaron con una petición y una invitación para ir a otro lugar y otro tiempo, y aceptamos. No sabíamos cómo decírtelo. Supongo que pensamos que si seguíamos hablando, no tendríamos que despedirnos. Sé que es una tontería, pero así es como me siento… bueno, como nos sentimos los dos.

—¿Se van? —Lilly sintió una avalancha de emociones—. ¿Cuándo?

—Pronto —respondió Anita con tristeza—. En un par de horas. Fue muy repentino y ambos coincidimos en que se requería una respuesta inmediata. Lo siento tanto, Lilly. Si hubiera otra solución…

—No, está bien. De verdad. Simplemente no lo esperaba. Los dos se han vuelto… especiales para mí, y yo… —Lilly no encontraba las palabras para describir cuánto le importaban Gerald y Anita.

—Nosotros también te queremos —dijo Gerald.

—Y, Lilly —añadió Anita—, a lo largo de mi vida he aprendido a confiar en Dios en cuanto a todo lo que es valioso para mí, como te has vuelto tú para nosotros. Es apenas el inicio de nuestra historia. Si no lo creyera, no podría irme.

Lilly se quedó callada y luego dijo:

—Necesito ir a traer algo que me gustaría darles. Por favor, no se vayan sin despedirse.

—Claro. En cualquier caso, también nos enteramos de que el Vigilante vendría de visita esta tarde y decidimos que si quiere a cualquiera de nosotros dos, tendrá que poner un poco más de esfuerzo.

—¡No entiendo! ¿Quién es ese Vigilante?

—Después te explicaré, Lilly —dijo John—, pero en este momento Gerald y Anita tienen que prepararse para su siguiente viaje. Reunámonos todos aquí en una hora más o menos para despedirnos.

—Letty, ¿me llevarías a mi cuarto? —solicitó Lilly y, sin decir palabra, la guardiana la empujó en su silla para salir al corredor.

—Gracias —suspiró Lilly—. No sabía qué decir de todo lo que estoy sintiendo. Es como… es que siento como si por fin hubiera encontrado una familia, y así de rápido me la quitan.

—Nada permanece igual, querida mía. La confianza no es una decisión de una vez en la vida, sino una elección que se toma a cada momento mientras el río sigue su curso. Agradecemos los dones que nos rodean y luego los dejamos ir, confiando en que no se perderá nada, aunque lo perdamos por un tiempo.

—De verdad trato de entender, te lo juro. Tal vez piensas que soy un desastre.

—Pienso que eres una adolescente —rio Letty—. Y con frecuencia esos términos van juntos.

Eso causó risa a Lilly y la hizo sentir mejor.

Cuando todos se reunieron de nuevo en el salón para despedirse, Lilly entregó su diario a Anita, quien pareció sorprendida.

—¿Tu diario? Lilly, ¿qué es esto?

—Es mi regalo para ustedes, la única *cosa* que tiene importancia para mí, y quiero que tú y Gerald lo tengan. Los dos significan más para mí que cualquier cosa que tenga, aunque sea muy valiosa.

Anita y Gerald quedaron anonadados; John observaba como un padre orgulloso.

—John me hizo este libro que en realidad es una grabadora, como las que tienen en la Bóveda. Registré todo lo que atestigüé, tanto lo bueno como lo no tan bueno, porque quiero que ustedes también lo tengan. Ya hice mi parte y ahora creo que llegó la hora de que algunos Eruditos averigüen qué significa todo esto.

John mostró a Lilly cómo añadir las huellas de las manos de los Eruditos para que ellos también pudieran acceder al contenido.

—Supongo —dijo— que encontrarán otra Bóveda en el sitio al que vayan. Ahí pueden almacenar el diario y reproducirlo para estudiar el contenido.

—Te veremos muy pronto, Lilly. Sólo es cuestión de tiempo.

Sin gran alboroto, todos se abrazaron tocándose la frente, luego los Eruditos se fueron sin mirar atrás, por razones que Lilly podía entender.

Acomodó su silla a unos cuantos metros de la ventana de filamentos y, tanteando, se irguió. John se acercó pero no intentó ayudarla, mientras la joven daba unos cuantos pasos débiles y tambaleantes para mirar hacia las playas que estaban abajo.

—Lo logré —exclamó orgullosa, y John aplaudió en reconocimiento.

Con gran cuidado y cautela, regresó a su silla y se sentó, agotada pero contenta.

—John, ¿me llevarías al Patio del Castillo para sentir el viento y el sol?

Por un segundo, John dudó antes de hablar.

—Eso me encantaría.

No tardaron mucho en subir la rampa y, cuando estaban a punto de atravesar la puerta para salir al sol, se apareció Hanel frente a ellos inesperadamente.

El Guardián sonrió.

—John —entonó el Cantor—, te asistiré.

John bajó la cabeza un momento y pensó antes de asentir.

—¡Gracias!

—¿Te asistirá en qué? —preguntó Lilly, percibiendo una sensación de náuseas que invadía su estómago.

Sin responder, John pasó con la silla de Lilly junto al Ángel hasta colocarla bajo el sol. En lugar de sentir el calor, el corazón de Lilly fue presa de un escalofrío, y jadeó sorprendida. Al mirar hacia el agua, observó a un desconocido que vestía un traje de tres piezas y un bombín negro que acentuaba su complexión macilenta y anémica. Los ojos del hombre eran huecos y oscuros. En contraste con su vestimenta negra y blanca, llevaba un accesorio que chocaba con todo: una corbata de moño en color escarlata brillante.

—¿Tú eres el Vigilante? —preguntó, tratando de controlar su temor.

El desconocido no volteó hacia ella, pero respondió con una voz tranquila y fría.

—Busco a un amigo, un amigo en particular, a quien he buscado por largo tiempo. Un Recolector. Creo que lo conoces, ¿no es así? ¿Estará cerca?

—Aquí estoy, Vigilante, como si no lo supieras —declaró John sin ninguna emoción.

Casi podría decirse que ese hombre solemne sonreía, pero si ésa era su expresión, no permaneció en su rostro más que un instante pasajero.

Había algo escalofriante en su apariencia y autoridad, y Lilly desvió su silla para alejarse. Su instinto indicaba que no quería estar cerca de él, no tanto porque representara una amenaza inminente, sino porque infundía un profundo temor e incertidumbre en su corazón. Resultaba difícil imaginar que este hombre tuviera cercanía con alguien, en especial con John el Recolector.

—Quizá sea tu amigo —susurró— ¡pero me da horror!

—Supongo que es cuestión de perspectiva —rio John.

—Me recuerda a un enterrador —señaló Lilly—. Excepto por esa corbata de moño.

—¿La corbata? —rio de nuevo—. Tampoco encuentro el sentido.

Ahora John se dirigió al desconocido.

—¿Así que viniste por mí? —La pregunta tomó por sorpresa a Lilly.

—Espera un momento, ¿tú sabías que estaría aquí? ¿Por qué no me dijiste que no cuando te pedí que viniéramos? —balbuceó ella.

—Lilly, nunca te he dicho qué hacer o qué no hacer, ¿por qué empezaría ahora? —John se inclinó y besó su frente.

El Vigilante volteó hacia ellos y por primera vez reconoció la presencia del Recolector y saludó a Han-el con una inclinación de cabeza.

—Hola, viejo amigo —dijo a John—, has sido astuto y difícil de rastrear.

—Tuve ayuda —respondió John, señalando con la cabeza hacia Han-el, quien permaneció con los brazos cruzados.

—Cierto, pero ahora tu estadía ha terminado. Es tiempo de que te vayas.

—John —dijo Lilly con voz entrecortada—, ¿de qué habla? ¿Ir a dónde? —Temía escuchar la respuesta.

—¿Ir a dónde? —repitió John al Visitante—. ¿A alguna otra isla entre mundos o entre dimensiones?

—No en esta ocasión, John. Hoy irás a casa.

Como si las cosas no fueran suficientemente extrañas, al escuchar esto, John rompió en llanto.

—¿A casa? ¿Has venido para llevarme a casa? —dijo entre sollozos, y sus piernas dejaron de sostenerlo. Se derrumbó en el suelo junto a la silla de Lilly, y ella lo rodeó con un brazo de un modo protector, aunque estaba desolada. Ahora parecía que dos veces en un mismo día perdería a alguien.

—Ya sé por qué has venido hasta aquí —soltó la chica apretando los dientes—. John, ¿vas a morir?

John recuperó la compostura y se puso de pie, pero entre sus lágrimas asomaba una sonrisa.

—¿Me das un momento para despedirme?

—Aguardaré sólo lo necesario para eso antes de nuestro baile de regreso a casa.

John ignoró al Vigilante y se arrodilló para hablar con Lilly frente a frente.

—No estaba seguro. Tenía la sospecha, pero era incierto. Lamento que sea tan repentino.

—¡Odio esto!

—Lo sé y te entiendo —la tranquilizó—. Lilly, escúchame. Gracias a Adonai, lo que para ti es una muerte, para mí será más como una vida.

—No entiendo.

—Ya lo entenderás, querida Lilly. Ya lo entenderás.

—¿Pero no estás triste? Yo estoy tan infeliz que creo que voy a estallar en pedazos.

—Siempre es triste dejar un lugar y un tiempo para entrar a otro, en especial cuando dejas algo o a alguien que es tan preciado. Cuando tengas mi edad, sabrás cuándo se acerca un nuevo comienzo, puedes considerarlo como una premonición. Dejarse ir también es una forma de regresar.

—John, me ayudaste a poner en orden mi corazón. ¿Sabes que eres el primer hombre en quien he confiado y al que he amado en toda mi vida?

—Ha sido un privilegio y un honor —susurró—. Lilly, Dios es un artista tan extraordinario que nunca permite que nadie sane por sí solo. Un día verás cuánto me sanaste con tu presencia.

—¿Yo?

—Lilly, no te pido que confíes en mí toda una vida, sólo en este momento. ¿Confiarás en mí?

Necesitó unos minutos para recuperar el aliento, mientras él le secaba las lágrimas. Finalmente dijo:

—¡Sí! Confío en ti en este momento.

—Entonces, despídete de mí.

Así lo hizo. Lo abrazó y besó sus mejillas, y lloró y lloró desconsolada. Por último, le susurró al oído.

—Adiós, John, te veré pronto.

—¡Así será! —afirmó él y, respirando profundamente, se puso de pie.

—¡Espera! Tengo una última pregunta.

La carcajada de John fue diáfana y pura.

—Por supuesto que tendrías una, ¿cuál es?

—En el Edén, Dios tiene muchos nombres. ¿Cómo Lo llamas tú?

—Ésa es fácil. ¡Mi manera favorita de decirle es Primo!

—¿Primo?

—¡Sí! ¡Siempre me ha encantado decirle a quien me pregunta que Dios es mi primo! —John lanzó una amplia sonrisa y lucía rejuvenecido—. Adonai, Jeshua, Jesús, el segundo Adán: ¡es mi primo!

Al volver la cara para ver al Vigilante, Han-el apareció a su lado y lo tomó de la mano.

—¡También te amo, Lilly Fields! —gritó John con su radiante alegría infantil.

El Vigilante levantó el brazo sobre el barandal y abrió lo que pareció ser una puerta que se materializaba en el aire; tomó la otra mano de John y, con un solo paso ágil, los tres desaparecieron a través de ella. Lilly se quedó ahí, con la boca abierta, mientras el portal resplandecía y luego desaparecía como un reflejo en el agua que se difumina al lanzarle una piedra.

—Presuntuoso —declaró Letty, que estaba parada junto a ella—. Vamos, Lilly, ¡todavía tenemos cosas que hacer! Lo bueno es que yo no necesito de escaleras ni rampas, así que ¡vámonos de aquí!

19
LAS TRES

Cuando se aclaró la bruma, Lilly se encontró sentada junto a Letty frente al portal de la Bóveda.

—¡Te lo dije! —exclamó Letty—. Es bastante más rápido que caminar con John.

Lilly rio a pesar del vacío que sentía.

—¿Qué estamos haciendo aquí?

—Tienes una cita —anunció la Guardiana con una sonrisita irónica.

—¿Me reuniré con alguien en la Bóveda?

—No, mejor que eso. —Letty hizo una pausa teatral y, en seguida, barrió con su mano la superficie de la puerta—. ¡Por aquí!

—¿Por la puerta? —Lilly observó con más atención. Letty canturreaba feliz junto a ella. Sobre la puerta aún estaban las imágenes inscritas que vio la vez anterior: Adán de rodillas, juntando tierra; Eva con los brazos extendidos hacia él; la serpiente del infinito tragando su propia cola, y la Montaña Única con el ojo que todo lo ve. Parecía haber transcurrido casi toda una vida desde la última vez, aunque apenas habían pasado unos cuantos días.

—Pensé que los Eruditos dijeron que si atravesaba la puerta, nadie podría regresarme.

—¡Para eso estoy aquí! —Letty juntó sus manos—. Conozco todo sobre este tipo de puertas y puedo llevarte adentro y volverte a sacar. Es una de mis especialidades.

—Claro. ¿Entonces, qué hago yo?

—Tomas mi mano y tocas en el sitio al que quieras ir —indicó Letty.

—Quiero ver a Eva.

—Imaginé que eso querrías. —La sonrisa de Letty tenía un brillo que Lilly nunca había visto. Sin más palabras, la chica se incorporó de su silla, extendió la mano y tomó la diminuta y arrugada mano del Ángel, que era suave como la de un bebé, y tocó el grabado de Eva. Sintió que un estallido la sacudía y el entorno cambió.

Cuando abrió los ojos, Lilly estaba de pie sobre una meseta con vista hacia una serie de valles que se perdían en la distancia. Podía distinguir las verdes líneas de los ríos y arroyos que serpenteaban a diestra y siniestra por un desierto estéril. Una ráfaga de viento árido hizo volar su falda enredándola alrededor de sus piernas y llevó los aromas a tierra de cultivo y ganado.

Una columna de humo atrajo la atención de Lilly hacia el poniente.

—Luchan por la tierra de pastoreo —explicó Letty.

De pronto, sintió diferente la mano que sujetaba la suya y, al voltear, ya no era Letty. Quedó impresionada, pues la pequeña mujer había desaparecido y en su lugar había un imponente y magnífico ser formado de luz azul, que resplandecía con una combinación de sustancia opaca y ondulante energía transparente. Al instante Lilly recordó a los centinelas azules colocados en los márgenes de la celebración por el nacimiento de Adán.

Las vibraciones del ser de Letty resonaban desde su centro, brotando hacia el exterior y agitando las frecuencias de toda el área. Ése era el origen del canturreo.

—¡Vaya! —gritó Lilly—. ¿Letty? ¿Eres tú?

—¡Qué! ¿Pensaste que esa viejecita diminuta era mi aspecto en la vida real? —El sentido del humor definitivamente pertenecía a Letty, pero la voz era juvenil y llena de vitalidad—. Hay muchos otros lugares a donde puedes ir sin llamar la atención cuando no eres tan impresionante—. La risa de Letty bailó alrededor de la chica, tal como haría un niño feliz.

—Pues no estoy tan segura —respondió Lilly con una risita—, siempre me impresionó mucho esa viejecita gruñona.

El aire era cálido y seco, y el sol aportaba una agradable sensación sobre la piel de Lilly.

—Nos dirigimos allá —señaló Letty hacia un lugar detrás de la joven, quien volteó y miró a lo lejos. A corta distancia había un risco que se elevaba unos trescientos metros de altura y bloqueaba la vista del cielo. Asentadas en su base, cerca de una cascada, había docenas de tiendas de campaña que se hinchaban y danzaban con la brisa. Ráfagas intermitentes jugueteaban con las cuerdas como si las tentaran a salir volando. Aun desde la distancia, el aleteo de las pieles animales era perceptible y nítido.

—¿Está en las tiendas? —preguntó Lilly.

—¡Sí! ¿Quieres caminar o sólo estar ahí?

—Caminemos —dijo la chica entre risas—. No hay víboras, ¿verdad?

—Estoy aquí, así que no hay víboras a cien kilómetros. —Lilly lo creyó.

Letty la guiaba. El resplandor del Ángel Guardián era como un espejismo derramado sobre el suelo; tras sus pasos surgían plantas que formaban un sendero donde los capullos se abrían como pequeñas sombrillas que revelaban toda la florida bondad que había estado durmiendo bajo las arenas.

—Yo hago eso —anunció Letty—. Hago que florezcan los desiertos. Es más fácil que tejer.

—Letty, estás llena de sorpresas.

—Por eso me llevo tan bien con los niños, todo su ser es afín a las sorpresas —afirmó el Ángel.

Mientras se acercaban a las viviendas, Lilly se percató de que había otra senda verde y florida similar a la que seguían; iba desde el extremo opuesto de la meseta y terminaba justo en el sitio donde se dirigían, precisamente frente a la mayor de las carpas.

—Otro Guardián —declaró Letty sin ofrecer mayor explicación.

Alrededor y atrás del conjunto de tiendas, Lilly pudo ver un pequeño valle que descendía hacia la pared de roca que lo cubría con su sombra. Estaba lleno de plantas y pequeños árboles, de matorrales con flores de todos colores, y de frutas y verduras dispuestas en creativos arreglos.

Cerca de la cascada, el valle se angostaba, luego se extendía hasta un pastizal donde pastaban las ovejas. El aire en sí era fragante y los riscos se erguían como protectores de ese lugar idílico, donde el sonido del torrente era agradable y gozoso.

Para cuando llegaron, una mujer ya había salido de una de las tiendas. Lilly la reconoció de inmediato. Era la Madre Eva, mayor de lo que había sido en el Edén, pero no tanto como cuando la visitaba en el Refugio. Lilly corrió la corta distancia entre ellas y Eva la envolvió en un abrazo. Si era posible sentirse en casa rodeada por los brazos de alguien, aparte de los de Adonai, era en los de Eva.

—Esperé largo tiempo para conocerte finalmente —dijo Eva y la abrazó de nuevo con todas sus fuerzas.

—¿Qué dices? —preguntó Lilly—. Nos hemos visto muchas veces, aunque eras mayor.

—Bueno —rio la mujer—, quizá no sea la primera vez para ti, ¡pero sí lo es para mí!

Eva volteó hacia el Ángel e inclinó levemente la cabeza.

—Leticia, ha pasado tiempo... Me honras con tu presencia.

—Madre Eva, es un gusto ser testigo de este día. Qué ocasión tan memorable.

—Así es. —Eva levantó sus manos—. Por favor, pasen adentro y descansen un momento. Lilly, tenemos comida y sorpresas que te aguardan.

Lilly la siguió a través de una serie de cortinajes hasta una amplia área ricamente decorada. Había varias mujeres ahí, algunas sentadas en esterillas, que preparaban alimentos y machacaban hierbas aromáticas. Una jugaba con varios niños y otra estaba sentada en un telar, donde tejía.

—Éstas son mis hijas —señaló Eva sonriente—. Son la promesa de Adonai y la fuente de mi dicha. Y esta joven —anunció a las otras tomando la mano de Lilly— también es mi hija.

A pesar de la actividad en el espacio cerrado, el aire circulaba fácil y libremente, con una temperatura fresca que era un alivio para el calor del día. Abundaban los panes horneados y dulces, las frutas y nueces, además de una variedad de carnes secas y otras exquisiteces. Eva indicó con un ademán a Lilly que se sentara entre los suaves tapetes y cojines.

—Déjame verte —manifestó y, mientras lo hacía, Lilly le devolvió la mirada. Eva tenía los ojos llenos de lágrimas—. ¡No puedo creer que seas tú! —dijo finalmente—. Desde el Principio se me prometió que habría tres, pero no pensé que en el curso de mi vida conocería a las otras dos.

—Lo siento, Madre Eva —confesó Lilly—, pero no entiendo a qué te refieres.

—Es cierto, no lo sabe —terció Letty, que permanecía de pie cerca del último cortinaje por donde habían entrado.

Eva se puso las manos sobre la boca y empezó a reír.

—¿No lo sabe? Éste es el mayor regalo de todos. ¡No sabe! —Antes de que Lilly empezara a sentirse incómoda, Eva prosiguió—. Lilly querida, me abruma y me llena de alegría que sea yo quien te lo diga.

—¿Decirme qué? —preguntó curiosa e interesada.

—Primero —continuó Eva— dime por qué has venido.

—¡Vine a hablar contigo! Tengo tantas preguntas, sólo que me resulta extraño enterarme de que no me conoces.

—Ay, Lilly —exclamó Eva—, te conozco, aunque nunca nos hayamos conocido, por lo menos no en mi memoria.

Una de las hijas de Eva trajo a Lilly una taza de leche de cabra, espumosa y caliente. La joven la aceptó agradecida y dio un sorbo.

—Entonces, ¿dónde estamos? —preguntó a Eva.

—Estamos afuera de las puertas del Edén, un poco al oeste, no muy lejos.

—¿Y en qué época estamos?

Eva levantó los ojos hacia la punta de la tienda de campaña.

—¿Cómo te lo podría decir? Lilly, yo calculo el tiempo según las estaciones, y cuatro estaciones forman un año. Para mí, el tiempo comenzó el día en que me alejé, el día que decidí salir del jardín para encontrar a Adán.

Esa confirmación de la teoría de Gerald le rompió el corazón a Lilly.

—¿Hace cuántos años pasó eso?

—Casi cuatrocientos desde que…

—¿Por qué? —espetó Lilly—. ¿Por qué alejarte y abandonar la tranquilidad del Edén? ¿Por qué no te quedaste ahí, bajo el cuidado de Dios? —La pregunta resultó más brusca de lo previsto, pero Eva no pareció ofenderse.

Eva respiró profundamente y suspiró. Lilly se dio cuenta de que la entristecía y llevaba escrita la respuesta en las arrugas de su rostro antes juvenil y en su cabello, que comenzaba a encanecer del modo que Lilly tanto recordaba.

—No pude confiar —respondió—. No confié en que Adonai pudiera cubrir todos mis anhelos, que mis deseos encontraran satisfacción lejos de Adán. No pude confiar en que Dios crearían la forma de cumplir con Su promesa. Empecé a creer que dependía de mí que eso ocurriera. Adán se volvió hacia el sitio del que había surgido, la tierra, y buscó en ella y en el trabajo de sus manos el significado, la identidad, la seguridad y el amor. Yo me comporté de manera similar. Me volví hacia el sitio del cual me sacaron. Me dirigí hacia Adán.

—¿Qué pasó? —Lilly se sentía decepcionada de Eva... y de sí misma.

—La tierra no puede darle al hombre lo que únicamente Dios puede conceder, y sólo en la relación frente a frente. Entonces la tierra reaccionó con cardos y espinas. Adán se esfuerza por vencer a la creación con un espíritu afligido. Nuestros hijos varones se hacen la guerra unos a otros por obtener la tierra, porque se engañan a sí mismos y piensan que esa tierra puede producir lo que creen que necesitan.

Lilly hizo a un lado la taza de leche y preguntó:

—Y tú, Madre Eva, ¿qué sucedió contigo?

—Cuando me volví hacia Adán para que me diera lo que únicamente Dios puede conceder y sólo frente a frente, Adán y sus hijos reaccionaron ejerciendo su poder y dominio. Ahora, con espíritu afligido, me enfrento a estos hombres para traer a mis hijos a este mundo. —Eva bajó la voz y miró a las mujeres ahí reunidas—. Mis hijas compiten y luchan unas con otras por los hombres y la familia, como si éstos pudieran darles lo que ellas esperaban y que ahora demandan.

El peso de esta verdad destrozó el corazón de Lilly. Gran parte de la devastación del planeta provenía de una razón: nos alejamos de Dios.

—¿Por qué dejaste el jardín?

—Todos los días Adán acudía a los límites del Edén y yo me sentaba a escuchar sus ruegos. Por furiosa que estuviera con él a pesar de su traición, no quería que creyera que lo había abandonado. Quizás este deseo de establecer contacto con el otro, de redimirse y reparar las pérdidas, de crear puentes y sanar, sea una parte del ser maternal de Dios que está en todos nosotros. ¡Son un amor y una misericordia que provienen del vientre materno!

»Pero luego dejó de venir. Adán desapareció y día tras día yo acudía a la frontera del Edén a esperarlo. Todos los días preguntaba a Dios qué debía hacer, y todos los días Dios me pedía de nuevo que confiara, y así lo hacía hasta la mañana siguiente. Pero los días fueron pasando y Adán no regresó. Empecé a pensar en la promesa que Dios había hecho, de que tendría una semilla que aplastaría la cabeza de la serpiente. Cuanto más pensaba en ello, más sola me sentía y menos buscaba el rostro de Dios; y así, lentamente, fui alejando mi propio rostro. No quería confiar, quería una respuesta.

—¿Por qué Dios no te respondía? —preguntó Lilly.

—Dios nos pide confianza —declaró Eva—. Cometí un error al alejarme.

—Pero ¿por qué Dios no te detuvo? ¿Por qué permitió que alejaras tu rostro de Él?

—Lilly, he aprendido que Dios tiene más respeto por mí del que yo tengo por mí misma, y se somete a las decisiones que tomo; que mi capacidad para decir que no y alejar mi mirada de Él es esencial para que el Amor sea Amor. Adonai nunca ocultó Su rostro de mí, ni ha impedido que enfrente las consecuencias de mis decisiones. Por esa razón muchos de mis hijos e hijas maldicen el rostro y el nombre de Dios. Pero Dios se niega a ser aquello en lo que nosotros nos hemos convertido y a ejercer el poder y el dominio. Tiene la audacia de consentir, e incluso de someterse, a todas nuestras elecciones. Luego viene a nosotros en la oscuridad que creamos debido a nuestro alejamiento.

Lilly estalló en llanto.

—¡Todo es mi culpa! —gimió.

De inmediato, Eva se puso a su lado, rodeándola con los brazos y meciéndola, como cualquier madre haría. Otra mujer trajo pan caliente y aromático, bañado en aceite de oliva, por si servía de consuelo.

—¿Tu culpa, mi amor? Pero ¿qué estás diciendo?

—Yo soy la razón por la que Adán dejó de acudir al muro del Edén.

—Tranquilízate, Lilly, ya te dije que sé quién eres.

—¿Lo sabes? —inquirió Lilly entre sollozos—. ¿Cómo es que me conoces?

—Adán me lo contó.

Lilly miró a la mujer, que le ofrecía un paño.

—¿Adán te contó? —dijo sonándose la nariz.

—Por supuesto que me lo contó —sonrió Eva—. Pensó que tu nombre era Lilith, pero en un sueño Adonai me dijo la verdad de quién eres tú.

—¿Adán te dijo lo que hice? —La vergüenza le hizo sonrojarse.

—Sí, con todo detalle, pero Adonai me explicó la razón y quién eres tú en realidad. Nunca fuiste esa tal Lilith. Ella era una mentira desde el comienzo.

Por fin Lilly sintió que se aliviaba su carga. Empezó a reír y luego a llorar, y al final rio un poco más, igual que Eva. Una niña de aspecto inocente llevó a Lilly una flor blanca del desierto para consolarla, y ella la aceptó de buen grado. Levantó a la niña y la sentó sobre su regazo. Eva pasó su bella mano sobre el cabello áspero de la chiquilla y sonrió.

Cuando se tranquilizó, Lilly preguntó:

—Sigo sin entender por qué te fuiste del jardín. ¿Fue porque te sentías mal por Adán?

—Ay, si tan sólo hubiera sido noble —respondió Eva—. La verdad es mucho más retorcida. Al meditarlo con el tiempo, me di cuenta de que lo hice por mí. Estaba intentando llenar el vacío que creé al alejarme, contrarrestar el temor de que no pudiera conseguir todos mis anhelos. En aquel entonces no lo admití. Justifiqué mis actos de la manera más hermosa y agradable para Dios.

»Me preguntaba cómo podría producir la semilla prometida sin tener a Adán, y no pasó mucho tiempo cuando empecé a pensar que Dios me estaba poniendo a prueba, para ver si había madurado y podía tomar mi propia decisión. En lugar de confiar en que Dios haría lo que yo consideraba imposible, creí que al dejar el Edén y encontrar a Adán, alcanzaría la promesa. No necesité de una serpiente que me engañara; me mentí a mí misma y lo creí. Creí que dejar el Edén era un acto de devoción, una participación en el propósito de Dios.

—Dios mío —exclamó Lilly—. Yo hice exactamente lo mismo cuando dejé el Edén y me ofrecí a Adán.

—Bueno, es probable que tú y yo no seamos las únicas que intentamos satisfacer nuestros propios anhelos. Adán estaba desolado cuando me vio, pero después de que descubrimos el camino para reencontrarnos, concebimos. Meses más tarde, tuvimos a nuestro primer hijo.

—¿El qué Dios prometió?

—De nuevo me convencí de que era la simiente prometida, para justificar mis decisiones. Cuando nació, grité a los cielos: «¡Parí a un hombre-niño, Adonai!». Años después de nacido Caín, ciegamente me aferré a esa esperanza, hasta que empecé a ver que él también se alejaba. Cuando nació su hermano Abel, le puse por nombre Suspiro, porque mi esperanza se iba desvaneciendo.

»A pesar de que Adonai le advirtió de su propio alejamiento, Caín mató a Abel. Nuevamente, Adonai intentó dialogar, pero él desdeñó el aviso y la protección que Dios le ofrecía. En lugar de ello, se apartó de nosotros y entró en la tierra del peregrinaje y la inquietud. Construyó ahí la primera ciudad y la nombró Enoch, que significa "nuevo principio", en honor a mi nieto. Ya no hablaba de Adonai, sino de un Dios único, Elohim. Para él, Ruach sólo era la sombra de un recuerdo. Mis descendientes, los hijos de Caín, están llenos de oscuridad, crimen y engaño.

Durante un momento, el silencio arrulló el duelo y el remordimiento de las mujeres. Entonces Lilly preguntó:

—¿Hay alguna esperanza para nosotros?

Eva suspiró y sonrió.

—¡Sí, Adonai es nuestra esperanza segura, y por eso estás aquí!

—Sigo sin entender qué tiene que ver todo esto conmigo.

—Lilly, te dije que seríamos tres.

—¿Tres qué? —preguntó Lilly sacudiendo la cabeza.

—Tres mujeres que ordenarían la historia humana. Aquella a quien se hizo la promesa de la simiente, que soy yo. Aquella a quien se concedió la promesa, que sería... —En ese momento volteó para señalar a una mujer más joven sentada cerca, que hacía hogazas de pan. A primera vista, la mujer no parecía mucho mayor que Lilly. Sus brillantes ojos oscuros estaban enmarcados por un bello y delicado cutis notoriamente más claro que el de las demás.

—¡Ésa sería yo! —declaró la joven con una sonrisa traviesa.

—Como puedes ver, Lilly, no eres la primera en llegar hoy aquí —comentó Eva.

La mujer se puso de pie y se sacudió la harina de las manos antes de acercarse a Lilly.

—Al igual que Eva, esperé toda mi vida para conocerte. —La niña que tenía Lilly sobre su regazo, corrió a jugar con los demás niños, mientras Lilly se levantaba para saludar a la joven.

—¡Ha sido todo un desafío mantenerme callada! —dijo la mujer, abrazándola con gran alegría.

Por primera vez, Lilly se percató de otro ser espiritual que estaba parado junto a Letty. Tenían una forma similar, pero la vibración de sus matices y tonalidades eran diferentes.

—¿Quién eres? —preguntó Lilly al desprenderse del abrazo.

—Soy María, la madre de la semilla prometida. Soy madre de Jesús, el segundo Adán.

Todas las piezas encajaron dentro de la mente de Lilly.

—¡No puedo creerlo! ¿Eres María, la madre de Jesús? John trató de explicarme sobre el segundo Adán, pero no entendí.

—John te manda saludos, Lilly; aunque apenas acaban de separarse, ya te extraña —dijo María.

—¿John? Él cambió mi mundo.

—John es así, ya lo hizo antes, cuando fue Testigo.

Lilly se pellizcó discretamente para asegurarse de no estar soñando.

—¿Y quién es la tercera?

Eva y María hablaron al unísono.

—¡Tú!

—¿Yo? —respondió Lilly, parpadeando por la incredulidad.

—¡Tú! Lilly, tú eres la Esposa, aquella a la que la simiente prometida se unirá para siempre.

—¿Yo? —De nuevo las lágrimas empezaron a brotar de una fuente aún más profunda, desde un lugar sagrado en lo más recóndito del alma al que sólo Dios tiene acceso—. Nadie me querría. Estoy demasiado dañada.

—Mi hijo te quiere —declaró María—. Y para demostrar Su amor y Su firme afecto, te envió un regalo. ¿Leticia?

De entre los pliegues de su cambiante manto de luz, Letty sacó el anillo que Gerald regaló a Lilly.

La joven rio a carcajadas.

—¿Tú te llevaste mi anillo?

—Mejor que dejárselo a la serpiente —replicó Letty.

—Siempre estuvo destinado para ti, querida mía. —María tomó el anillo y lo sostuvo frente a ella—. Es un anillo de Esponsales, es la promesa de una boda.

—¿Adonai quiere casarse conmigo? ¿Por qué?

—Lilly, dentro de ti habitamos todos. Encarnas nuestra destrucción y nuestra regeneración —dijo Eva, y tanto ella como María la rodearon—. ¡Tú eres la elegida!

—¡Pero no puedo tener hijos!

—Eso es lo que pensé alguna vez de mí misma —admitió Eva—. No confié, pero María sí lo hizo. ¿Te das cuenta? Cuando quedé atrapada entre la promesa y la imposibilidad de obtenerla, elegí alejarme. María se mantuvo de frente a Elohim y, al confiar, participó. Dios hizo lo imposible y al poco tiempo la promesa vino al mundo.

Con gran cariño, Eva tomó las manos de Lilly entre las suyas.

—Hija mía, ¿no aprendiste nada de mi alejamiento? Dios quiere que permanezcas frente a frente con Él. Morar con Él y en Él es el mayor Bien.

—¿Cómo lo hiciste? ¿Cómo confiaste cuando era imposible? —preguntó Lilly a María.

—Tuve mucha ayuda —respondió mirando al Ángel que estaba parado junto a Letty—. ¿No es cierto, Gabriel?

—Un poco —dijo una voz poderosa y nítida.

—Siempre tan humilde —se quejó Letty, pero su voz también estaba llena de afecto.

—¿Esto es como un matrimonio arreglado? —preguntó Lilly, quien aún se sentía abrumada.

—¿Existe otro tipo de matrimonio? —inquirió María, y todas rieron.

—Tengo una última pregunta —declaró Lilly.

—Ah, ya me lo había advertido John —dijo María.

—¿Qué hago ahora?

—Esperar a que llegue el tiempo designado —declaró María—. Y mientras esperas, tu labor de cada día es confiar en Él ante cualquier cosa que se ponga en tu camino. Cuando llegue el momento, mi Hijo vendrá por ti y te llevará a la mayor celebración de boda, aquella que la creación ha estado anhelando.

—¿Aceptas esta invitación? —preguntó Eva—. ¿Aceptas confiar y esperar diariamente?

Así de simple era.

—Confío —respondió Lilly y se puso el anillo en el dedo. María y Eva colocaron sus manos sobre las de ella, y María tocó la frente de la joven con la suya—. Pequeña, Dios cumplen Sus promesas.

Lilly cerró los ojos.

—Hoy confío en Ellos.

20
EL PRINCIPIO DEL FIN

Lilly abrió los ojos y se encontró de nuevo frente a la puerta de la Bóveda. Letty, que había recuperado su forma diminuta, estaba a su lado sosteniéndole la mano.

—¿Eso pasó en realidad? —preguntó.

—¡Fue algo demasiado bello como para describirlo con palabras! —respondió Letty con esa voz aguda y estridente que ahora Lilly adoraba.

—¿Entonces, qué sigue?

—Ya lo sabes —respondió el Ángel Guardián—. ¡Ahora comienza el verdadero trabajo! Y vas a necesitar esto.

Lilly vio lo que Letty sostenía frente a ella y rio. Era la llave de plata de Anita.

—¡Debí sospecharlo cuando me diste el anillo! ¿También te llevaste la llave?

Letty se encogió de hombros.

—Estoy más enterada de para qué sirve que quienes te la dieron.

La joven miró la llave dándole vueltas entre sus manos.

—Creo que sé para qué es, pero me da miedo.

—El temor es parte de la naturaleza humana, pero recuerda que se te ama.

—Nadie creerá jamás lo que me pasó aquí. ¿Lo recordaré?

—Dios te dará la sabiduría de discernir qué debes decir a los demás y, sí, nunca olvidarás lo que sucedió.

—Gracias, Leticia —dijo Lilly con una sonrisa.

—Con Letty basta, mi pequeña.

—Letty, algún día tendrás que contarme de todas las veces que me salvaste.

—¡Estos adolescentes! —Letty rio—. A veces los Guardianes nos referimos a ustedes como un empleo seguro.

Lilly se sentía más fuerte y dio un paso para apartarse de su Guardiana, pero su pierna lesionada cojeó.

—Te llevará tiempo acostumbrarte a esa cosa —dijo Letty dándole unos golpecitos en la pierna con su bastón; la respuesta fue un sonido hueco y metálico.

—¿Cómo? —Levantó su falda para ver su pierna metálica—. ¿Qué pasó con mis pecas?

—¡Es una prótesis! —refunfuñó Letty—. Es lo mejor que pueden ofrecerte por el momento, tanto tu mundo como tu tiempo. Tendrá que bastar.

Lilly se inclinó y abrazó a la mujer; Letty devolvió el abrazo.

—No me dejes.

—Lilly, siempre estaré cerca. Y Adonai nunca te dejará ni te abandonará. Como dijo María, Ellos siempre cumplen sus promesas.

—Bueno, hagamos lo que vinimos a hacer.

Lilly giró con lentitud y cojeó vacilante por el corredor. No tuvo que recorrer gran distancia, pero estaba casi sin aliento cuando llegaron a la puerta cerrada de la cual John le había advertido, la misma que intentó abrir en su primer día en la Bóveda.

Giró la manija, pero la puerta seguía cerrada con llave.

Durante un minuto estuvo observando la puerta, sabiendo que si la atravesaba, nada sería igual; de todas maneras, ya nada lo era. Aquello que consideraba cierto de sí misma y de los demás había dado un vuelco en su cabeza, y las cosas que había intentado controlar quedaban ahora en manos de Adonai. Se había revelado que la certidumbre era una farsa y que el control no era más que imaginación vacua. ¿Qué podía perder? No había razón para permanecer en el Refugio. Si Dios nunca la abandonaría y Letty permanecía cerca, si su labor era simplemente confiar en Adonai un día a la vez, podía hacerlo. Cuando menos por el día de hoy.

Lilly insertó la llave en la cerradura y la giró. Luego abrió la puerta.

EL LUGAR ERA CÁLIDO y acogedor, una sala de estar con sillas y un sofá, un escritorio y estantes llenos de libros. Lo reconoció, había estado ahí varias veces y era un espacio seguro, que favorecía la recuperación, siempre y cuando Lilly estuviera dispuesta a permitirla.

—¡Buenos días, jovencita! Pasa, por favor. —La mujer estaba sentada detrás de una *laptop* en un escritorio; al llegar Lilly, cerró la computadora y se retiró los anteojos, colocándolos a un lado, después se levantó para darle la mano.

Era alta, delgada y negra, vestía una colorida falda y una blusa. Su aspecto era casi majestuoso y su conducta denotaba la dignidad que proviene de la sabiduría y la bondad.

—Por favor, toma asiento. ¿Quieres tomar algo?

—No, estoy bien, gracias —respondió Lilly mientras elegía una silla que se veía cómoda. La mujer jaló otra silla para situarla cerca de la chica, pero no demasiado como para incomodarla.

—No sé si me recuerdas, pero soy la doctora que ha estado tratando de ayudarte a procesar las tragedias que has sufrido, tus pérdidas y tu recuperación. Me llamo Evelyn.

La chica sonrió.

—Y yo me llamo Lilly Fields.

La doctora pareció sorprendida.

—Qué bien, Lilly. Desde que llegaste aquí, a veces afrontabas la situación asumiendo otros personajes, lo cual es totalmente comprensible dada la intensidad de tus experiencias.

—¿Personajes?

— Sí. Estaba Cris y también estaba la Princesa.

—Ah, eso suena lógico —admitió Lilly al recordar los nombres que le daban su perturbada madre y los hombres que la habían utilizado—. Pero no creo necesitarlos más. Si voy a esforzarme en mejorar, es probable que necesite averiguar cómo ser una sola persona.

Los labios de Evelyn se abrieron por un instante antes de hablar, como si Lilly la hubiera sorprendido de nuevo.

—Excelente. A veces a la gente le toma años llegar a este punto.

—¿Cuánto tiempo he estado aquí?

—Cerca de un año, pero has pasado gran parte en el ala de medicina. Algunas de las mentes más brillantes del país estuvieron trabajando arduamente para restablecer tu salud física. No sé cuánto recuerdes de eso, pero casi moriste antes de que te encontraran.

—Lo recuerdo —declaró Lilly—. Era un *container* y fue un asunto de trata de personas. Sí me acuerdo.

Los ojos de Evelyn evidenciaron su asombro, su sonrisa era cálida e irradiaba esperanza.

—Bien, empezaremos a trabajar a partir de ahí. —Tomó la carpeta que estaba sobre el escritorio y sacó un papel—. Lilly, recibimos una solicitud de tu madre biológica. Nos llevó mucho tiempo localizarla. Está en una casa de medio camino recuperándose de su adicción. Nos pidió permiso para verte, cuando te sientas dispuesta a ello.

La solicitud era inesperada y una oleada de enojo y resentimiento la dejó sin aliento. «Confía», pensó, y pudo reenfocar la vista en la habitación. Centró su mirada en la luz que atravesaba por las ventanas.

—¿Tengo que decidirlo ahora? No creo que esté lista para eso.

—No, en absoluto. Quise que lo supieras porque no soy una persona a quien le agraden los secretos. Preferiría…

—¿Sorpresas agradables para otra ocasión?

—¡Exacto! Leíste las palabras en mi mente. También quiero decirte que se nos unirán otros dos terapeutas. Son un matrimonio de especialistas que apenas llegaron aquí. Hoy están en una sesión de orientación, así que los conocerás mañana. Según lo que me han dicho, creo que tú y yo nos llevaremos bien con ellos.

—¿Y John? —Las palabras salieron de su boca antes de poder detenerlas.

Evelyn se echó hacia atrás en su asiento, como si estuviera decidiendo qué decir.

—¿John? ¿El cuidador voluntario?

—Sí, ése —dijo Lilly.

—Lilly, John era un anciano y murió hace un par de días. Simplemente se quedó dormido y no despertó. Lamento mucho que nadie te haya informado.

—Está bien —indicó Lilly, pero algunas lágrimas cayeron de sus ojos y rodaron por sus mejillas. No las ocultó ni las limpió—. John venía a visitarme. Me agradaba, era amable cuando yo no lo era y también divertido. Se desvivió por mí y voy a extrañarlo, eso es todo.

La doctora asintió.

—Superar el duelo por las cosas que hemos perdido y por las personas que han salido de nuestras vidas es una reacción humana importante.

—¿Y Letty?

—¿Letty? Ah, creo que te refieres a Leticia, la guardia de noche. Ella siempre anda por ahí. ¡Esa mujer! Constantemente me regala esas cosas que teje y no tengo valor de decirle que ni siquiera sé para qué sirven. —La risa de Evelyn estaba llena de afecto—. Como esto —tomó un tejido de uno de los estantes—, acaba de dármelo ayer.

—¡Dámelo a mí! —dijo Lilly, estirando la mano—. Lo que no quieras, dámelo. Yo los colecciono.

—¿Así que eres una recolectora? Entonces, tenemos un trato —exclamó Evelyn, pasándole el tejido. Al hacerlo, vio la mano de Lilly—. Qué anillo tan fuera de lo común. No recuerdo haber visto nada así antes.

Lilly le dio vueltas en su dedo.

—Es un anillo especial que me dio uno de los pocos hombres confiables que conozco. Simboliza la promesa de que siempre he merecido que se me ame.

—Lilly, si conoces esa profunda verdad, no hay nada que no podamos resolver juntas.

—¡Lo sé! —respondió Lilly con una sonrisa.

Evelyn tomó una tablilla y papel.

—Entonces, Lilly, ¿estás lista para empezar con nuestro trabajo? No será fácil, pero valdrá la pena.

—Estoy lista. ¿Por dónde comenzamos?

EL POEMA DE LILLY

Hay una Verdad superior,
intrínseca y ulterior
Al Uno o Dos.
Tanto Uno y Dos
Son esos Tres
En cuyo Amor y con su canto
Dan el ser y el trascender.
Ahí está el reposo
de las demandas de la muerte,
de los afanes
que alejan mi mirada.
En esa paz respiro vida
y, al retornar,
Oigo la Voz en quien confío,
que al conocerme
me libera al presente,
para participar,
por hoy y siempre,
en contemplar.

CARTA DEL AUTOR

Querido lector:

El libro que tienes en tus manos lleva una imagen de portada que me atrajo desde el primer momento en que la vi —e incluso más, dado que provocó una intensa discusión interna en Simon & Schuster, la editorial que publica mi libro en Estados Unidos.

—Me encanta el libro —dijeron los primeros lectores—. Pero ¿por qué la portada tiene una manzana cuando en el libro dices que Eva y Adán comieron un higo?

—Ajá —respondí—. Ésa es una estupenda pregunta.

Me encantan las preguntas. De hecho, escribo por esa razón. Quiero explorar nuestros sentimientos y suposiciones cuando abordamos las preguntas más importantes, ¿y qué símbolo ha engendrado más suposiciones que la manzana? Aunque la manzana que aparece aquí en la portada de *Eva* es realmente icónica, no se menciona en la historia del Génesis y es posible que la asociación se haya originado con los monjes medievales que hicieron un juego de palabras entre «manzana», que en latín es *malus*, y «mal», que es *malum*.

Durante siglos, en la tradición narrativa rabínica del Midrash, se sugirieron diversas frutas y nueces como el fruto prohibido del Jardín del Edén, pero existe una fruta que sí aparece en el Génesis mismo y también en el Midrash, y no es la manzana que todos imaginamos, sino un higo. El higo simboliza el quebrantamiento en las historias bíblicas. Consideremos, por ejemplo, las referencias en el Nuevo Testamento a que Jesús maldijo una higuera o que Adán y Eva unieron hojas de higuera para vestirse. Esa tradición es muy rica, ¿no creen?

Al comer una manzana, no se comen las semillas. No se ingiere la esencia de su vida. Pero al comer un higo, no es posible evitar las semillas y, cuando éstas se comen, el fruto —el *quebrantamiento* simbólico— se vuelve parte de ti. Eso me parece profundamente cierto.

Es más, la icónica manzana de la portada está íntegra, sin ninguna mordida, por lo que es una imagen perfecta y completa de la vieja perspectiva de la historia bíblica, que es el punto de vista que tiene Lilly al principio de *Eva*. Representa mis propias suposiciones cuando estaba creciendo, y posiblemente también las de ustedes cuando eligieron este libro. Mi esperanza es que haya podido poner en duda algunas de las suposiciones existentes, echando todo por tierra con el final de la historia, al restablecer para Lilly, y quizás incluso para el lector, una reunión más sincera y profunda con Dios. Ésta es una invitación a vivir en una unión frente a frente con la Divinidad y una declaración de que cada uno de nosotros es una obra de arte única que no debe estar restringida por leyes o limitaciones culturales.

Por consiguiente, esta pequeña discusión —la conversación que esto evocó— es parte de lo que espero que suceda con *Eva* en un sentido más amplio: que abra el análisis de nuestras suposiciones —y de nuestros corazones— de un modo que permita que ocurra algo profundo en cada uno de nosotros, como individuos, y en conjunto dentro de nuestras comunidades.

Con gran afecto,

AGRADECIMIENTOS

Eva ha sido el trabajo creativo más arduo que he realizado, un proceso de cuarenta años de preguntas, estudio y vida. No se puede lograr una tarea así solo. Durante todo este tiempo me rodeó una multitud de familiares y amigos, parientes políticos y apolíticos, una centena de eruditos y pensadores, soñadores, intrigantes y artistas, cada uno de los cuales ha contribuido de manera única e importante a esta obra.

En la médula de todo está Kim, quien me ha dado el regalo de permanecer centrado; cree en mí, pero no se impresiona con facilidad. Nuestros hijos, sus cónyuges, nuestros nietos, y la alegría que cada uno de ellos nos trae hacen que valga la pena el sudor, las lágrimas y los rezos por este trabajo. En un círculo más amplio, nos rodea la increíble amistad de quienes siguen cubriéndonos de afecto y oraciones. Nombrarlos a todos requeriría otro libro, pero entre ellos se encuentran Closner, Weston, Foster, los Ninjas y la Pandilla, Scanlon, Linda Yoder, Graves, Troy Brumell, Miller y el otro Miller, Gar al regresar su desasosiego ratt, los secuaces de Toronto y Vancouver, Huff, la familia TCK, Larson, Wards, Sand, Jordan, la familia NE Portland, Gillis, mi familia canadiense (Young y Bruneski), incluyendo a mamá y papá, Debbie, Tim y sus familias, el clan Warren, en especial «La Fuerza», Goff, Marin, Gifford, Henderson y MacMurray.

Agradezco especialmente a C. Baxter Kruger, quien me alejó del borde del precipicio en un par de ocasiones cuando este proceso me llevó ahí, y cuyos sabios consejos fueron consistentes y alentadores cuando tuve dificultades para entretejer los elementos esenciales de un conocimiento coherente dentro de una historia accesible. Asimismo, quiero agradecer a Howard Books y a Simon & Schuster, por ser una editorial que me ha dado ánimos sistemáticamente, con abrazos especiales para Jonathan Merkh y Carolyn Reidy, quienes dieron su inequívoco apoyo a este proyecto desde un inicio.

Siempre he dicho que un buen editor vale su peso en oro, así que también le agradezco a Ami McConnell, Becky Nesbitt, Amanda Rooker y, en especial, a Erin Healy (Erin, de verdad que eres un regalo de Dios).

Gracias a la multitud de voces que se han elevado en todo el mundo para hacer de este siglo el Siglo de la Mujer, como las de Jimmy Carter, Stephen Lewis y Emma Watson (tu discurso ante la ONU fue profundo); para las organizaciones como Opportunity International, Stop Demand y un gran número de organizaciones religiosas, políticas, empresariales y filantrópicas que están destruyendo poco a poco las enormes desigualdades de nuestro mundo, en especial aquellas que atañen a los derechos y problemas de las mujeres.

Me basé en el trabajo de muchos expertos de campos del conocimiento que abarcan desde la lingüística y las antigüedades hasta la filosofía, la psicología, la teología y la ciencia. De nuevo se requeriría otro libro entero para mencionarlos a todos, pero quiero destacar algunos. Gracias a Jacques Ellul, quien ahora está sentado en la gran nube del testimonio, junto con Katherine Bushnell. William Law, Keith Barth y George MacDonald. Gracias también a Fuz Rana, Hugh Ross y a la gente de Reasons to Believe, quienes me ayudaron a escribir sobre los días de la creación de una manera respetuosa tanto con los textos como con el aspecto científico.

Otra lista, que también sería demasiado larga, incluiría la música que sirvió de fondo para mi trabajo, con la constante compañía de poetas y músicos. Mi agradecimiento para ellos se engloba en mi agradecimiento para Bruce Cockburn, un poeta en el camino de la vida. Si hubiera obtenido a tiempo los permisos requeridos, hubiera incluido al final de la novela las letras de sus canciones «Creation Dream» y «Broken Wheel».

Gracias, Biliske Meiers (en el área de Spokane) y Jay y Jeni Weston (en el área de Mt. Hood), por el espacio y el tiempo para concentrarme en mi trabajo. Esos regalos demuestran una gran generosidad.

La estructura de este proyecto se logró gracias a dos hombres y sus familias, sin quienes esta obra nunca hubiera despegado. Gracias a Dan Polk y Wes Yoder, quienes supervisaron y se esforzaron con cada detalle, y que son hombres íntegros y compasivos. Nadie representa mejor mi corazón que ustedes dos.

Gracias, lectores y escuchas. Espero que esta historia encuentre un sitio dentro de su mundo y represente el brazo que los rodea y la fuente que les susurra que siempre han sido, y serán, dignos de amor. Gracias a todas las editoriales y lectores internacionales, ¡estamos juntos en esto! Rezo porque esta historia nos traiga un poco más de libertad a todos, tanto hombres como mujeres.

Finalmente, en el centro mismo de todo está el amor generoso y centrado en el otro del Padre, Hijo y Espíritu Santo, que se nos revela de manera tan perfecta y singular en la persona de Jesús. Estamos aprendiendo a regresar y volver a confiar en ti, y también a confiar unos en otros. ¡Gracias!

SOBRE EL AUTOR

¿Es posible crear un espacio donde exista la comunidad y la conversación y que esté libre de las disensiones políticas, religiosas o ideológicas… un espacio para explorar la vida, Dios, el mundo y lo que significa ser plenamente humano al lado de un creciente grupo de amigos?

Me encantaría intentarlo. Si te interesa, intégrate a la permanente evolución de la conversación sobre Dios, la vida y el mundo en:

wmpaulyoung.com

O escríbeme a:

PO Box 2107
Oregon City, OR 97045
EUA

Para preguntas de tipo administrativo, comunícate con:

Dan Polk de Baxter/Stinson/Polk LLC en www.bspequity.com

Para programar las presentaciones en conferencias,
contacta por favor con:

Ambassador Speakers Bureau en Info@AmbassadorSpeakers.com